DEL CLARÍN ESCUCHAD EL SILENCIO

Orlando Luis Pardo Lazo (La Habana, 1971). Escritor, fotógrafo y bloguero cubano. Miembro de la Unión de Escritores y Artistas de Cuba (UNEAC) desde 2002. En Cuba publicó los libros de cuentos *Collage Karaoke* (2001), *Empezar de cero* (2001), *Ipatrías* (2005) y *Mi nombre es William Saroyan* (2006). Fue ganador del concurso nacional de cuentos "La Gaceta de Cuba" (2005), con «Cuban American Beauty». Su libro de cuentos *Boring Home*, ganador de una Mención en el Premio UNEAC 2007, fue retirado de la imprenta por la editorial Letras Cubanas a finales de 2008, como penalización por autopublicar provocaciones políticas en su blog *Lunes de Post-Revolución*. Desde 2013, imparte conferencias sobre política y literatura cubanas en universidades norteamericanas y europeas. Editó y prologó las antologías de nueva narrativa cubana *Generation Year Zero* (Sampsonia Way Magazine, Pittsburgh) y *Cuba In Splinters* (O/R Books, New York 2014), ambas traducidas al inglés. Fue Profesor Adjunto de Escritura Creativa en Brown University (2015). De 2015 a 2016 fue becario de ICORN en Reykjavík, Islandia, donde trabaja en terminar su primera novela. A partir del 2016 realiza un doctorado en Literatura Comparada en Washington University de Saint Louis, Missouri, Estados Unidos.

Orlando Luis Pardo Lazo

DEL CLARÍN ESCUCHAD EL SILENCIO

59 POEMAS DE AMOR

Y

UNA CANCIÓN CONTRARREVOLUCIONARIA

DEINOS
CRÓNICA

De la presente edición, 2016

© Orlando Luis Pardo Lazo
© Hypermedia Ediciones

Hypermedia Ediciones
www.editorialhypermedia.com
hypermedia@editorialhypermedia.com

Diseño de portada: Rolando Pulido
Edición y maquetación: Ladislao Aguado
Diseño de colección: Hypermedia Ediciones

ISBN: 978-1533556158

A los cubanos sin Cuba,
que son todos.

A Oswaldo Payá (1952-2012) y Harold Cepero (1980-2012),
que son la excepción.

NO SOMOS NADA

Finalmente ha quedado solo. Encorvado, su perfil griego perfecto devenido ahora el de un vultúrido. Un aura. De garras carroñeras cagadas por sus propias heces, como barrera de contención bacteriostática. Estoy hablando de biología. Es decir, de belleza. Estoy, por supuesto, hablando de él.

Hay algo de sabiduría clásica en las especies rapaces. Algo de nobleza en el gesto adaptativo de comer cadáveres. Un síntoma de que la vida nunca termina. Son ciclos cínicos. Un circo. Teatro de títeres para la muchachada mediocre. Hay que hechizar y hechizar a las masas con algo. No se les puede dejar solas ni por un silencio. Un acto de prestidigitación. Una palabra de fe, de fidelidad. Y en eso él ha sido siempre mucho más que insuperable. Él era él. Con eso le bastaba, con eso nos bastó.

Dame la F, dame la I, dame la D, dame la E, dame la L: ¿qué dice?

No está ni remotamente senil, como dicen sus enemigos desde las antípodas del planeta y desde las catacumbas de la propia isla. Está simplemente solo, compañeros. Solo en cuerpo y alma en un mundo irreconocible, rodeado de rostros reminiscentes. Autócrata autista. Trazas del totalitarismo más íntimo, de cuna. Palabras claves del Ciudadano Kastro: *rosebud, revolución…*

A su alrededor, todos entienden la escena a la perfección. Le sonríen con misericordia a Fidel. Le disparan fotos fósiles con impunidad. Se creen privilegiados de asistir a las últimas anécdotas de un proceso social, su proceso kafkiano. Con la diferencia de que aquí y ahora se cuelan todos en el castillo. Ya nadie se quiere escapar, no es *cool* abandonar las trincheras. Ni siquiera es rentable. El comandante no tendrá nadie a quién escribirle, pero todos vienen y se tiran un *selfie* con él. *Happy hour* histórico. La piñata de la patria en la picota. *Merry marketing*, Fidel.

También es cierto que cada cual se nota algo impaciente o acaso nervioso en su propio estilo. Saben que la Revolución está terminada junto a ese cuerpo que cancanea, caquéctico. Saben que habrá consecuencias más físicas que legales, letales. Por eso disfrutan estos momentos maravillosos de paz prepóstuma. Cada intenso instante es un milagro materialista sin más ni más. Dicen que fue buen presidente porque los cubanos que quedaron creían en Él.

Mientras tanto, nos asomamos con morbo a los ojos vaciados del Mínimo Líder, del Compañero en Jefe que ya no ostenta ningún cargo dictatorial, del amigo ancestral amnésicamente asesino, y que ahora apenas se dedica a tocar objetos con un índice de pronto tan inocente como el de un bebé. Casi que hemos parido a Fidel, después de tantas ilusiones e intrigas, de tanta paranoia y paternalismo, de tanta lejanía y dolor de tráquea, que es donde se esconde —en una glándula— nuestro espíritu vestigial.

Tras haber impuesto su verdad a botazos, como estrategia ética de gobernabilidad, Fidel está ahora ante nosotros viviendo en Braille. Nade ve, nadie lo ve. Necesita el contacto, las antenas de sus índices de gallego facha, fragua de Fragas de un siglo xx que no terminó hasta que en los años cero o dos mil Fidel se fue en sangraza intestinal.

Por eso su muerte será táctil. El amén cubano de extremaunción le llegará con puntitos apretados sobre su piel verde oliva —tatuaje textil—, cosquillita castrólica de las manos mujeres del Cardenal: Monseñor Jaime lo ama. Y los feligreses aman al monseñor con una felicidad falaz, de traducción trucada y sonrisita soez. *J'aime*. Jaime.

No está ni remotamente eso mismo, compañeros, como decimos para no sentir tanta pena por nuestra presencia lúcida ante él. Remotamente seniles, en todo caso, estamos nosotros. Siempre estuvimos eróticamente orates para Fidel. Un pueblo retrasadito, los tarados de ese tupe estupendo que fue la Utopía sobre la faz de La Tierra. *Hez*tupendo. La tupición etimológica del no-lugar. Topos. Ceguera de guerra. La era estaba pariendo el corazón de Fidel. Cœurtrismo constitucional.

Un pueblo tan pueblo que hasta aplaudimos el imprimátur con que Fidel nos poseería durante semicien años de soledad. La historia nos histerectomizó. Renunciamos a mitos e histologías. Lo dejamos preñarnos en un pesebre para tiranos con talento, donde él pudo ser caballo y caudillo a su antojo, semental en una soledad salvífica, santo satánico de frente al mundo primero y ahora de espaldas a lo mundano.

Fidel encarna un exquisito estado de futuridad. Como siempre, se nos adelantó demasiadas décadas a los cubanos. Fidel es el fantasma que en el próximo siglo xx seremos sin él. Fidel es la mejor flor flatulenta de la Florida. Fidel es F fuscia, I índigo, D verde, E escarlata, L olivo. Arco iris agónico, gólgota de la ira a la lira. Fidel, dinos qué otra cosa los cubanos tendremos que hacer.

LA ESQUINA MÁS AZUL DEL PRIMER MUNDO

De niño, viví en un barrio de las afueras de La Habana llamado Lawton. Fui el clásico «hijo único de viejos», por lo que apenas nos movíamos al centro de la ciudad. Corrían los años setenta en la Cuba del Primer Congreso del Partido Comunista (ya era obvio que Fidel Castro sería un ente eterno) y, a pesar de lo que dicte ahora la historia sobre aquella década tan «decadente e institucionalizada», lo cierto es que yo habité en el paraíso doméstico de dos obreros tan pobres como amorosos: María del Carmen y Dionisio Manuel, los mejores padres del mundo. Nunca les di las gracias por esa ilusión de mi infancia.

Un día de 1979 decidieron llevarme a conocer el resto de la realidad. Cogimos varios ómnibus interminables y desembarcamos con nuestra mejor «ropita de salir» en pleno corazón de El Vedado. El inicio o la culminación de La Rampa: avenida 23 y calle L (L es de «lujo»). Y entonces fue mi padre quien lo pronunció, mientras mi madre me sostenía por los hombros, tan sobreprotectora como hoy a sus ochenta años: «Alza la vista, Landy...».

En efecto, allí estaba. La mole. Una aguja para hacerle cosquillas a la panza proletaria del cielo. Un diseño geométrico (distorsionado por mi excitación) que, incluso a mis siete años, era la metáfora perfecta de la modernidad: un nuevo mundo, un nuevo tono, un futuro ignorado desde nuestras casitas de madera allá lejos en Lawton.

Era el edificio con el aura más azul del planeta, cuya única diferencia con el hotel de la cadena Hilton de los años cincuenta era el cartel que leí por mí mismo sobre su pico nevado: *Habana Libre*.

Yo ya sabía leer. Y gratis, supongo que gracias a la Revolución.

Entramos. Las puertas se abrían solas. Bajo nuestros zapatos de estilo ortopédico, nos acariciaba un pasto de alfombras (tuve que preguntar «qué es esa tela en el piso»). El techo del lobby se alzaba en forma de bóveda, a kilómetros de altura sobre nuestras cabezas. La luz era amable, para nada nacional. La voz de los cubanos también (ni manoteos ni gritos marginales). Se respiraba la paz pulcra de ese fenómeno atmosférico siempre en falta que es el «aire acondicionado». Los baños eran más grandes que mi casa. Mi padre se compró un periódico en inglés que igual decía por fuera *Granma*, y me prometió que me enseñaría a leer aquel argot exótico del Primer Mundo: el inglés, desde entonces una de mis patrias privadas.

En 1979 fui feliz de súbito en un hotel heredado por el socialismo real. A partir de 1979 fui también cada vez más infeliz, desterrado en tierra propia, a la espera de ese capitalismo irreal que aquel contacto cercano moldeó en mi memoria. Yo quería vivir en un país como el Habana Libre. La arquitectura es, en primera instancia, ideología.

Cuando mi padre murió, el tedioso 13 de agosto del año 2000, tuve ganas de dejarlo a solas un rato en la fea Funeraria de Luyanó (un antiguo local del Partido Socialista Popular) y visitar por última vez nuestro hotel. Quise cremarlo (aún eso era imposible en Cuba) y lanzar sus cenizas desde la azotea del Habana Libre, sobre la visión vacía de una Habana presa y opresiva. Deseé saltar yo mismo sobre la ciudad tras mis primeros 29 años de vida inverosímil (Fidel Castro cumplía años ese mismo domingo sin dios).

Me quedé sin decirle a Dionisio Manuel «lo siento» por muchas cosas pero, más allá de mi indolencia de huérfano y su ausencia irreparable de padre, me quedé sin agradecerle el descubrimiento del azul en la esquina cubana de avenida 23 y calle L (L de «libertad»).

Mi madre no se enteró de esta escena. Ella solo me sostenía como me sigue sosteniendo hoy por los hombros, tan sobreprotectora como apenas puede ahora imponérmelo, con su «Alza la vista, Landy…».

Fuera de Cuba es un poquito más complicado que eso, María del Carmen. Fuera de Cuba los hijos de Cuba siempre tenemos la vista muy alzada, al otro lado del horizonte y el horror, allá lejos en uno u otro barrido barrio que bien pueden todos llamarse Lawton. Fuera de Cuba La Habana siempre es Libre y con un destello delirante de luz en nuestras lágrimas sin Landy.

PENÚLTIMOS MIEDOS

El miedo fue un atributo literario desde George Orwell (en Kafka no hay miedo, sino sospecha de lo peor) hasta que la Guerra Fría pujó y pujó para abortar el Telón totalitario de Acero.

En la Cuba cársica de hoy, entre copias digitales del filme *2012* en cada banco de video pirata, a golpe de celulares y con una internet feudal, con los trompetazos de Fidel Castro convencido de que solo el holocausto atómico sería un remate glorioso para su sacrosanta Revolución, el miedo paradójicamente ha dejado de ser nuestra más tétrica tara.

El miedo es mentira. Virgilio Piñera, por ejemplo, de pronto ha envejecido como autor desde que plantó su pánico ante el Premier al inicio de la utopía en 1961: «solo sé que tengo miedo, mucho miedo…».

Pero el miedo cubano es hoy apenas una justificación edípica. Una joda epidérmica, incluso para los mentecatos. Puro paternalismo tras una máscara comodísima de tan inercial. Es un miedo de maquillaje, para nada maquiavélico como en los viejos tiempos del Telón de Azúcar local. Simplemente sucede que nuestras facciones son más reconocibles bajo ese disfraz: somos más auténticos mientras más interpretemos a un personaje de pánico, somos más autóctonos mientras más enarbolemos esa cobardía de atrezo contra la que toda resistencia rebota. Y lucimos mucho más víctimas si alegamos estar enfermos de miedo, de manera que todo se nos perdone en la posteridad.

De tanto asumir que nuestro miedo era real, le hemos cogido miedo a la realidad. Un miedo manso, mierdero. Sobrevivimos en una burbuja estatal de códigos muy estáticos y sería incómodo jugar ahora a la ruleta cubana de la osadía. De tanto asumir que no éramos libres, esa mentira nos subsumió. Ahora ni en libertad lo sabremos ser, libres.

El miedo es, también, un comodín para que el exilio cubano no nos incite en Cuba a dar un paso de más. Para chantajearlos emocionalmente a ellos y que por fin respeten (o al menos patrocinen) nuestra impúdica pendejidad. De hecho, el miedo es un espejito mágico para culparlos un poco a ellos por su condición de exilio cubano, por habernos abandonado en la arena arrasada de un Estado obcecadamente obsoleto. Y obsceno.

Esta podría ser la verdadera guerrita del durofrío que vive ahora nuestra nación, conflicto de teatro en cuyo guión la CIA y el G-2 tendrán bastante poco que confrontar, pues la falacia cubana recluta a más agentes espontáneos que todos los órganos de inteligencia. La pose del miedo nos pone de acuerdo en tanto pueblo diaspórico, creando consenso, reconciliación y gobernabilidad. Abandonar semejante colchón de caca sería hoy, cuando menos, un acto irresponsabilísimo ante nuestra historia mental. Esperemos al menos hasta dentro de dos sumos velorios antes de asumir el coraje. Y la culpa.

El apotegma de Solzhenitsin, con pespuntes de Declaración de los Derechos Inhumados, en Cuba debiera leerse hoy así: *Nadie debe ser condenado a vivir en la verdad...* De hecho, la Ley Primera de nuestra república igual pudiera reescribirse como «el derecho de todos los cubanos a la hipocresía plena del hombre».

Solo los extranjeros sufren aún miedo material en Cuba (puede que los muertos también sufraguen el mito), pero es solo un reflejo de sus malas lecturas este-europeas. En cuestiones de paranoia, la cultura aconeja y la ignorancia salva. En especial, a los extranjeros de izquierda se les nota peculiarmente aterrados a la hora de, por ejemplo, darle la mano a un disidente en un cafetín de la Isla (el contacto conceptual prestigia, pero el contacto físico contamina). Muy en especial, esos extranjeros de cierto ámbito académico que, sin la Revolución Cubana, según lo intuyera Ernesto Che Guevara, tendrían que suicidarse como clase social a falta de materia prima para sus becas de *PhD Made in USA* o en la UE.

Menos miedo todavía tienen los funcionarios en el poder. Muchos desconocen técnicamente que están en el poder. Ordenan sus papeles más o menos represivos y se van de vacaciones hasta que pasen los disturbios de este o aquel verano (basta con la policía para propinar bastonazos). La *Nomenklatura* habita operativamente una suerte de infancia laboral que a veces deviene infarto: en Cuba hay más despidos entre los oficialistas que a costa de la propia oposición. En tanto vieja guardia, estos «cuadros» se han convertido en la retaguardia retrógrada del proletariado. Su cansancio es comparable al de ángeles caídos entre los cuños de la próxima resolución, sea represiva o de «flexibilización», en medio de las reformas reumáticas de Raúl Castro Ruz: esa *Raulpolitik* de la auto-transición del poder al poder, de la dictadura a la dictacracia, de unos Castros con ideología a otro capos con solo instinto de conservación.

Los cubanos simplemente ya no deseamos participar demasiado. No queremos vernos involucrados del todo en nada. Permítasenos pues un poquitico de paz póstuma, por favor. No nos jodan más con esos líos de la libertad de una nación que igual hoy carece de nacionales. Todos se van o tienen un pasaporte posnacional. Al protagonismo lo tildamos de pataleta patética, por peligroso. Estamos estables mientras no pretendamos protagonizar ni pí en este país: ser extras es una garantía de éxito, y solo el discurso del miedo nos permite permanecer mediocremente en el closet. Ese es nuestro artero arte de la apolítica. Acaso un complot de cero convocatoria. Nadie calcula lo que se cocina clandestinamente aquí. Suiza o Haití: en Cuba todo bulle, pero sin bulla. Un paísito trampolín. Y cuando estalle la olla se formará entonces la tremenda clase de arroz no con mango, sino con muerte.

Por el momento, a falta de tics democráticos constitucionales (sin envidiar esos lujitos que el exilio cubano exhibe en sus vacaciones y votaciones por el resto del mundo), plagiar a Epicuro es un óptimo epitafio para nuestro velorio de la verdad: «vive en secreto, muy en secreto…».

El totalitarismo es por defecto una tapadera.

CARTA ABIERTA AL MUNDO, EXCEPTO AL CUBANO ABEL PRIETO

(EN NOVIEMBRE DE 2010, MINISTRO DE CULTURA TODAVÍA)

Semanas atrás participé de una experiencia excepcional. Durante dos días hablé en cámara para el documental ficcionado *Trocadero 162, bajos*, del director Tomás Piard, sobre los últimos años de José Lezama Lima y su ostracismo terminal de puertas adentro, y su resistencia contra el vacío cubano hasta que el escritor expiró en agosto de 1976. Es decir, sobre el hueco negro que hoy sigue siendo su escritura, no solo entre el público profano sino incluso entre nuestros universitarios de Isla (en el exilio Lezama Lima también es un fósil raro, pero ya entró en programas docentes más decentes).

Compartí el *set* de grabación con una estudiante de Historia y una joven profesora de la Facultad de Artes y Letras, ambas de la Universidad de La Habana. También dialogué con dos personas que paladearon cara a cara conmigo la amistad, la resignación, la risa y la orfandad del último Lezama Lima: aquel poeta inconcluso de *Oppiano Licario* y aquel narrador inédito de *Fragmentos a su imán*, esa sombra tan piñeriana que nadaba dormida con las dos manos amarradas (Virgilio vomitó su miedo, pero Lezama solo lo regurgitó).

La realización más reciente de Tomás Piard, que en el 2008 estrenó con el ICAIC el largometraje *El viajero inmóvil* sobre la novela *Pa-*

radiso, ya está en fase de edición en la Facultad de Arte de los Medios de Comunicación Audiovisual, y se supone sea estrenada el domingo 19 de diciembre de 2010, día del cumpleaños 100 de Lezama.

Dije y dijimos parlamentos imprescindibles durante horas y horas de rodaje. La productora de UNIÓN no nos pagó el esfuerzo. Y ahora, de súbito, el perplejo de que en ninguna de las secuencias de *Trocadero 162, bajos* aparecerá mi cara o mi voz. El Estado cubano borra otra vez, por pacatería política, las huellas insignificantes y magníficas de Orlando Luis Pardo Lazo (como un rey Midas o Meado, todo lo que toco se trastoca en horror).

Alguien, en secreto desde el máximo nivel en el Ministerio de Cultura o del Interior (valga la redundancia), ha tomado al respecto la decisión más irrespetuosa, a algún «cuadro» se le escapó un tijeretazo cómplice de despotismo, y así nuestra *Nomenklatura* escupe su esterilidad sobre la memoria de mentiritas de José Lezama Lima.

Repetimos en el siglo XXI el crimen de Carneado contra los escritores cubanos. Hoy es ayer todavía. Seguimos estigmatizando a los libres como terapia ocupacional del esclavo. Cambiará el universo, pero los censores no cambian: siguen asalariados gracias a ese infantilismo de izquierdas que es inventarse enemigos por resolución. Si esto ocurre con tal desparpajo en pleno noviembre de 2010, no quiero ni imaginar sobre qué clase de «lecho de rosas» murió Lezama Lima en los años setenta del siglo ¿pasado? (nuestro siglo XX no acabará hasta que no enterremos a Fidel Castro y en Cuba sea legal bailarle encima una rumba de cajón, qué vacilón...).

No sé si en un país más país que Cuba alguien debería renunciar a su cargo por una atrocidad así (yo por lo menos no renuncio a seguir siendo una de las prosas límites de mi generación). No sé si martillar ahora una proclama de combate en la puerta de cada ministerio, o si conferirle a los nuevos Pavones el beneficio estilístico de mi perdón. Lo lamento en mi corazón de hijo huérfano por Tomás Piard, un cubano bueno y universal del que los brutos provincianos vienen burlándose desde su época de director amateur. Lo lamento por los años que ya se anuncian no como otro Quinquenio Gris, sino como un Quincuagenio Negro. Me alegro solo por la transparencia de este gesto grotesco con que el poder pone en blanco y negro su desprecio por todo lo que tenga tufo a intelectual (la Seguridad del Estupro asegura así ante el mundo su estupidez).

Saben de sobra que ningún hijo de vecino y mucho menos un Premio Nacional de Literatura protestará (Lezama Lima mismo no protestó). Bien sabe el viceministeriado que este zapatazo soez disolverá solidaridades a mi alrededor por mero instinto de conservación (sálvese quien lea). Suponen que me quedaré más solo que un suicida, y justo esa es la fórmula del «odio triunfante» en el sistema socialipsista: con todos y para la mediocridad de todos (excepto Abel Prieto, ministro de cultura a quien eximo de leer esta Carta Abierta al mundo, pues su cargo le permitirá administrar los presupuestos pero jamás el pundonor de toda cultura).

Ante el reto de la belleza y la verdad, nuestra patria pre-póstuma se pasa con ficha y sus cancerberos aún no se atreven a abrir «ni un tantito así» (indecente dominó de la decadencia revolucionaria). Nacer aquí torna a ser un fiasco innombrable. Yo, que no sé decirlo: Revolución.

Por mi parte ya no espero nada, ni siquiera la ausencia. Cuba será libre. Yo nunca lo fui.

QUERIDOS AMIGUITOS, PAPAÍTOS Y ABUELITOS

Como toda patria que se respete, la nuestra es un cementerio sin sentido. Uno a uno dejamos ir apagando los hombres y mujeres que marcaron la historia, los que brillaron con luz personalísima en la Cuba de verdad, la del corazón que duele y no olvida: la Cuba íntima del alma de lo que se ha vivido como nación, su sueño susurrante y secreto, su pesadilla peor. Y no la Cuba esa de la demagogia a gritos, mitad guerrerista y mitad popularecha, que aún es tildada de «Revolución» por una élite tipo mafia, asombrosa aleación de guajiros bárbaros con burguesones arribistas y tiratiros sin escrúpulos.

Como todo totalitarismo que se respete, tuvimos horarios estrictos que aún hoy se conservarían en todo el territorio nacional, de no ser porque el socialismo tuvo la demorada decencia de suicidarse para nunca más retoñar. Al menos no en Cuba. Y uno de esos horarios implicaba a las mañanitas de los domingos más decadentes del mundo, los domingos perdidos para siempre en una Isla que ya solo existe en nuestra imaginación, la que a su vez se apaga de uno en uno con cada cáncer y cada corazón cubano que hace crac. Tú sabes, estoy hablando de *La Comedia Silente*, del ventrílocuo Armando Calderón.

Nunca mejor dicho, porque *La Comedia Silente* no era ni remotamente aquel metraje del Charlot de los años mil novecientos diecitantos con la First National, la Keystone Comedy Film o la Mutual Film Corporation. Ni tampoco los clásicos de Buster Keaton, ni mucho menos El Gordo y el Flaco, entre otros genios mudos, por entonces anónimos en mi ignorancia de infancia que a la postre nunca creció. *La Comedia Silente* a la que asistíamos maravillados en aquella Cuba desaparecida, en nuestros televisores soviéticos de factura horrenda, era obra y gracia de su exclusivo autor, un señor en traje y corbata llamado Armando Calderón, a veces con un primitivo reloj digital ponchado a su derecha, en un *set* que era nuestro pesebre de chamacones de pubis lampiños.

El «hombre de las 1000 voces» tuvo en realidad mucho más de mil. Su gama vocal, de escaso matiz fónico, era increíblemente infinita. Con su único registro bipolar de damisela raptada o de matón gratuito, este anciano jamás narró dos veces igual un mismo episodio, que editaba como al azar *in situ*, manipulando las cintas según estas se iban pudriendo en los archivos de un sistema con dinero para poner a un soldado a cantinflear en el cosmos, pero no para cuidar de un tesoro fílmico que era patrimonio universal. *Vade retro*, ICAIC!

Para colmo de talento, si se compara con los actores actuales, donde ningún locutor cubano es capaz de pronunciar una frase sin leerla sobreactuadamente (el peor ejemplo sería el simiesco Serrano a sueldo del noticiero nocturno), Armando Calderón grababa en vivo sus disparates, sus broncas de merengues y fotingos destimbalados entre los vecinos de la Calle de la Paz, sus novias lánguidas *art-nouveau*, sus pillines y policías, toda una crónica anacrónica de esa utopía llamada los Estados Unidos de América, nada menos que en aquella Cubita decrépita donde el monopartido comunista te sancionaba de por vida si «mantenías correspondencia con familiares en el extranjero» y no lo confesabas en cada interrogatorio laboral o escolar.

Todos los domingos, como en la canción de Carlos Varela, amanecíamos en otra ciudad. Una ciudad paupérrima como La Habana ruralizada de entonces, pero donde el sentido de la aventura fílmica aún nos permitía respirar. Nuestros dioses, como en otra canción del mismo trovador, eran Charles, Cara de Globo, Soplete, Barrilito y Barrilón, el gordo Matasiete, Pellejito, el Conde de la Luz Brillante y el inevitable charlestón, hecho sin instrumentos musicales, sino a golpes de labios de Armando Calderón, quien se consumía ante nuestros ojos, pero la canallita de fiñes ni siquiera lo notábamos.

Aullaba, sonaba latas y cascos, soplaba armónica y a veces solo el aire de una sirena, tintineaba chapitas y alambritos recogidos en algún Plan Tareco, disparaba tiros *gang-gang*, fingía fotutos y orgasmos antes de que nadie en su audiencia mocosa hubiera tenido uno, chasqueaba la lengua entrenada quién sabe en qué oficios del capitalismo republicano, mientras se le iba rayendo su eterno traje y la corbata le colgaba como un nudo mal hecho de ahorcado.

Nuestro caballero renacentista que se hacía un cáncamo en cámara, carecía del presupuesto británico de la futura serie *El Narrador de Cuentos* y, sin embargo, no tenía nada que envidiarle en términos de motivación creativa. Así y todo la TV cubana, la más mediocre y represiva de las instituciones culturales del Caribe, la que puso sus antenas desde el inicio en manos del Hegémono en Jefe de nuestra Historia, se dio el lujo de sancionar más de una vez a Armando Calderón, acaso para que acabara de momificarse y despedir su duelo en silencio, como le correspondía a este mago de la mudez.

Su época técnicamente se había acabado: recomenzaba, después de un atraso humillante para la patria número dos de la televisión en América, la transmisión en colores en Cuba. De manera que los necios adolescentes que éramos, tampoco íbamos a tolerar ni un segundo más en blanco y negro de la mejor fotografía de cine. Ideología viene de idiotas.

Fuera el alcoholifán hepático de la bodega o fuera un tumor en las cuerdas vocales por el esfuerzo de décadas, simplemente no notamos metamorfosis maligna. El dueño de nuestra divina

Comedia Silente local se diluía en uno de sus propios personajes muertos durante casi un siglo. Pero la vida era entonces eterna para mi generación, por lo que el destino de las mañanitas de domingo no nos importaba «ni pinga, queridos amiguitos», como dicen que dijo un día en vivo por la emoción de su *performance* antes de la *performance*.

Adiós, maestro Armando, cándido Calderón sin barca. Del clarín, escuchad el silencio, niños y niñas convertidos enseguida en adultos adúlteros y adulterados. Espéranos en tu cielo de tramoya, por favor, a la diestra de un dios cinéfilo y silente. Los amiguitos ahora somos ya abuelitos, más que papaítos. El ruido de la Revolución por fin dejó de ser ensordecedor. Y cada domingo mudo de diáspora te extrañamos, rodeados de estos extraños nuevos que de pronto dicen ser nuestros familiares.

ESTO NO ES UN DISCURSO

No sé si los cubanos alguna vez se lleguen a amar. Lo cierto es que sí les sobra el aliento para difundir un amor ajeno, al menos sobre-humano: el de Jesucristo para con nuestra pecadora nación (Papas y Cardenales aparte).

Y allá van, una miríada de cubanitos conversos de un marxismo tétrico a una híper-Trinidad. Por esta Habana del siglo XXI pululan impolutos, con sus vestimentas de género republicano, solos o en rebaños tristísimos después del culto-aleluya y la sanación a manos de un pastor o impostor o ninguno o ambos. Allá salen, con sus salmos de traducciones baratas, casi siempre de noche (la luz del día es nefanda para la fe), caminando o en buses de bombillos ahorradores, con una sonrisa falaz de felicidad y una precaria salud bucal. Allá van, como almas que se las lleva dios, a repartir papelitos de pertinaz propaganda pastoral, amenazando de muerte a los mortales y comercializando su milagrería mordaz.

Sálvate, coño, que te vas a morir pecando...

Tengo sangre para que me caiga del cielo este tipo de información, en Cuba casi clandestina (no se vende ni edita de manera oficial). Mis ojos claros, color sin tiempo. Mi pose de tipo tiposo y desvalido (un Goliat con ínfulas de David). Mis pelos de personaje perdido con síntomas de una cándida curiosidad. En fin, un ángel desangelado a ras de La Babiloniabana post-comunista de los años cero (una res descarriada entre la nada y el cielo). De manera que siempre me toca la gracia de uno de esos panfletico *naif*. Y no me molesta en absoluto. Al contrario, yo soy el único cubano que todavía los lee del pí al pá.

«Hoy puedes empezar una vida nueva si dejas que Jesucristo te transforme», aseguran estos impresos sin imprimátur: tsunami subterránea que funciona como una conspiración evangélica explicada al proletariado (un Cristo patrio *in crescendo*). «Si crees que Jesús murió por ti y obedeces sus mandamientos, podrás empezar una vida nueva cuyos frutos irás viendo poco a poco» (la cautela política del Partido Comunista contamina incluso estas prédicas).

Así que cada noche yo acepto mis papelitos, y entonces un desconocido me bendice mascullando sus salves sin saber si yo seré un suicida o un *serial-killer* de clase C. El diseño editorial es más bien kitsch: flores que retoñan sobre la roca de un abismo o en la arena del desierto, mariposas de colores retocados sobre dichas flores, antorchas caídas y pelícanos sacrificiales, nubes impresionistas con halos de Photoshop, puestas de sol turísticas en contraluz, ataúdes y palomas: en fin, un reavivamiento espiritual del lugar común. En verdad, no somos nada.

En casos extremos, quien reparte estas primicias de prensa independiente se pone de pie en medio del improvisado auditorio y deviene predicador. Empiezan advirtiendo (y divirtiendo a la audiencia analfabeta en el más acá) y terminan con un dejo de admonición: «Atiendan, hermanos, es muy importante, y esto no es un discurso» (nunca especifican qué es): «el pecado es tu perdición porque impide que el hombre conozca a su verdadero dios (tampoco especifican quién es)».

No sé si los cubanos alguna vez se lleguen a amar. Lo cierto es que tales gritos de santos tribunos (las mujeres nunca se lanzan, tal vez para evitar ser confundidas con una Dama de Blanco), tales diatribas entre la amenaza y el amor, la mayoría ya al borde de la medianoche cubana, son lo más parecido que mis nervios de punta pueden asociar con el chillido del diablo. Los imagino como una secta satánica, no sé si a sabiendas o al margen de la Seguridad del Estado de los Castros.

Lo peor es el aire de superioridad con que muchos de estos voceros te radiografían al soltar su monserga de monseñor. Es obvio que ellos ya están salvados a la hora del apocalipsis: sus nombres parecen recontraconfirmados en la lista divina de la hora final de Cuba (Cristo los premia *a priori* por sus poses de proselitistas). De (mala) suerte que el que ha sido cogido en falta eres tú, todavía indeciso entre virarles la cara o abrirles tu corazón en el bus (y tu bolsillo de paso). El que está jodido por no creer en semejante jolgorio eres tú. Más te vale arrepentirte y asistir mañana mismo al templo con puntualidad: a este (y no a ningún otro) cuya dirección se anuncia al pie de la tarjetica promocional que te imponen entre las manos.

Sin embargo, ayer en la madrugada un muchacho escuálido me extendió con pena un papel. Era evidente que lo hacía por cumplir con su tarea en la secta o al menos en el sectorial. Me lo dio por disciplina de buen pupilo protestante y no por fervor: de hecho, casi me pide por favor que yo le quitara de sus manos aquel cargamento de hojitas de contrabando. Su misión era tal vez un castigo por haber llegado tarde al culto una noche o acaso como cuota diaria de auto-mortificación.

Me pareció débil y nada sincero, tan cobarde como yo, cuando me descubrí dando tumbos en la década decadente de los noventa: un jovencito dolido apostando apenas por una segunda o una vigésimo-segunda oportunidad para su alma. Acepté su San Zamisdat sin dudarlo, como de costumbre, pero esta vez el pastor era técnicamente yo. «¡Qué solos estamos tú y yo, cojones!», le solté sin pensarlo: «¿Te puedo abrazar?»

Él me miró atónito, tal vez temiendo otra trampa de nuestra rala realidad. Yo le repetí mi propuesta un tanto embarazosa (sin el exabrupto testicular) y le abrí no mi alma, pero sí mis brazos de par en par.

El muchacho dio medio paso hacia mí. Se me enganchó del cuello y estuvimos no menos de un par de minutos en esa posición: un tiempo infinito entre desconocidos, un lapso infinitesimal entre inciviles, toda una era antropológica encharcada en nuestra dolorosa indolencia de nacionales sin noción de nación.

Nos separamos. Nos estrechamos las manos. Las teníamos sudadas y frías. Los ojitos húmedos como señoritas de telenovela. Nos espetamos algunas felicitaciones por esa Navidad y el Nuevo Año que ninguno quería del todo inaugurar, y entonces él bajó la vista y se confesó: «Gracias, hacía mucho que nadie me miraba de verdad».

Y cada cual se perdió en silencio en la penumbra póstuma de la avenida Porvenir, sombras nada más bajo el semáforo ciego donde zigzaguea la frontera frágil entre Lawton y Luyanó: los dos barrios de mi vida sin biografía. Supongo que cada uno iría pensando en lo excepcional de nuestro encuentro cercano a ras del comunismo cubano de los años dos mil nada.

Amén anónimo para ti, ovejita sin pastor, mi huérfano hermanastro.

REZANDO A RATZINGER ENTRE LAS REJAS DE LA REVOLUCIÓN

Los custodios del calabozo tenían encendido un radiecito de pilas, aparato obsoleto, como todo en la estación policial de Regla, al otro lado de la bahía de La Habana.

El decorado de las oficinas de interrogatorio era antediluviano, pura propaganda política al estilo soviético, con citas de Fidel Castro pegadas sobre los iconos iniciales de su Revolución: el asalto al cuartel Moncada, el desembarco del yate Granma, el brazo en cabestrillo del Che Guevara, el sombrero alón del desaparecido Comandante Camilo (desaparecido para nosotros, no para Fidel y Raúl Castro, ambos culpables de su desaparición).

Era marzo de 2012 y el calabozo lucía recién remozado, con cierto *look* de haber sido estrenado por mí, lo que tornaba esa pulcritud en un detalle aterrador. Sentí una soledad inconsolable en aquel sótano de rejas y candados descomunales. Nunca había estado preso, todavía hoy no tengo antecedentes penales.

De hecho, en esa ocasión fui cazado como una alimaña en plena calle. Sin cargos judiciales en mi contra. Sin identificación por parte del comando que me secuestró (nunca le avisaron a mis familiares ni amigos). Sin documentos legales para el arresto, la requisa de propiedades, y la detención durante los tres días del Papa Benedicto XVI en La Habana, en un montaje paralelo de beatitud y barbarie (Kafkastro 100%, con la complicidad del Cardenal cubano y la jerarquía en pleno de la Iglesia Castrólica).

En vísperas de la santa misa del ex Sumo Pontífice en la Plaza de la Revolución, la capital cubana despertó desquiciada por una riada de agentes con uniforme y en ropa civil. Coagularon el tráfico. Coaccionaron y capturaron a voluntad a incontables periodistas independientes, activistas de derechos humanos, opositores políticos (y también a mendigos y comerciantes sin licencia). Lo hicieron en plena cara de los corresponsales de la prensa internacional —corresponsables—, todos concentrados en el altar de Joseph Ratzinger y en las muequitas mariconescas del general Raúl Castro ante cada sutileza de la homilía papal.

Días atrás, las empresas estatales de telefonía —ETECSA y CUBACEL— se hicieron cómplices de la llamada operación «Voto de Silencio» y bloquearon, sin ningún motivo técnico, miles de líneas de sus usuarios, sin aviso previo ni derecho a indemnización. También fue cortado todo el limitadísimo servicio de conexión a internet, que en Cuba es privilegio de extranjeros y de cierta casta de funcionarios.

Desde el inicio, dejé de comer y beber agua. Tampoco respondí demasiado a las provocaciones personales con que un abogado de la Seguridad del Estado, como un personaje salido del filme *Minority Report*, me incriminaba sin necesidad de pruebas por «actividad subversiva» y «escándalo público» con «carácter preventivo». Al parecer, la máquina del tiempo de H. G. Wells conserva todas sus funciones intactas en el Museo de la Guerra Fría de la Contrainteligencia cubana (o tal vez debiera rebautizarse como de la Contraciudadanía cubana).

Solo aquel radiecito de pilas en manos de los custodios —un aparato obsoleto de la época del socialismo global—, me mantenía conectado con el resto del mundo más allá de nuestras catacumbas uniformadas: la estación policial quedaba justo en frente del cementerio de Regla. Así me daba cuenta del paso de las horas. Fue la madrugada más interminable del mundo.

Así, ya con síntomas de debilidad muscular y carencia de glucosa en el cerebro, escuché finalmente los coros litúrgicos de la primera misa secuestrada en la historia de la catolicidad cubana. La segunda tendría lugar en septiembre de 2015 con el Papa Francisco, pero para entonces yo ya no estaría a tiro de los represores ateos con piel de tolerantes: para septiembre de 2015 me había refugiado en una patria potable llamada Reykjavík, Islandia.

Las santas misas de 2012 y 2015, por cierto, fueron sendos teatros atestados de policías, militares, matones, altos oficiales de civil, y personal de seguridad disfrazado lo mismo como camilleros de la Cruz Roja que como monaguillos de último minuto. Ni siquiera las parroquias pudieron elegir libremente quién asistiría y quién no dentro de sus feligreses, pues hay «listas negras» con nombres que fueron puntualmente bajados de los ómnibus oficiales, que eran la única vía de acceso a la Plaza de la Revolución: esa tribuna tantas veces trocada en tribunal, donde las masas ciegas y el Máximo Líder (dicen que excomulgado por Roma desde hace décadas) han clamado histéricamente «Muerte al traidor».

Cuando la visita de Su Santidad Benedicto XVI me pareció que nunca iba a concluir, me arrodillé por instinto y recé en mi celda de estreno. No a Dios, sino al hombre Joseph Ratzinger en persona. Le pedí que abreviara etapas de su retórica, que se saltara las formalidades eucarísticas, que no demorase el saludo diplomático entre las claques católicas y comunistas, que diera la paz *a priori*, que no correspondiera tanto al acoso de la sonrisita cínica de Monseñor Jaime Ortega, que el papamóvil partiera a tope de velocidad desde el mismo altar directamente hacia el aeropuerto internacional de La Habana y, de no constituir herejía, le imploré al Papa teutón que nunca más ningún pontífice aceptara una invitación a reprimir a los pobres pueblos de este o cualquier otro país-prisión.

Es obvio que plegaria de provocador, no llega al cielo. La represión que el castrismo ensayó en marzo de 2012 la ratificó en septiembre de 2015. Misas malas, misas materialistas, misas sin otro misterio que el Ministerio del Interior, las que han mutilado para siempre los resabios residuales de nuestra espiritualidad nacional. Hasta los dioses en Cuba son testigos ateos de nuestro totalicastrismo sin fecha de caducidad.

TEORÍA DEL TRECE DE AGOSTO

De Fidel Castro nunca te libras. Al contrario, Fidel Castro por los siglos de los siglos hasta el fin de los cubanos, te enlibra.

En efecto, si eres su hermana, el tirano te inspira a escribir *Mi hermano Fidel*. Si te tocó ser su hija bastarda, *Mi padre Fidel*. Si fuiste su amante a medias, *Mi querido Fidel*. Si recibiste una carta o algún autógrafo, *Mi correspondencia con Fidel*. Y así. *Mi pupilo jesuita Fidel. Fidel, mi empleado. Los robots que le armé a Fidel. Secreticos que le robé a Fidel. Fidel y tal o más cual religión. Mi carcelero Fidel. Nunca fui Fidel. Retrato con Fidel. Cómo llegó Fidel. La hora final de Fidel. Los 666 atentados de los que se salvó Fidel.* Y un etcétera editorial que crece exponencialmente y acosa a los cubanos, ya no como ideología o fanatismo, sino como cultura nacional, como *hobby* histórico, como libretazo que han de pagar nuestros lectores de los próximos 1959 años.

Porque un pueblo sin futuro se consuela con contar al menos con su propio Fidel de bolsillo. Es su única oportunidad no expropiada. Esa joya jodida les pertenece y la defenderán al precio que sea necesario.

De suerte que los cubanos, a costa de sacrificar nuestras biografías, hemos vivido todas las vidas posibles de Fidel. Es decir, lo hemos inmortalizado, incluso cuando escribamos para maldecir nuestra relación con él. O para patéticamente acusarlo de fracasado, cuando es sabido que el totalitarismo, sea por un mes o por un milenio, siempre es un as de triunfo: no hay barbarie reversible, el daño humano es irreparable. En más de un sentido, y contrario a nuestras casas que «eran de Fidel» —según las tarjas que lapidamos en nuestras puertas—, los cubanos ahora somos todos Fidel.

Es como si hubiéramos olvidado nuestra lengua materna y nos comunicáramos exclusivamente en la jerga personalísima del ex comandante en ex jefe, incluido su lenguaje corporal, a ratos gracioso y a ratos gutural. Un simio del socialismo; un ñu que impuso a coñazos la utopía sino en la Tierra, por lo menos sí en una Isla.

En esas tiradas de unos 13 millones de ejemplares, en portada va a parar siempre una cita del comandante o un retrato sin restaurar, donde Fidel y el autor y tú coinciden por voluntad, azar o equivocación. Cada quien conserva su mierdita inédita como referencia rentable de nosotros respecto a él. No somos nada: biografía colectiva, anónima, anecdotario para ubicarnos en tiempo y espacio ante la encarnación del poder, nación novelada donde únicamente el regajero planetario de cadáveres quedó inédito, pues no alcanzó a escribir *El libro de los muertos de Fidel*.

En mis viajes por la cuna de la contrarrevolución cubana en Estados Unidos, incluidas las mil y una ONGs *non-profits* de la CIA —según la pertinaz propaganda de La Habana—, no he encontrado una sola oficina que no esté presidida por un par de posters y una apoteosis impresa de Fidel. Sin Fidel, no hay futuro libre por el que luchar, ni dentro ni fuera de la patria. Los archivos de la Revolución son atesorados gratis por el enemigo. En efecto, en las bibliotecas de las fundaciones y comités y proto-partidos políticos de medio exilio, en los lomos de sus libros asoman las cinco letras de un nombre sin apellidos, el pentagramaton más pertinaz de nuestra post-patria: «Dame la F, dame la I, dame la D, dame la E, dame la L, ¿qué dice?»

¿Qué va a decir? Yo fidelo, tú fidelas, él/ella fidela. Vocubalario árido del culto a Castro. Tantras que convierten en congénito a nuestro anticastrismo, según vayamos alimentando a este monigote moribundo que ya no podemos ni sabemos dejar de mencionar. Fidel esto, Fidel lo otro. Fidelan, fideláis, fidelamos.

Ese castrismo cordial, esa complicidad criminal con carátula en cuatricromía, esconde una ignorancia atroz. Lo que se sabe, no se pronuncia. Por eso hablamos solo de nuestra carencia crónica, del Fidel que nos falta, del que vendrá, en un fidelismo afásico que nos define, antes y después de Él. Buscamos entre nosotros a un Fidel pro-democracia que nos libre del Fidel dictatorial y de la tara temible de su hermanito bastardo, Raúl.

Los cubanos, con ese entusiasmo por lo energúmeno que troca lo anormal en anodino y lo monstruoso en milagro, con nuestro morbo mediocre y nuestro miedo como fuente infalible de fidelidad, ni siquiera conocimos al Castro que nos anquilosó. Por eso quedamos condenados pero complacidos con el eterno retorno de un Ur-Fidel.

En su Anotación al miércoles 23 de agosto de 1944, Jorge Luis Borges intuye la irrealidad de todo fascismo: «es inhabitable; los hombres solo pueden morir por él, mentir por él, matar y ensangrentar por él. Nadie, en la soledad central de su yo, puede anhelar que triunfe».

Ni siquiera el propio Fidel anhelaría hoy el triunfo de su totalitarismo. Solo quiere que lo cremen y lo dispersen como un polvazo de santería entre La Habana y Hialeah. Setenta y tantos cumpleaños después de su 13 de agosto de 1944, por más que Él impuso la debacle con tal de ser destruido —como creía Borges que quería ser destruido Hitler—, el pueblo cubano frustra más y más a Fidel en su gloria tanática, humillándolo hasta la indecencia de su noventa y tantos cumpleaños y los que le falten. Morirá hecho una mierda que no podrán ni momificar.

Ni mártir ni museable, ese Castro no tanto en pañales como en Pampers, es hoy nuestra venganza de una magnífica y magnicida ironía.

¿QUIÉN ERES TÚ, VIRGENCITA?

Pobrecita la muñequita de maderamen y oropel, tan zarandeada a lo largo y estrecho de miles y miles de kilómetros. Anoche la vi, en Lawton. Y fue sobrecogedor.

Por ella y por lo mortecino del ambiente. Un barrio enrarecido desde el talante de sus sub-ciudadanos hasta el cielo que se comba allá arriba, apuntalado por los postes de luz pastosa y pobre. La luz y las casas como cuevas. La luz y los rostros como muecas. La luz y la sensación de que ninguna de esas biografías en masa debería llamarse humana, mucho menos de Dios (animalia amorfa, ignorante por su desmemoria, presta a despingar al prójimo a la primera oportunidad).

La luz que solo brilla en las sirenas de los patrulleros *Made in China* y en las lentejuelas de la brigada motorizada de Tránsito. La luz que solo tiene filo, ya que no fe, en los ojos procaces de tan proactivos de la Seguridad del Estado que «atiende» esta «actividad».

A las siete de la tarde comienza en Cuba la medianoche en el horario de invierno. Al parecer, la gente estaba dispuesta a cantarle las cuarenta a cualquiera, histeria de entretenimiento para recibir por todo lo alto el fin de semana, como si de un concierto de reguetón se tratase (la vestimenta de los jóvenes así lo ratificó).

Los autos apenas desaceleraron bajo el semáforo, aunque la esquina de 16 y Dolores era un mar de cuerpos. Oí mujeres mentar la madre de los choferes. Vi golpear los capós (es una escena fetiche del filme *Midnight Cowboys*). La peste a bronca no se diluía, sino que añadió su picantico patrio a nuestro pedestre concepto de devoción.

Nos acordamos de la Virgen cuando viene. Es decir, una vez en cada Revolución.

Y, en efecto, en su urna de cristal o acrílico, como una Pilar de escudo en ristre, casi zalamera de tanto sermón, venía muy envuelta ella entre la bandera del Vaticano y la de Bayamo, ese trapo heroico sin bucolismos de Byrne (nuestra bandera de la barbarie, que ya no amamos ni aunque nos amarren, por ser fuente de toda la demagogia que hermana a dictadores con demócratas en una patria a la urrarrá.).

La anonadada María insular pasó al cabo en su automóvil de alquiler, desde la capilla cuidada por las monjitas de calle Concepción, mucho más allá del paradero de Lawton y las líneas férreas sin uso y un río Pastrana ya putrefacto, en esa cabeza de monte retro-industrial que invade a la capital desde el mismísimo Cordón de La Habana.

Virgen mambisa. El corre-corre. Cláxones, cánticos, aplausos, altoparlantes con prédicas improvisadas para la procesión. Es la virgencita del cobre o un clon carismático que igual viaja desde allá, aunque se dio una caída del carajo en Matanzas. Usan una soga para mantener a raya a los fieles. Hacen círculos humanos entrenados en la parroquia, con hombres envejecidos y algo sospechosos en su jerga cuasi-militar pero de inspiración cristiana, más sus ropitas de los años setenta que incluye un cinto «de salir» a la altura del ombligo. ¡Qué chea es Cuba, compañeros!

Collage al crudo: ¡coopere con el creyente cubano! Es un juego de máscaras donde el Cardenal Jaime Ortega sale debajo de sus propias mangas y camina calle B arriba hacia la avenida de Porvenir, hasta doblar a la derecha en calle 10, donde yace un convento decomisado que conservó solo su iglesia. Entonces el purpurado habla.

Nuestro hombre en Roma luce exhausto tras el micrófono. El Cardenal sabe que Cuba ya no lo quiere, por cobarde primero y cómplice después (entre otros secretitos de closet que solo maneja la Oficina de Asuntos Religiosos del Comité Central de un partido sin dios, el Comunista). Tampoco nadie le presta demasiada atención a Jaime, que cardo ni ortega cultiva, y un borrachín le besa la mano y los seguratas devuelven por los aires a este devoto hasta su no-lugar en la acera.

Y es lógico que la palabra de un anciano no enganche a Cuba esta noche (ni la engañe): la diva divina de hoy es Cachita Super Star. Además, Ortega, desde que rebotó por última vez en la televisión cubana, casi sin créditos ni promoción, continúa alabando a Antonio de la Caridad Maceo y Grajales: militar decimonónico que, antes de salir a matar a machetazos, siempre revisaba tener en su pecho de mulato almidonado una virgencita de noble metal. Esos son nuestros héroes. Una edad de horror.

Entonces deja de hablar el cabeza de la Iglesia Católica en Cuba. Y por fin es nuestro turno a solas con la incivilitud. Y un buen baño de vandalismo nos damos, escachándonos contra las rejas del templo y sus escalones, secuencia de cine no silente sino chillón. Cientos, miles. Niñas, ancianos. Un señor flaco, cuya madre me aseguró que recién se había infartado. Una señora negra que alcé de entre la oleada de piernas que la hubieran aplastado (sangraba de las pantorrillas). Y otra vez palabrotas, sandunga sancta, compasión a cojones.

Los clérigos y seminaristas vociferaban con una dicción demasiado correcta para ser violenta, casi excomulgando a sus feligreses con sentencias de maestro de escuelita primaria, al estilo de «si no se portan bien, no habrá virgen para nadie en el barrio». Asistíamos a una especie de avalancha de la Final de fútbol o acaso a un concierto en CUC de tipos duros a los que no los detiene nada.

Esta es nuestra materia prima innegable. A golpes de mayorías no se puede imponer un mito a perpetuidad, sean los evangelios canónicos o *La Historia me Absolverá*. Pero a este decorado le falta la brigada élite de la policía, las tropas especiales para perpetrar la paz en pleno Período Especial.

Es obvio que al Estado cubano le interesa que la Iglesia Católica sepa que tantas procesiones al año, más temprano que tarde podrían acarrearle una tragedia (mujeres desmayadas, bajones de insulina, broncas de varones, etc.). Y la autoridad nos deja espachurrarnos un rato en polifonía de quejas y maldiciones, pero lo único que no puede resonar aquí es otro tipo de palabrota peor: por ejemplo, «Libertad».

Y justo es la hora en que unos tipos me increpan que por qué todas mis fotos van de picada contra el pugilato popular. Discutimos entonces sobre la pertinencia de la verdad. Les hago notar mi pulóver blanco de «Laura Pollán Vive». Se arremolinan y aprestan para rodearme, mientras una mujer trata de distraerme y se desgañita interrogándome que quién me paga (tiene el argot de una agente del serial televisivo de la contrainteligencia *Las Razones de Cuba*). Pero yo ya estoy dentro del templo y me refugio junto al altar mayor, a retratar las caras bendecidas por un padre italiano, cuya decencia no puedo adjetivar sino de democrática.

No por gusto tengo una credencial de trabajo para hacer clic sin que me roben o ripeen la cámara «por error». ¿Y la virgen, y la virgencita madre de todos los cubanos, incluso antes de que existiéramos los cubanos? ¿Qué pinta esta pobre Virgen perdida en su propia procesión?

Cada rezo y cada lágrima son acompañados de una foto hecha con celular. La Caridad es así un poco pop ante tanta fruición mediática. El síndrome de Nokiaridad. Su talante celestial le luce un tin tímido, a pesar de la piel morena, madera pulcra y extrovertida: Ceciliamente es una Valdés. Y, con cierto pudor de palo, diríase que nuestra virgen se tapa islámicamente bajo su manto de reina maga (nadie sabe cómo estará tallada su desnudez bajo la lentejuela amarilla ritual).

Tal vez se le dificulte interpretar si esos esta noche que la idolatran son súbditos de Dios o de la Nada. Tal vez sepa más de cuatro cosas sobre nuestro mañana (de ahí su rictus triste intangible). Tal vez Ella se sienta tan sola como cuando apareció flotando, condenada a cargar a ese bebé que no crece de cara a la eternidad y que, aunque no coge ni comején, pocos cubanos lo conocen de corazón.

Pobrecita, pobrecita la virgencita cubana, tan frágil, tan rodeada de un holocausto de flores (pétalos con ese olor tan premonitorio de funeraria), tan vulnerable, tan esperanza, tan tuntún quién es, tan mi madre.

Pobrecita la virgencita rodeada del cubanacho medieval, obligada al insomnio de los ventiladores de donación, tapiada bajo esa musiquita falsamente alegre para cuando venga a nosotros Su reino (y no se haga más nuestra voluntad), azuzada como una prófuga por el intermitente apagón que acechaba al convento decomisado y convertido en escuela, porque justo así es cómo narra el Estado totalitario: subiendo y bajando el catao de la incomunicación.

Pobrecita nuestra Cachita, invisible bajo la mirada codiciosa de la turba, dispuestos a darse machetazos de Maceo a cambio de un milagro de calidad.

Pobrecitas nuestras vidas de virgen, tú y yo tan cubanos y que nadie en Cuba se entere todavía. Porque con ponerte un par de velas caras y pedirte una visa para los Estados Unidos, ya están felices en su fe fácil. Y fósil.

Ay, mi amor, que nadie nunca te hablara de amor. Nadie en la Isla ni en el Exilio supo jamás quién eras. Ahora, por ejemplo, me leen como leguleyos lelos y la emprenderán contra mí. Pero tú y yo bien sabemos que esa noche nauseabunda yo y tú nos reconocimos en secreto por primerísima vez. Y nos hicimos devotos mutuos, mi amor.

Virgencita efímera de mi alma que ya se alza hacia ti. Virgencita de verdad, no deípara sino distópica. Madre de toda nuestra orfandad. Memoria de nuestros miedos. Ilusión de una infancia incrédula de tan curiosa. Por favor, no me dejes solos con quienes dicen que de toda la vida han creído en Ti.

LA REVOLUCIÓN ES UN SUEÑO AVI

Si es cierto que la arqueología atrae a los deprimidos, si es cierto que el cine cubano es en última instancia arqueología de la Revolución, entonces la Revolución Cubana es un gran imán para deleite y delirio de los depresivos.

Memorias del Desarrollo / Memories of Overdevelopment, la película unipersonal de Miguel Coyula —un cubano renacentista que en cine lo resuelve él todo con su propia laptop—, a pesar del sigilo de los funcionarios y hasta de su propio autor, ya recorre La Habana lo mismo en DVD pirata que en una memoria *flash* de donación, apenas un par de semanas después de su escueto estreno en el Festival del Nuevo Cine Latinoamericano del 2010, donde no la dejaron competir como corresponde a una película cubana, y entonces la exhibieron como parte del ¡Panorama Latinoamericano!

La censura creativa en el ICAIC habita hoy cotos de mayor rareza: el manicomio de lo prohibido cede espacio al mausoleo de lo tolerado. Como vitrina, es probable que hasta el Ministro de Cultura asistiera a la premier de este film, y por eso el periódico —peórdico— *Granma* publicó una vulgar viñeta de reivindicación. Así, los organizadores del arte audiovisual en Cuba paladearon a desgana el buche amargo de este sueño pixelado en clave de post-revolución, un filme inspirado en la novela *Memorias del Desarrollo* de Edmundo Desnoes.

Imaginar la historia del paraíso proletario. Historiar la imaginación de un país perdido para siempre. El capital simbólico de este tipo de excavaciones digitales es infinito. Una inagotable mina a corazón abierto. Coleccionar capas de objetos sobre capas de huesos, retazos de emociones y cinismos, traiciones y abandonos, diálogos equívocos dejados a la mitad, por oportunismo o por puro pánico, por mediocres o por maldad. El bilingüismo como válvula de escape y resistencia contra el monólogo totalitario, donde todo *caption* será siempre capcioso, lo que en Cuba significa contestatario. Memorias de la desmemoria, la apoteosis de la derrota como lucidez. Pensar Cuba es deprimirse. Cavar nuestra tumba es la única sanación para los arqueocubanólogos como Coyula 2.0.

Empleo de la lupa o del telescopio (fetiches de Titón), extrañamiento más que distanciamiento. Es esta una película antipopular, personalista, escupitajo contra el concepto cansado de masa. Es también una película de limpieza aséptica, escéptica, con ambientes vaciados en sus fríos fotogramas en blanco: papel o pantalla en blanco, donde van a podrirse las ideas y el deseo de gente blanca escrita o filmada por gente blanca, tragedia de una raza cubana que quizás dio menos pico y pala durante la utopía, pero que históricamente se ha deprimido más (pastillitas blancas como paliativo). La inteligencia como desventaja adaptativa, darwinismo insular de pá-lo-que-sea-fidel-palo-que-sea…

Fotos fósiles, álbum de Alicia en la película de las maravillas: cuento de hadas para paliar el horror, ruinas retóricas del justo tiempo inhumano que nos inhumó de generación en degeneración. El exilio como una carrera de relevo que bosteza ese AOM milagroso del siglo XX académico norteamericano: *Revoluciaom*…

Hasta aquí los más ostensibles síntomas clínicos del Síndrome de Sergio, primer y último personaje apátrida del cine cubano, el que, tanto visto por Tomás Gutiérrez Alea a finales de los sesenta como por Miguel Coyula ahora, encarna el elocuente silencio de los testigos tonsurados por la idiotez de las ideologías.

Paradójicamente, los discursos en *off* de ambos sujetos —no los directores, sino sus respectivos Sergios—, ponen en jaque al descubierto a todas las demagogias del poder. Ningún Estado sabe el pasado que le espera. Y ningún estadista sospecha cómo será narrado ni por quién. La pluma es a la postre más persistente que el paredón. Una imagen vale más que mil tanques. Una cámara con micrófono es el reflejo del alma de la nación. Y nuestras biografías se escapan de toda discursiva oficial, gracias a este pastiche remendón en formato AVI, del documental a lo mental.

Memorias del Desarrollo / Memories of Overdevelopment es, en términos de puesta en escena, nuestro tardío *The Wall* (la banda sonora lo intuye electroacústicamente así). Astas vacías de entrada: la bandera de USA y no la cubana es ahora la de la(s) estrella(s) solitaria(s). Desierto cósmico de *Le Petit Prince* como colofón, con el protagonista Ron Blair siendo la reencarnación de un principito promiscuo habanero. Y donde la flor indomesticable que se extraña es, por supuesto, la Revolución que a cada uno de sus ladrillos domesticó (y masticó).

Más que desierto, este filme se abisma de lo onírico a lo órfico, sin excluir lo onanista de toda diáspora. Extravío de extraterrestres en una USnaia Politiana posnacional, encuentro cercano de 1959na especie. Saurios socialipsistas, arqueología amateur para depresivos profesionales que penetran cualquier otro cuerpo, solo para después pedirle perdón (nuestra culpa es ancha y ajena, complicada con un complejísimo Edipo Rev). Cualquier cañón cársico de Utah encarna la formita del caimán cubano en un mapamundi que nos mata por el mundo.

Memorias del Desarrollo / Memories of Overdevelopment es un momento memorable del arte cubano. *Momentum* físico de masa (cerebral) multiplicada por la velocidad (venérea). Una obra de culto, de gurú. Un Premio Oscar 2059 en potencia, a nombre de cualquier otro pasaporte latinoamericano que no sea el suyo, puesto que Cuba enseguida la desheredó en su natal 2010. Un fichero de alta resolución pero de baja *fidel*idad, proyectable en una Habana oculta de salas oscuras tomadas por la Seguridad (acaso porque tu cameo, Miguel Coyula, como el de un hombre de Maisini.cu, tampoco «tiene ningún problema con el G-2»).

Para entonces, por suerte, dado el *boom* de su difusión alternativa entre los zombis sobremurientes de una Cuba virtual, este filme no será un *best-seller* pero seguro sí un *best-seen*. Nuestra imaginación ya no depende del monopolio institucional sobre la letra y la imagen. El desarrollo de nuestra memoria cinéfila del futuro ha comenzado por esta brecha. De suerte que, cuando por fin lleguemos a esa ninguna parte que se llama la libertad, Miguel Coyula nos estará esperando allí —habiendo sido un ojo libre en medio de la ciega alambrada—, para compartir su estatuilla de Hollywood que los capos de la cultura en La Habana, con esa analfabetosis típica de los abusadores, en el Festival del 2010 no se atrevieron a dársela.

La patria empieza donde nos empaliza la patria. Y la patria termina cada vez que comienza Cuba sobre una pantalla.

EL ÚLTIMO RINCÓN

Cada año es un poco más decadente que el anterior. La religiosidad en Cuba se ha ido tornando cosa de bárbaros, hasta terminar en una superstición medieval de masas, represiva y cruel, por puro miedo a la muerte en medio de la desidia de un país claustrofóbico e ineficaz, donde pagan con su vida los pobres animales y los mejores seres humanos (en sacrificios rituales y atentados descarados). El 2012 no fue la excepción, sino el clímax.

La procesión de los pagadores de promesas al santuario de El Rincón es un escarnio nacional, carnaval que da grima a quien conserve un mínimo de intelecto y moral (esas dos utopías de las que ningún manual socialista se ocupó). Con kilómetros a la redonda tomados por el ejército y la policía política, el Dios remanente de esta Isla, encarnado en la demagogia democraticida de nuestro Cardenal católico, debe sentirse feliz de asistir al apocalipsis de una nación. Apo*cuba*lipsis.

Cada vez más miseria y materialismo al punto del mongolismo. Gente arrastrándose y arañando a sus inocentes hijos, como para asegurar otro medio siglo u otro medio milenio de horror. Piedras, sogas, ladrillos, cadenas, sacos ripiosos como vestimenta, peste a podrido, orine por las cunetas, tráfico de agua bendita como si de un bálsamo milagroso se tratara, iluminación mortecina de inspiración dantesca, personajes descalzos sobre el *collage* de cera y la pandemia de escupitajos, borrachos o locos de atar o ambos, tullidos y tarados, tipos violentos sin duda, tropita tétrica con los atributos dignos de una biblia satánica, sin recordar bien quién pudo haber sido el tal Lázaro de las muletas imaginadas y los perros que nunca lamieron sus llagas de utilería. Cada vez vendiendo más y más mierdangas violetas al por mayor, cadáveres de cerdo frito y bisuterías que se oxidan justo el día después, postalitas apócrifas y ecumenismo de Navidad, criptocapitalismo del siglo XVI, todo al ritmo reumático de los reguetones recién prohibidos por una ancestral Revolución.

En el púlpito, el regaño y la diatriba con una sonrisa mitad perpleja y mitad purpurada. No se atreven a rechazar a sus fieles enfangados, porque estos son los únicos días del Señor en que la chusma carnavalesca le insufla cierta mayoría a la iglesia, pero cada cura sí le advierte a la plebe que llegan en pecado mortal: uno a uno los hijos del hombre pecan como carajo, como si esto fuera solo un sucio secretito de alcoba (y lo es, en tanto pueblo infantilizado que se refugia en el hedonismo para fugar de la Historia) y no una consecuencia de convivir en una patria desquiciada tras décadas de despotismo ateo y patético. Se les recuerda a estos devotos del diablo —y las flores podridas catalizan la sinestesia—, de la muerte sin clemencia que en breve los hará polvo de cucarachas —porque a los niños hay que azuzarlos con que «viene el Coco y te comerá»—, y es ese terror y no la fe en la Verdad, lo que empuja a nuestro ganado nacional groseramente hacia Dios. («Hacia», pero no «hasta», porque andan tan exhaustos que ninguno llega tan lejos.)

Asco, vértigo, náusea. Sentí espanto antropológico y una inconmensurable piedad, al verme allí vulnerable, indistinguible entre la nada de los nadies cubanos del 17 de diciembre en el sanatorio-santuario de El Rincón.

Ya sabemos, el lenguaje existe porque la comunicación es imposible. Cuando la mentira sustituye la transparencia del amor, ese amor no ilumina y mata, sino que ciega y obliga a una longeva existencia estéril. Eso vi, eso viví. La sumisión indignante en manos de un *lord Cristocástrico* más fósil que feudal, sea con hábitos o con uniforme. El cristianismo cubano como un proto-islamismo de látigo y gozadera. La desconfianza mutua (por eso había más reclutas que rezos), las miradas nerviosas de quienes están esperando sacar a un familiar de la cárcel para salirse ellos mismos de Cuba, la risa soez e invasiva ante la diferencia de quien como yo aún parece bello y libre en medio de la molicie, las *walkie-talkies* mal disimuladas como hipóstasis de una pistola en mi nuca, a la hora cero de la debacle en el Día F: ese funeral de un Fidel difunto el cual ninguna promesa ha podido adelantar.

No iré jamás a nada que tenga que ver con la tradición. Por eso soy un traidor en toda la etimología del término. Me parte el alma ver a mi pobre pueblo tan perdido, tan ido. Pero igual perdónalos, San Lázaro, por favor, Babalú de los ayes y la barbarie, porque esos cubanitos te quieren con cojones aunque no tengan ni la más puta idea de lo que hacen. Ni mucho menos de quién pueda ser Taita Dios.

Y yo los amo a ellos a pesar de todo mi desamor.

LOS LIBROS DE LA MUERTE CUBANA

Hay un género literario mucho más vivo que toda la literatura cubana, que, por cierto, desde hace décadas es un fenómeno maravillosamente moribundo.

Ese género son los «libros de la muerte», manuscritos de los asesinos en serie de la Isla —con metástasis latinoamericana—, como si fueran personajes perversos de un thriller pato(ideo)lógico llamado la Revolución.

Una vez más, con 15 años de retraso, me animé a releer de un tirón uno de esos monumentos vitales a la muerte cubana: *El furor y el delirio* (Tusquets, 1999), del *killer* hijo de *killer* y asalariado de *killers* Jorge Masetti, cuyo destino de depresivo o de *vedette best-seller* hoy se ignora en la Isla, pero cuya prosa admiraré siempre por su morbosa monstruosidad.

Este género grotesco no tiene límites, por eso es superior a cuanto puedan generar los autocensurados escritores cubanos. Aquí se combina un Edipo rocambolesco con el Macho Jefe (o la Mafia en Jefe) con una frialdad que, para no reconocerse suicida, se convierte en criminal.

De un lado, el horror (más que el furor) de fallarle al Estado totalitario. Del otro lado, la debacle (más que el delirio) en que se subsume la vida del narrador, girando en círculos de escualo sediento de sangre, a cambio de un algún sentido para una existencia estéril, devaluada. Sin valor. Ni valores. La muerte como moral. Estética esoté(t)rica.

En esta lógica, quien es capaz de matar, es bueno y bello y tenía la razón. Quien se deja matar es frágil y feo y estaba fuera de lugar y por eso mismo sobraba en el mundo. Es un razonamiento infalible incluso en la Casa Blanca, donde en el caso Cuba hoy se premian a los verdugos y se patea a sus víctimas.

Estos *serial-killers* actúan desde un solipsismo atroz, pero ni por un solo instante dejan de tener contactos con el complot continental. Y es aquí donde este género grosero brilla por su siniestra sinceridad: no hay política, ni arte, ni deporte, ni enfermedad, ni accidente, ni fama, ni fronteras, ni naciones, ni historia, ni memoria, ni identidad, ni nada que no sea pactado *a priori* por los héroes de la acción pura, por los villanos del verde olivo como virtud, por los matarifes apolíticos en este caso del castrismo internacional (sea del signo que sea: el castrismo es el *pluribus unum* de nuestro tiempo, una Era Revoluzoica).

Jorge Masetti narra entonces desde los huecos negros que los cubanos, como pueblo perdido, jamás sospecharíamos de no ser por obras así. Aquí oímos la cháchara del poder a perpetuidad. Espiamos los parlamentos de pasillos de los ministros del mal, los barbarrojas ubicuos que administran la muerte masiva a voluntad. Intuimos la inteligencia insidiosa, que traza el teatro de títeres que es nuestra biografía de ciudadanos de atrezo. Nos damos cuenta de incontables cosas con «El furor y el delirio» y sus anagnórisis agónicas. Cosas literariamente tan incontables que, aún contadas, no cuentan.

He aquí, por fin, la voz privada de la nación, su novela invivible, su quejido de cadáver íntimo e intimidante. Y gracias a este género entendemos, mucho más que su propio autor —que solo cree haber hecho catarsis—, que los cubanos que quedamos vivos seremos por siempre cómplices o culpables o ambos, porque en algún punto crítico de nuestras vidas nuestro expediente ha sido perdonado por la Seguridad del Estado. Hasta estar ahora y aquí se lo debemos los cubanos al castrismo, de ahí su secreta crueldad.

En más de un sentido, y de esto Jorge Masetti sí se da cuenta perfectamente, quien sobrevive es un traidor. Cuando se dice «la gran familia cubana» no se está diciendo que como pueblo somos sino que estamos embarrados de la misma sangre.

Las opciones del autor son muy simples ahora —tal vez él ya eligió en estos 15 años de retraso en mi relectura—: la locura o la santidad. Y las estadísticas demuestran que la mayoría prefiere «quemarse», pues es obvio que a nuestra biblioteca le faltan los testimonios de los monstruos (en esto y no solo en fútbol, Chile y Argentina son nuestros rivales insuperables).

Después de la Revolución cubana, la muerte volverá a no tener ningún significado. Se matará por puro pragmatismo latinoamericano, por maras que somos los cubanos. El castrismo tiene, pues, un rol que cumplir a perpetuidad: dosificar el mal que los hombres le hacemos gratis a los otros hombres y, de ser posible, prestigiarlo. A ver si de paso precipitamos la mano maléfica de dios, su furia física contra quienes estamos aún vivos entre nuestros enemigos enmascarados. Se acercan tiempos de polvorín, y lo pagarán muy caro desde la Casa Blanca hasta el Vaticano, pasando por los millones miserables de la cubanoamericanada.

El mesías Masetti merece el Premio Nóbel de la Necroteratura. Leerlo es desleírse. San Jorge ha parido un nuevo *boom* a lo bestia, con los golpes y el *bang-bang* de su testimonio ladinoamericano en trance terminal.

EL CUBANGELIO SEGÚN HUMBERTO CALZADA

Toda geometría es un sueño, un imposible del ojo.

Cuando el agua se cuela de espejo por debajo de los vitrales en una alberca de Marianao, por ejemplo, o en una *infinity pool* de Miami, en ese cruce de memoria imaginada y futurismo efímero, algo desconocido se engendra a ras de la línea pincelada del horizonte. Un parto no exento de dolor, una genealogía de objetos a la espera, arte artero. Una génesis muda, como toda pintura lo es.

Pasar las páginas del catálogo vital de Humberto Calzada (La Habana, 1944) es, entre otras cosas, una inmersión al vacío. Una expedición al desierto, experiencia existencial de lo inmóvil, instinto de iridiscencia, intento de incubar lo cubista, un instante antes de caer en lo coloquial. Conversación callada entre quienes ya no están o acaso nunca estuvieron. Atmósfera para aupar nuestra impropia ausencia de Cuba.

Aquí el escaque es ubicuo. La teja falsamente francesa. La cosmogonía en alto contraste de losetas en blanco y negro (sicodelia de los pisos tropicales, como un sistema de coordenadas cuyo eje vertical es el arco de medio punto). Peldaños que no encajan del todo en la palabra *escalera*. Poética del *now-you-see-it-now-you-don't*: es cal, era.

Exoftálmicas ventanillas de baño o de nao hundida o de calabozo. La ristra de persianas sin patria en un tercer plano de profundidad (no tenemos que creer en la perspectiva, nos basta con asfixiarnos entre sus superficies). El vidrio vitral, tamiz de luz líquida que completa la composición. La reja, que escapa de ese juego de adentro versus afuera, pues ahora todo es intemperie doméstica. La virtud o la envidia fotográfica del pintor, que imita un hiperrealismo pervertido por ese otro vocabulario —vo*cuba*lario— que muta según la hora del día: la palabra *verdad*, de verdad varía con cada péndulo o pincel del reloj.

Si la pintura de Humberto Calzada es verdadera, entonces no puede ser al mismo tiempo real. Se aniquilarían sus materias primas y pictóricas en el acto mismo de la creación. Lo obvio, como el misterio, saldría humillado si de pronto pretendiéramos interpretarlo (el pintor es el que menos podría explicarlo, su mano es solo la de un médium). Hay algo aquí que no encaja. Acaso un color omitido. Una revelación. De lo obvio a lo vacuo.

Estos espacios no tienen culpa de Cuba. Su primitivismo es estilizado, como cualquier laberinto, y su inocencia se abre de lo íntimo a la Revolución. Pero no pasa nada, por supuesto. Los cubanos todavía no nos hemos ganado un puesto aquí. La habitación antecede al hombre. Quedaríamos ridículos, además, tan cubayoyos en medio de esta cubalidez tan pulcra. En definitiva, luciríamos ridículamente redundantes.

Humberto Calzada podría ser sin quererlo un artista de anticipación (lo onírico, si se sueña a punto de despertarnos, es agorero según el zen). Constructivismo de un sinsentido sésil, milagro que no emigra. Lo que el viento nos dejó. Y, sin embargo, hay algo de guerrero que se bate en retirada contra un eco de luz, algo sutilmente significantísimo. Como todo creador, Calzada está descalzo y por eso ya no puede parar de avanzar. De lienzo en lienzo, sin límites. Continuidad en los bastidores.

En estos crucigramas de reminiscencias, en estos vestigios del porvenir, en estos templos a mar abierto donde el azul es nuevo bajo el cielo, en la alegría infantil ante un museo con ínfulas de mausoleo (la mirada siempre sube en contrapicada desde la altura de un niño), en esta erótica sin órganos (gimnopédica, de flor fósil), en este catálogo de catástrofes, quien pasa las páginas termina formando parte de la erosión.

No encontramos el pórtico de salida o, mejor, la gravitación de lo ingrávido nos impide partir. Queremos imponer nuestra presencia en estos páramos del paraíso, pero la maldad del mundo nos lo prohíbe. Estamos atrapados en la bondad de unos brochazos. No somos libres para dejar de mirar.

¿Por qué toda esta objetuaria sigue siendo cubana a pesar de sí? Porque para cuando despertemos de nuestra desolación domesticada, para cuando la pesadilla pase y vuelvan la persona humana y sus muebles de civil, para cuando la agonía se convierta en ágora, para entonces estos cenotafios de Humberto Calzada todavía estarán inhabitables allí, como un memorándum de una muerte sobresaturada de luz.

Blancópolis. Alba y albúmina. Lo estéril como una estética *in extremis* de la esperanza. Para cuando las palmas, ah, las palmas despóticas, se extrañen menos en Cuba que un abedul.

ESPÉRAME EN EL CAPITALISMO, MI AMOR

«Nunca más vas a entrar a Cuba», le dijo la cónsul cubana con sarcasmo a mi amiga. A mi amiga ex-médica «quedada» en Chile, primer país democrático de Latinoamérica, casi del Primer Mundo.

Deberían expulsar a esa cónsul de ese país perfecto como un pelo. Deberían, como excepción, desterrarla también de Cuba. Por cruel, por descarada, por violadora, por aterrorizar a nuestra ciudadanía dejándola a la intemperie a lo largo y estrecho del mundo.

Tengo el nombre de esa cónsul. Y no se me va a olvidar nunca, compañera. Y a la primera oportunidad haré una reclamación ante la instancia jurídica internacional que proceda. No por cruel, ni por descarada, ni por violadora, ni por aterrorizar a nuestra subciudadanía en el mundo. Sino simplemente por mujer mala que se burla —como todos los cargos públicos en Cuba— de nuestra propia constitución. Y de decenas de convenios internacionales de diplomacia.

Mi amiga ex-médica me llama al móvil habanero desde su exilio reciente, llorando, y me dice que no puede ser verdad, que había oído casos así, pero que siempre había una justificación que ella entendía, aunque no compartiera esas injusticias, casi siempre por cuestiones «políticas».

Esto, Landy, no puede estarme pasando ahora a mí, que jamás me he metido en nada…, y me implora que le diga ideas de qué hacer para regresar aunque sea de visita a su hogar, donde toda su familia se desespera. Que la consuele un rato, en lo que se consume su tarjeta telefónica desde el Cono Sur, como cuando ella me llamaba a La Habana desde el campo, en aquella epoquita paupérrima donde nos amamos en cuerpo y alma con más intensidad que el amor a la patria (esa puta disciplinaria), hasta que un día mi amor médica de pronto me abandonó, para de pronto irse a otro hemisferio, llorando como ahora en mi celular, con papeles de «visita» para finalmente «quedarse», y convertirse, sin darnos cuenta, en mi amiga ex-médica virtual.

Que le cuente algo lindo, susurra con voz rajada. *Que no le diga nada*, se contradice, *que solo la escuche un rato y la deje sentir mi respiración. Y, por favor, Landy, tú sabes*, me advierte entre pucheros, *ahora que estás metido en la locura esa de los blogs, que no escriba ni media palabra, ni media sílaba, que no politice su caso, porque ponerlo en voz alta puede ser mucho peor...*

¿Peor que la respuesta rabiosa de esa cónsul contracubana?, pienso, pero a la postre obedezco y no le respondo nada a mi amor. Porque para mí siempre, tú también lo sabes, seguirás siendo en secreto mi amor sin prefijo ex.

¿Qué hacer? ¿Contra qué muro rompernos la cabeza por tanta culpa humillada, bajo un poder déspota que borra de nuestra historia a sus mejores hijos (a mí y a ti, por ejemplo)? ¿Por qué tortura así al pueblo cubano un Ministerio de Relaciones Exteriores corrupto y desmesurado, políticamente de patas abiertas a la policía política, a la voluntad de uno o dos o una decena de hombres, y recientemente compinche de los magnates de Washington, DC? Estamos vivos, ¿recuerdan? Los vamos a sobrevivir, ¿recuerdan? ¿A dónde quieren llevarnos con esta ristra de odio entre hermanos? ¿Acaso a una guerra incivil? Ojalá. Ya debería ir siendo hora de cierta acción.

Mi niña graduada en una universidad ultimada por la Revolución, mi amada de perfil facebookiforme en la noche gmail, muchachita que ya eres mujer a fuerza de que te cierren la puerta en la cara en una embajada en bancarrota, mi yerbita rockera de los desiertos recónditos y las sabanas de pronunciación exquisita de ese país, mi anónima florecita de ese destierro que te impuso la benevolencia de una diplocastrista, la que para colmo te explicó que tú no estás exiliada, como los chilenos o los salvadoreños en su época de comunismo en ciernes, no: la tipa te dijo que a los hondureños o guatemaltecos los burgueses bien pagados por la CIA les pegaban un tiro en la nuca y ya, aunque-pero-mas-sin-embargo a ti el Estado proletario cubano te ha perdonado la vida, pero no la biografía.

Mi amor, te prometo nunca escribir nada en mi blog de ti. O, mejor, te prometo que si lo escribo, como de costumbre cuando podíamos olernos de madrugada la piel, entonces solo podremos notarlo tú y yo (y esa cónsul canalla, por supuesto, que serán ahora todas las cónsules de la Cuba canalla, porque la verdad no la pueden comprar como a esos tarequitos de pacotilla con que atiborran sus apartamentos de lujo en nuestra Habana, letra muda que ellos mismos han ido dejando no tan náufraga como huérfana).

Mi amor, te tocó. Se nos acabó la cuerda y la inercia de infancia. Crecimos, pero no supimos escapar del horror de Cuba sin caer en el horror de los cubanos. El sarcasmo de esa funcionaria del MINREX era sinceridad a secas. La cónsul cabrona tenía razón: nos equivocamos de casa tú y yo.

Tal vez te lo dije antes de que cerraras los ojos de tanta desesperación y echaras a ciegas a correr: *no vuelvas*. Y recuerdo haberte dicho aún más con el corazón haciéndome *crac* en la mano: *si te vas, es para no darle más vueltas a nuestro pésimo pasado (de eso me encargo yo, que soy el peor). Sé otra, sé libre. Cásate con la falda de un volcán. Cuba es estrictamente una maldición. Sé linda, sé joven. Sé comunista acaso, porque ni siquiera eso te permitieron serlo de verdad aquí, a pesar de tu carnet de carmín. Ama en otros ese amor nuestro de trenes interprovinciales que se nos descarriló. Chu-chuá, chu-chu-á... Tiembla a cielo abierto. Pare niños no cu-*

banos lejos del socialismo gratuito y de un Castro que nos impuso un precio impagable para salir de él. No crezcas, no envejezcas. No dejes de vivirte en mí. Pero no le repitas a nadie las frases tuyas que fueron en otro planeta solo para mí.

Y, por supuesto, mi amor, espérame en el capitalismo (en uno de esos capitalismos con alma). Espérame con paciencia, porque ya estoy allí. Y porque tú bien sabes que por más que Landy lo intente, amor, tampoco nunca del todo estaré.

Cuba nos descolocó. Nos colgó. Hasta la próxima tarjeta telefónica del Coño Sur.

ADIÓS, LAURA

En un país donde los políticos son peleles de un Hegémono histriónico cuya *fidel*idad está en fase de extinción, era lógico que la política se desplazara al vientre vacío del barrio, a sus ovarios moribundos de tedio y horror, a una mujer cubana en su cocina cubana cacharreando la comida cubana que le llevaría en jabitas cubanas a su marido preso, acaso de por vida en una cárcel cubana.

En un país donde la oposición y el periodismo disidente están no solo infiltrados, sino que funcionan de facto como la filial más secreta de la Seguridad del Estado, por donde se canaliza y controla la rabia consuetudinaria o contrarrevolucionaria de este pueblo, era lógico que el espíritu contestatario reencarnase al margen de cualquier disidencia y su ristra de denuncias digitales que no cambian nada.

En un país donde lo último que pasó en las calles, en enero de 1959 —hace ya medio siglo o medio milenio, paleohistoria infranacional—, fue la estera de un tanque atestado de barbudos con sus carismáticas armas, era lógico que la ilusión de un mañana pacifista se anunciase ahora a pie, sin cañones ni cargas cómplices para matar bribones. Para la liberación civil le bastó a ella con una ropita blanca de ama de casa, delantales para adelantarse a su tiempo secuestrado por los totalitarios.

En un país que sigue siendo de puertas adentro un coto claustrofóbico contra la palabra, con ministerios inercialmente acéfalos y policías acéfalamente inerciales, donde la sospecha es sinónimo de sobrevivencia y la mentira es la única razón remanente de Estado, era lógico que resonara la mudez de un gladiolo empinado en su mano, espadita enclenque pero inclaudicable, perfume de pétalos baratos por cuenta propia, flores decapitadas de domingo en domingo como un sacrificio de amor (ese sentimiento tan arcaico en una nación tan artera como la Cuba de Castro).

En un país donde el protagonismo es penado —solo la masa amorfa es legítima—, en un país emparedado entre un presente precario y la parálisis de que solo la guerra a muerte es fraterna, donde el exilio es tenido y tratado como una enfermedad —dolencia a la que hipócritamente todos aspiran—, en un país personalista incluso *a posteriori* del culto a la Máxima Personalidad —*Alma Pater*—, en un país cauterizado de belleza y bondad, y donde el mal se materializó con rango de Constitución Comunista, es lógico que las mejores almas se mueran o nos las hagan morir, bajo la lupa indolente de la mofa mayoritaria.

Adiós, Laura. Débil, decente, inderrotable Dama de Blanco.

En Cuba, quien ponga en voz alta que al final de la Revolución sí existe otra tierra prometida no revolucionaria, ha de asumir el precio impronunciable de no poder habitarla. Cuba como cadalso. Quien se arriesgue aquí a asumir la verdad de su biografía, estará cavando su propio evangelio en paz. Cuba como complot. La realidad oficial es Una y la demagogia del diablo no puede permitirse el lujo de pluralizar su discurso decrépito, obsceno más que obsoleto. Cuba como catacumba donde solo caen los más lindos y libres cubanos.

En las gargantas envilecidas de nuestros compatriotas, en el aire viciado como un spray socialista de cara a los idilios de izquierda, en las fotos feas de los verdugos de verde olivo y los anónimos asesinos sin sueldo, en los médicos mentirosos de mierda que te mataron por órdenes del Ministerio del Interior, en la solidaridad secreta y en la tímida simpatía, en tus marchas amateurs

—abiertas como brechas en una ciudad desquiciada por un poder tan cínico como populachero—, en la desmemoria de nuestra mezquindad íntima —así en la Isla como en su diáspora—, en la vergüenza inverosímil que nuestros descendientes tendrán de esta época, en una internet de isla intimidante saturada de insultos, en los pactos internacionales donde tu cadáver ya no cuenta de cara al Estado o a Dios, aquí y allá, quedará el eco de los gritos groseros con que los cubanos te lapidaron antes del crimen clínico en un hospital habanero tomado por la Seguridad.

Y luego aquel humito humilde del otoño de 2011, cuando tu impropia familia te cremó a la carrera para no dejar huellas del homicidio. Mujericidio.

Como nación en trance de desaparición, te debemos la imposibilidad de pedirte perdón en vida. Cuba como cadena perpetua, como escarnio para los que quedamos, tan culpables de tanta cobardía. Nosotros, los sobremurientes. Los deshabitantes de una utopía tupida, intolerante e intolerable, que ha sido un atraco atroz para quienes íbamos y no llegamos a ser cubanos.

Te vi caer en cama. Vi cómo te anestesiaron por la tráquea para aniquilarte, en un hospital inhóspito pagado por nadie. Rodeada de tropas élites con camisitas de cuadro y la mirada en ninguna parte. Ni en el cementerio. Para que ni siquiera pudieses tener un mausoleo en La Habana que te adoptó, maestrica de literatura en una ciudad ilegible. Perdóname, amor, perdónanos.

Adiós, Laura, damisela de los días sin días de la dictadura cubana. A Dios, Damísima de Blanco Laura Pollán.

EN LAWTON, DE MADRUGADA

«¿En qué país vivimos?», pregunta mi madre de casi 80 años, de cara a nuestro obsoleto televisor. «Bienvenida al club de los criticones», le digo, y cambio la retransmisión de la Mesa Redonda por el noveno *inning* del *play-off* de béisbol. Se acaba este campeonato y el equipo estrella de la capital, mis *Industriales* del alma, parecen más que inspirados para ganar en la Gran Final.

Pero mi madre queda conectada con el otro canal y pregunta sobre esas Damas de Blanco que nadie defiende al otro lado de la pantalla. Ella es católica de domingos y «casitas de misión», pero ningún fiel en el barrio de Lawton se atreve a explicarle qué piden dichas señoras de iglesia en iglesia. Tampoco la homilía abunda en por qué la policía o el pueblo o ambos les impiden a empujones cada peregrinación.

Es muy tarde en Cuba, casi medianoche, y con el último frente frío se condensa un silencio nórdico al que solo la TV sobrevive. Deshabitamos una barriada fantasma, de zombis espectadores pero ya no expectantes. El arte de la espera es aquí pura falacia argumental. Lawton languidece póstumo a la par que pacífico. Se parece a una favela de Reykjavík.

No tengo ganas de responderle a esta hora a mi madre. Se aterraría si descubre que su hijo único posee información peligrosa al respecto. Apenas le notifico que las Damas de Blanco son familiares de periodistas presos desde 2003, por lo que como dolientes tienen tácitamente cierto estatus de inmunidad moral. De lo contrario, por mucho menos las hubieran condenado con mil y una pruebas por desacato o escándalo público o peligrosidad.

«La política es el negocio de los muertos», mi madre parafrasea sin saberlo a otra madre de letras en *Las iniciales de la tierra* de Jesús Díaz, uno de esos infartados por decreto del castrismo. La veo tomar sus pastillas y sprays, y se acuesta sin mayor *post-data* tras mi doméstica disertación. Es evidente que he confesado detalles de más. Hablo mucho en los interrogatorios —he tenido varios con el G-2 cubano—, y hay instancias de poder paternalista o materno en las que cualquier diálogo es peor. Mejor me callo.

De pronto me he quedado solo en la sala, visionando la victoria de tinte azul insípido de los *Industriales*. Entonces cambio clandestinamente el canal y las veo a retazos entre diplomáticos y musiquita de suspense socialista. Damas indomables de un blanco que sobrevive a los ripios de ese reportaje ridículo y radical, donde el Estado cubano miente no para ser creído, sino para dejar bien claro que es un Estado que miente con impunidad y no pasa ni pinga (la palabra *pinga*, por cierto, es posible que sea un apócope de la palabra *pueblo*).

Para añadirle *fuel* a mi fotoblog *Boring Home Utopics*, una vez hice fotos a las Damas de Blanco, en la Quinta Avenida de Miramar. Érase una vez en La Habana con h muda de miedo, miseria y mediocridad. Cuando comenzaron a corear «libertad, libertad, libertad» bajo el reloj roto en el torreón de Calle 10, casi me escondo de cuerpo completo dentro de mi Canon digital 7D, apencado.

Tras aquella coraza estuve disparando sin respirar varios minutos, hasta rebosar la tarjeta de 1 *Gigabyte*. No podía creer que yo estuviera entre aquel grupito femenino que resolvía sin esfuerzo el nudo gordiano de la Revolución Cubana: manifestarse en público de manera espontánea. (Sea a favor o en contra, es sabido que no poder desviarse del dogma gubernamental es el totalitalón de Aquiles que hace autoritaria a cualquier autoridad.)

Durante estos días vuelvo a saber de ellas por chismes de pasillo y acera, por SMS que rebotan anónimos en mi móvil, por los titulares y píxeles y tribulaciones de la prensa extranjera acreditada en la Isla, y ahora ellas resuenan anónimas en la voz gangosa de Randy Alonso y en el desparpajo por despecho o por indecencia de Reinaldo Taladrid: los malabaristas del mal en la Mesa Redonda de la TVC.

Cuba queda entonces, por supuesto, a la espera de las Reflexiones del ex-Premier en el periódico *Granma* o, como postre, en un portal de internet. Todo el mundo tiene algo que aportar o apestar acerca de este descolor sagrado, un blanco que remite a las religiones afrocubanas, donde la hembra puede engatusar y enredar al macho a golpes de gladiolos, donde la guerra se gana por el discreto encanto de la debilidad. Fidel fusilaba hombres sin titubear, pero le teme a estos fenomenitos de mujeres.

Dada la coyuntura extrema interna y la candente campaña internacional, las Damas de Blanco, como en una pesadilla política de Stephen Vincent Benét, marcan un hito de género para el futuro de nuestra historia tan machistoide.

Así, mientras los hombres se exterminaron por idioteces más o menos ideológicas, la savia sabia de las hembras sigue siendo un garante de civilización: sus cromosomas X-X aún tienen el coraje de dar a luz un nuevo tipo de lucidez, de parir otra patria no tan patéticamente patriota como la del siglo XX, y por eso ellas no han de parar ni aunque les pase por encima todo el peso podrido de la ley. Y de su ejecución extrajudicial.

Con sus atrevidas aventuras por los barrios altos y los marginales de la ciudad, las Damas de Blanco se han robado la tea prometeica de la contrarrevolución. En términos dramáticos, ellas sin duda son una fuerza actancial, protagonistas agónicas de un escueto ensayo de insubordinación ciudadana. El eterno

Estado cubano —o sus agentes de pueblo, en tanto voceros de los verdugos de verde oliva—, ya no puede sino jugar a la riposta, interpretando el rol secundario de la reacción.

La única alternativa viable para la gerontocracia militar no será nunca el entendimiento, sino el aniquilamiento del otro, ese pasatiempo perverso que los cubanos profesan tan pródigamente contra su prójimo. Hay demasiados intereses institucionales anquilosando esta odisea del odio. Hay demasiadas evidencias de que la Isla está habitada por una tribu salvaje que parece de recolectores mientras están bajo represión, pero que son caníbales caribes cuando de pronto se ven en libertad.

«¡En qué país vivimos!», me contesto yo mismo la pregunta de mi madre de casi 80, y el pitido del patrón de pruebas del televisor me resucita en medio del insoportable sopor de la madrugada.

Finalmente lo apago y yo también me voy a la cama, deseándole buena suerte en esta etapa final a mis ídolos de *Industriales*, según el equipo se desangra a cuentagotas hacia los millones de las Grandes Ligas. Y el silencio de Lawton sobre mi cama no sé por qué se me hace de pronto tan ensordecedor.

ALASKA ES CUBANIDAD

Desde el avión, es obvio que Alaska en un efecto de coagulación. Sobre esos ríos congelados desde principios de otoño, el Boeing debe hallar un hueco derretido en el cielo por donde zambullirse en el aeropuerto de Fairbanks. De no aparecer, tendría que aterrizar sobre la nata sólida de nubes y permitir entonces que los pasajeros bajen por su cuenta hasta la tierra, de blanco en blanco en un trineo de huskies o a puro *ski*.

Llegué a Alaska después de un día entero en el aire sobre los Estados Unidos y Canadá. Como las mulas de Miami a La Habana, llevaba puesto encima varios aislantes térmicos y un número indeterminado de mudas de ropa. También unas botazas neoyorquinas que causaron carcajadas, porque enseguida me congelaron el dedo pulgar. Y es que la ropa ártica se confecciona exclusivamente en el Ártico: en su mayoría por rusos que emigran repitiendo la ruta del hombre glacial. Así que terminé con unas *bunny boots* militares, que no son de conejo, sino sintéticas y con válvulas de aire para aislarnos los pies del paisaje.

La Universidad de Fairbanks es plurinacional, como casi todo en este país, donde los lenguajes y las etnias de los cuatro puntos cardinales se mezclan así de fácil. Yo era un extraño más, agasajado como si aquellas aulas y sus transmisiones en vivo por internet hubieran sido siempre mi casa. Leí en español y en inglés, gracias a una invitación colectiva de varios departamentos y del alumnado. Todos parecían mucho más informados que yo, pero hablarles de Cuba a ras de la nieve por los ventanales y a temperaturas de hasta -25 ºC, era como introducirlos a la arqueología de otro planeta.

Por desgracia, Cuba quedaba demasiado cerquita de allí. De manera que, en el debate principal del Auditorio Schiable, tuve que responder las clásicas preguntas de izquierda y acaso las de un gordito al estilo de Alejandro Armengol infiltrado allí: «¿Y a ti quién te paga, cubano?».

Como si cobrar por el trabajo propio fuera delito. Como si no fuera el gobierno castrista el que abolió la dignidad del dinero y lo impuso como mecanismo de represión, todo para terminar de mafioso vandalizando a Venezuela y llorando miserias ante el embargo comercial de Washington, DC. Como si mi palabra alguien en el mundo pudiera comprarla. Comepingas del Círculo Polar.

Estuve en una reunión con los Latinos Unidos del Norte, gente solidaria donde siempre aparece un cubano además de mí (un profesor de salsa con todos sus atributos fenotípicos). Hablé en una decena de clases hasta perder la voz, no tanto por el frío como por la sequedad. Blogs y post-comunismo, mis dos únicos temas: la academia norteamericana no se merece mucho más, después de décadas y décadas de un castrato catedrático que ya cansa.

O tal vez se me coaguló la garganta masticando helado. Me aseguraron que se consume muchísimo en Alaska, tal como en la Cuba tropical la comida se sirve hirviendo. El ser humano es así, insorteable.

En un momento dado, devine ventrílocuo de mí mismo. Y nada me hizo recuperar la voz, ni siquiera un baño sulfuroso en las aguas de Chena Hot Springs, donde además hay un museo de hielo precioso donde es posible casarse, pernoctar y, llegado el caso, dormir bajo las auroras polícromas, pues los turistas asiáticos —cuyos penes parecen pichones de pingüinitos— creen que eso es garantía de un 100% de fertilidad. Falosofía del frío.

Nunca comí salmón, aunque pude haberlo hecho en *Thanksgiving's Day*. Es demasiado rosáceo. Manejé una moto-nieve y abracé a un perro, eso sí, afecto que necesitaba desde mi salida temporal de Cuba hacía ya unos nueve meses. Como volver a nacer. Me sentía como nuevo.

Hay algo de papiro sagrado en las extensiones blancas de Alaska, algo de Nacimiento a escala cósmica del Hijo helado de Dios, como un caleidoscopio seminal con abedules centenarios que son bonsáis, porque sus raíces no penetran en el permafrost y todo el tiempo se caen, siempre hacia las carreteritas por donde pastan los renos, alces, zorros, osos, linces, coyotes, lobos y quitanieves.

No hay *homeless* en toda Alaska, por supuesto. Los climas extremos tienen un comportamiento higiénicamente maltusiano. Puedes no tener casa por 15 minutos a lo sumo. Después, hay que esperar a la primavera siguiente para identificar tu cadáver intacto.

Ladrones de casa sí me advirtieron que son muy comunes, con la complicidad de los taxistas a veces, y no sentí ninguna nostalgia de mi patria respecto a esto: es igualito que en La Habana. Y también supe que sobran los violadores, que por cierto es nuestro deporte nacional en el trópico. Sospecho que no era Puerto Rico sino Alaska esa otra ala del pájaro independentista cubano.

A las doce del día, el sol de noviembre está en su punto máximo en el casquete cósmico de Fairbanks: linterna lánguida que no se despega más de un par de centímetros sobre el horizonte. Por milagros de dispersión óptica, no vi sombras largas ni cortas en Alaska. Sospecho que hay que leer menos traducciones literarias y vivir literalmente en directo más.

Como al final del film *Memorias del Desarrollo* (2010) de Miguel Coyula, me sentí tentado de borrar mis huellas y no darle más señales de vida al Estado cubano. Alaska como lo cálido de corazón, como lo oculto que reclamaba Epicuro. Mientras allá abajo en la Isla aún nos queda el frío luctuoso de un castrismo cada vez más casaliano y decadentista. Debí aplicarme al «sé desaparecer» martiano, cuyas crónicas —o criónicas— no se atrevieron a llegar hasta aquí. Pero preferí volver a los Estados Unidos, solo para estar lo más cerca posible de Cuba cuando por fin se anuncie que ha amanecido cadáver el comandante convertido en compañero Fidel.

Si los demócratas cubanos fueran más imaginativos, ya deberían haber considerado la compra o renta al gobierno norteamericano de una reserva virgen de Alaska. Cuba en Cuba ya será siempre irreconocible para los cubanos, en dictadura y en transición. Pero en Alaska la esperanza es todavía un espejismo boreal, una aurora donde el comunismo no cabe, pues cada uno aquí ha de sobrevivir por su cuenta y riesgo. Cuentapropismo continental.

En Alaska la felicidad es tangible. El individuo lo es todo. El mayor discurso de puertas afueras en la Plaza de patinaje de la Revolución, por ejemplo, convocaría aquí a quince o dieciséis fieles. Y duraría a lo sumo dieciséis o quince minutos. Como pueblo derretido de calor deberíamos, pues, amortajar a la estrella insolidaria de la bandera cubana con la enseña tibia de Alaska, con sus siete estrellas de la Osa Mayor y el diamante diáfano de la Polar.

Alaska es transparencia, un *potens* endémico de cubanidad. Al cubano que en Alaska no crea, se le debería deportar por cobarde. Al Ecuador, por supuesto, a las antípodas de esta frontera última que solo se merecen aquellos iniciados en lo sin límites de la libertad.

¿QUÉ PUEDE EL FUEGO CONTRA UN PUEBLO TAN FRÍO?

Un Malecón sin putas es un espectáculo dantesco, funéreo, glacial. El caos y la corrupción, en la fase terminal de los totalitarismos calenturientos, es fuente de vida. De una verdad aunque sea venérea.

Nuestra carencia crónica de libertad, contrario a lo que despotrican los infantilismos de izquierda, consiste en una costra de burocracia aburrida, de represión rutinaria, de esclerosis moral, de catatonia institucional, de apatía y anomia innatas: de no saber ni nombrar qué coño es lo que nos pasa.

Recorrí, como zombi salido de una ficción fílmica, la tardenoche invernal del 9 de diciembre de una Habana inmersa en su peor Festival Latinoamericano del último siglo de cinematógrafo. El Malecón, desde La Punta hasta La Puntilla, era una cinta de mármol muerto, celuloide fatuo. Ningún travesti me ofreció un chupi-chupi en moneda local, como es ya costumbre (¿por qué nunca acepto: por arrogancia o por psico-frigidez?). Ningún extranjero intentó averiguar mi nacionalidad solidaria con el sistema (no sé por qué insisten en descubanizarme todavía más). Un par de policías con perros mojados no repararon, con su descortés despotismo, en mí, en Landy que avanzaba bajo la llovizna como perdido en un laberinto lineal.

Solo los subnormales me seguían con su mirada vaciada, viciada. Y había miles, el cubano es un pueblo raído siempre a punto de rabia. Miles de retrasados mentales masticando cajitas de cartón y emborrachándose sin pagar un quilo, gracias a una resolución estatal: dentro de la Brigada de Respuesta Rápida, todo; fuera de la Brigada de Respuesta Rápida, nada.

En efecto, la visión de las masas enajenadas al borde del mar es escalofriante en Cuba. Hay que ser muy mierdero para ser un turista y venir a refocilarse aquí. Hay que ser muy de izquierdas para caer tan bajo, con sus chancletas de la academia y sus sobacos pelúos de tanta zoolidaridad. Yo cuando estaba en La Habana maldecía y manipulaba a mi antojo la mediocridad de la izquierda internacional, fuera *jet-set* o fuera culicagá. Ahora, desde el exilio, me tengo que comer con papa a esa misma izquierda o de lo contrario hace rato que sería *homeless* o suicida o ambos.

Fui el último testigo de la Revolución. Fui libre. Fui inmortal. Como si la capacidad de articular lenguaje e imágenes, toda vez desaparecido el Líder Máximo de la escena narrativa cubana, residiera entonces únicamente en mí. Y justo eso hice. Narré. Como un marrano sin alivio en el país de la maravillas, narré.

Intuí que cualquiera de esos criminales del infraproletariado podía ser mi asesino, tan pronto como yo sacase la cámara o me pusiera a gritar «Libertad, Libertad» o acaso simplemente «Más Luz», al estilo de un Goethe en pleno apagón. De hecho, en varios tramos del malecón los postes de luz no tenían luz.

Así que me encaramé sin pensarlo en un edificio al azar: uno de esos rascacielos enanos, rezagos de un capitalismito incapaz de contener al comunismo cuando le tocó su turno, a ras de 1959. Hoy es otra época. Hoy el comunismo es el lobo del comunismo, su victimario peor, su venganza inmanente. Y el comunismo ha aprendido a capitalizarse para que nadie se lo coma ahora a él.

Desde mi acaso media cuadra de altura, en el piso 13 de una amiga canadiense-cubana, la noche cubana me desnucó. Es tan bella la noche en la Isla que apenas puedes mirar ni dejar de mirarla. Te extasía. De pronto se hizo un silencio socialipsista alrededor de mi teléfono móvil y yo. Un frío medular, ostensiblemente osificado, inmemorial. La garganta escoriada. Enfisema en mi pecho. Mi 53340187 secuestrado sin servicio por la propia compañía que me lo rentó, CUBACEL. Y con varios amigos presos en sus casas, cárceles por cuenta propia de la policía política (por el momento, sin licencia constitucional), porque el Estado tarado de los Castros no quería que nadie viera lo que en instantes vería yo.

A la medianoche sería mi cumpleaños (lo siento, no pude evitarlo: nací un Día Internacional de los Derechos Humanos). La llovizna repiqueteaba en mi cara, borrando toda traza de horizonte más allá del balcón. No había mar. No había más allá. Menos aún había Miami. Ni miamitas en una flotilla invasora con la luz de la libertad.

El malecón, visto desde arriba, era solo un mapa de mentiritas, un paletazo de pintor principiante, un paredón. Contra esa ristra realísima de preparen-apunten-fuego alcé la vista al infinito sin luna, e imaginé entonces esferas ingrávidas de fuegos artificiales, pirotecnia de alienígenas, desencuentro cercano de mil novecientas cincuentinovena especie.

No se veía nada, pero a través del visor digital de mi cámara Canon, yo vi. Puse el trípode, apunté, y clic. Bolas de luz en el firmamento. Espacio-cielo en cuarta dimensión, geometría no euclidiana tercermundista. Bocanadas de esquirlas doradas y coágulos de rojo rubí. Linfa y sangre. Líquido seminal y flujos hemáticos. Voladores sin peso. Visualidad conocida únicamente en nuestros televisores de un Hollywood pirateado satelitalmente, nunca a ras de la calle y mucho menos en la hipocinética cinematografía nacional. Carpa de nubes, Circo Cuba: país sin ilusiones, siempre atorado por la falta de presupuesto, sin espacios legales para el despilfarro de lo efímero. Y la democracia supongo que debiera ser más o menos eso: votar la patria por la ventana.

Hice fotos. Era el fantasma de la Flotilla de la Libertad (puntos punzantes como boyas al borde del planeta). Habían navegado a ciegas hasta asomarse a las aguas hediondas de La Habana, y desde allí le disparaban democráticamente a nadie sus fuegos artificiales.

Barquitos de papel que a esa hora lanzaban sus fotones de esperanza, mientras iban siendo rodeados por los guardacostas cubanos, armados y amenazantes, con sus reflectores de esa cosa opaca que desde siempre fue la Revolución. Yo no podía ni imaginar que a Ramón Saúl Sánchez, el corajudo coordinador del Movimiento Democracia, llegaría luego a conocerlo en persona, en su estación de radio en Miami y comiéndonos unas empanaditas post-patria en el Versailles.

Después de hacer varias fotos de los fuegos artificiales lanzados al borde de las aguas territoriales, las subí a Twitter por MMS —el único mecanismo posible en nuestra Cubita *off-line*—, y en minutos ya me estaban llamando los canales de TV del sur de la Florida. América Me Ve. Les conté al aire esta epopeya sin épica y ellos, a su vez, le mandaron en tiempo real mis fotos a la flotilla en altamar, para que sus tripulantes supieran que sí, que se veían y muy bien sus luces desde La Habana.

Tenía ganas de tener ganas de llorar. Por gusto, por nada, por el amor que no fue y el que nunca estará, por mi cumpleaños incontable al filo de la medianoche, por los semicien años de soledad que balcanizaron a la nación cubana —esa pesadilla perpetua que viola hasta los derechos termodinámicos—, por ti (jamás sabremos quiénes fuimos los cubanos bajo la bota de Castro) y por mí, por los cubanos futuros que tampoco sabremos cuándo vendrán. Si vendrán.

Cuando bajé del piso 13 prestado donde fui *paparazzi*, la ciudad había implosionado sin avisarme, como en el filme *Juan de los Muertos* del director Alejandro Brugués. El cielo clueco reflejado en las alcantarillas. La luna vomitivamente llena en el cenit. Un ridículo concierto de X Alfonso en la Avenida de los Presidentes intentaba entusiasmar a los emos habanémicos con el estribillo de *Revolution, Re-evolution*...

Los buses parecían «trenes rigurosamente vigilados» hacia el matadero. El alumbrado público parpadeaba. Patrullas a oscuras.

El oleaje volvía a irrumpir sobre el dienteperro y anegaba de salitre el asfalto. Escenario de un Palacio de Invierno a punto de ser privatizado. La entonces Sección de Intereses de los Estados Unidos era el hangar histriónico de un cintillo con titulares en 3-D: ningún cubano se detenía a leer nada. Ninguno sospechaba que años después en ese mismo bunker radicaría una embajada norteamericana pro-Castro.

El ejército de subnormales lucía diezmado. Era ya tarde, y los energúmenos gastan más glucosa que los geniales. Sentí indecible lástima y conmiseración. Y un distanciamiento demente. Ganas de no tener ganas de llorar. Al parecer, muchas fieras fieles se habían retirado a sus covachas. Otras tenían hambre y podían verse ahora pululando entre las mesitas plásticas y las fritangas.

Esta visión *minimal* de la debacle antropoilógica de mi país, este Apo*cuba*lipsis del tedio como último resorte existencial, esta inelegancia tan chusma y sin embargo para mí tan entrañable —sin esta barbarie, yo no sería nada bajo el hongo alucinante de los fuegos artificiales—, esa Cuba de hielo ensopada en el sudor de su falso otoño, de esos noviembres de los años dos mil nada, me hizo por fin entender que la esperanza es la enfermedad más endémica de los cubanos.

Y si me hizo más huérfano, también me hizo más feliz. De no pertenecer. De ser un No en sí.

TAIWANTÁNAMO

A inicios de la Revolución, cuando Fidel se dio cuenta de que sus «hermanos soviéticos» no lanzarían la guerra nuclear contra el «imperialismo yanqui», y tras colaborar descaradamente en el complot con que se vengó del presidente JFK, el comandante en jefe del Caribe quedó con las manos libres para hacer de los Estados Unidos lo que le vino en gana, según sus violencias venáticas en cada período histórico.

Ahora, que técnicamente ya no está entre los vivos, los cubanos por fin podemos confesarnos esto a nosotros mismos: en muchos sentidos, Fidel Castro fue el caudillo equino no solo de los que soportaron la bota bárbara del socialismo insular, sino también de aquellos que creyeron escaparse del Estado-Establo cuando se santiguaron ante la Estatua o la Torre de la Libertad.

Ocurre que, de una Revolución totalitaria, como de las pesadillas recurrentes de infancia, nadie nunca del todo se escapa. Y como prueba ahí tenemos todavía a ese Complejo de Edipo espantoso llamado la cultura cubano-americana, con sus northalgias y sus pajarerías patrias, con sus mitos de abuelos fundacionales y esa literatura en espanhole que parece sacada de *Google Translator*.

Para colmo, hay algo de plagio perverso en el Capitolio de Washington DC, comparado con la excepcionalidad barriotera del capitolio original, erigido un poco más al sur de Miami y los cayos conspirativos: en una Habana a punto de apellidarse también DC (Después de Castro). A su vez, el obelisco de la capital norteamericana —a donde peregrinan, generación tras generación, los espías cubanos— remite apenas a un reflejo de estanque del monolito de combate original, que es la raspadura o falolito erecto en los labios mayores de un José Martí cagando en plena Plaza de la Revolución.

El mármol hace milagros. Y metáforas.

Quienes más colaboraron con el castrismo continental, pretendiendo justo lo contrario, acaso sean precisamente los anti-castristas irreconciliables, entre los que se encuentra, como ya es obvio, la paranoia sin par del propio Castro, quien contó con más infiltrados y agentes de influencia en el exilio «extremista» que dentro de su sacrosanta Seguridad del Estado. Quien deviene en su propio enemigo, no puede ser derrotado por él.

Esto sin mencionar a la academia norteamericana, cuyos libros de texto son redactados con la misma retórica revolucionaria que implica el derecho de los cubanos a vivir sin derechos, a ser siervos del socialismo, todo en aras de preservar nuestra «soberanía» a escasas 90 millas de los EUA. ¡Para colmo, con una base naval yanqui como grosería guantanamera de lesa belicosidad! *O say, can you see, Tío Sam*, y danos el Gitmo nuestro de cada día y diario.

Me pregunto por qué a ningún cubano «pro-democracia» se le ha ocurrido hacer campaña mediática o lobby congresista para desmilitarizar esa base tan vieja como una mina anti-personal, que bien podría devolvérsele de inmediato a la Cuba no castrista del resto del mundo, a los parias perdedores de nuestra diáspora post-nacional, criollos errantes, jodidos sin Jerusalén, que así podrían regresar al menos a ese pedacito no comunista de Cuba, creando allí un enclave cívico-comercial exclusivo, al estilo de Taiwán o una zona libre de impuestos como un aeropuerto-país.

Me pregunto entonces por qué no nos preguntamos qué podría hacer el Clan Castro ante esa Taiwantánamo City que, sin dejar de ser territorio norteamericano, ejemplificaría la Cuba concreta de un futuro tan capitalista como democrático, moderno y decente, pacífico y *profitable*, sin una sola de las taras antropológicas de un castrismo que no solo es casta, sino que también nos castra.

Sospecho que a estas alturas de una historia sin histología, los cubanos carecemos de imaginación política. Nuestro cansancio repica en clave de socialismo sostenido mayor, conguita de un castro-cheverismo que se nos metió constitucionalmente en el cuerpo, recién complicado con una metástasis bolivariana. Castro nos castrificó, al punto de que ya no pretendemos ponérsela muy difícil a nuestro Cadáver en Jefe, después de aquella guerra civil que devino masacre estatal cuando la comunidad internacional nos abandonó.

Los Estados Unidos deberían saldar ahora esa deuda moral. Y mortal. Mejor tarde que nunca, Míster President: gánese el Premio Nobel de la Paz después de tenerlo escondido en su Casa Blanca. Por favor, Barack Obama, ayude no solo a la mafia de La Habana, sino también al sionismo cubano (en este caso, al gitmonismo que aspira a un enclave en la Isla libre de tiranía: Taiwantánamo).

Duele decirlo, pero el exilio cubano —mientras más «radical», más propenso a una rabia ridícula— siempre fue fácil de manipular según los caprichos criminales del hegémono de nuestra historieta nacional, especialmente respecto a los hitos hieráticos del anti-castrismo, como las estampidas migratorias desde la Isla y una maniatada ley de embargo que iba a «asfixiar» al gobierno cubano, pero que nunca se aplicó a rajatabla.

Por su parte ese gobierno cubano, durante más de medio siglo de administraciones demócratas y republicanas en la Casa Blanca, se ha burlado de semejante «enfisema» traficando fondos a diestra y siniestra, lo mismo del propio Imperialismo que del terrorismo internacional. Los Castros llegaron al poder mediante la violencia de Robin Hood —léase, el robo a capucha quitada— y solo mediante esa violencia se irán: clavándoles una flecha en el culo.

Por supuesto, antes de comenzar el cabildeo fundacional de *Taiwantánamo City*, tendríamos que preguntarnos hasta qué punto el castrismo es más que nunca el villano bueno de la película, antes y después de la Guerra Fría: los nuestros son solo dictadores simpáticos para Hollywood y un par de *godfathers* filantrópicos para *The New York Times*. Habría que cuestionarse si acaso no hemos sido gobernados durante décadas por el agente especial 01011959, quien supo salvaguardar siempre los intereses de Estados Unidos en la región.

El desatino de Fidel Castro —tan distante del pueblo cubano— y el destino de los Estados Unidos de América —tan parecido al que aspiramos desde la Isla—, se confunden de pronto en un solo sueño sarcástico bajo el sol: un *pluribus unum* despótico, *novus ordo seclorum* invisible más que indivisible, *with liberty and justice for none.*

Sin un Taiwantánamo libre, los cubanos nunca comenzaremos a recuperar el resto de nuestra libertad.

¿Y POR FIN CUBA EN QUÉ PARÓ...?

El monólogo más corto del mundo se ha representado en una salita de La Habana: «¿Y por fin Cuba en qué paró...?» (Iguala el récord del minicuento «El dinosaurio» del guatemalteco Augusto Monterroso.) Se trata de *Rapsodia para el mulo*, dirigido por Nelda Castillo para su grupo de teatro El Ciervo Encantado.

Un heptálogo de la locura, desde la basura, *collage* sobre un carretón encuero con un recogedor de detritos patrios (una recogedora de residuos revolucionarios: la actriz Mariela Brito paseando su biología embrutecida, babeante y orinante, en círculos de agonía por el escenario. Mujer excitante bajo las luminarias crudas, su sexo de hembra-hombre apenas disimulado por un churre coagulado de muda desesperación.

Hala, bestia. «Caballo caballa», crepita aquí la memoria de un poema de Juan Carlos Flores. Invitación a violarla. A dejarse vomitar por ella. A vivir lo vil de lo biológico, pero sin trazas de vodevil ante un impresionante espejo hiperreal. No es teatro, es truculencia. Puja, mami de los pordioseros proletarios. Suda, yegüita del apocalipsis ateo. Préñate de un latón de lenguaje y pare a los nueve minutos un mojón de la nada. Aborta un feto de bufidos del inframundo habanero. Vente y vírate todas tus vísceras al revés. Así, ajá. Hay que convertir el revés en arnés, el trauma en manía de tiranía, la derrota en dictadureza.

La Habanada o Satán Clara: dos ciudades cínicas en un *set* mínimo con *background* sonoro de Radio Enciclopedia, emisora que encarna mejor que las Mesas Redondas de la TV el discreto encanto del feudalismo. Un sistema pautado a costa de fusas y semifusas tan fieles.

Rapsodia para animales domesticados de la calle cubana contemporánea. No necesariamente el mulo megametafórico de José Lezama Lima, con aquel «seguro paso (...) en el abismo» bajo una «carga de plomo», sino la tipa tétrica que traslada su «portátil lámpara (...) de un horror a otro horror» sobre sus «cuatro pies».

Cuadriplejia. Y no es tampoco aquel ciervo encantado decimonónico, que haría las delicias del Historiador de la Ciudad. No. El idilio ha caído por su propio peso ante la idiotez —es decir, la ideología—. La memoria es aquí fáctica. Sustantivos sucios tirados en un Plan Tareco del siglo XXI: la familia, la fe, el futuro, ficción de ficciones, la felicidad. Ser cultos para ser cutres. Cuba como cacharro. Como cuña de actuación, como coño de actriz.

Hiede. Y, sin embargo, te hiere. Este canto de ciervo herido invoca algunas de las imágenes más hermosas que recordaremos los cubanos, después del ruido retórico de la Revolución. Hay paz en los pequeños de este país-plantación, como hay paz en los despingados que pululan a la cubana por todo el planeta.

Inspirada en la obra *Variedades de Galiano* del propio grupo (y un en librito al límite de Reina María Rodríguez), este micro-monólogo mal pronunciado —al personaje es muy probable que le falten los dientes—, sobrecogió a una esquina de El Vedado con sala llena durante varias semanas. Cada puesta en escena de El Ciervo Encantado deja ese mismo pavor en el pecho, esa imposibilidad de traducirla en palabras, cierta desazón de decrépita despedida.

Algo termina cada noche aquí, aunque todavía no sepamos pronunciar qué es lo que empieza (si empieza). Acaso sea aquella Cubita querida como carajo, ya ida en sí misma a ese sitio antológico de la cubanía, una nación de la que hoy nadie podría decir en qué carajo paró.

MI TÍO RÍE

Voy al hospital La Benéfica. Lo odio. Allí ha muerto demasiada gente querida que muy de cerca desconocí. Hoy se llama hospital Miguel Enríquez, que era el sátrapa de Fidel Castro en Chile, para cuando autoderrocaran al electo Salvador Allende y entonces justificadamente instaurar el terror popular. (Así de hecho ocurrió, pero con los milicos adelantándose a los comunistas del pacto Santiago-Habana-Moscú.)

Estuve como estudiante en la construcción de ese edificio, a finales de los ochenta. Es una mole gris que, casi desde su inauguración de cara a Fidel, ha funcionado siempre mitad en ruinas. Con algunos pisos abiertos y algotros salones cerrados. Con goteras y focos de mosquitos *Aedes* medicinales. Su *fatum* es definitivamente la enfermedad. Al parecer, el barrio de Luyanó barre con todo lo que intente crecer sano a su alrededor.

Voy al hospital La Benéfica a cuidar de un tío lejano. Es un tío político. Y el adjetivo resulta ser mucho más preciso que ese lugar común que designa al ex-esposo de una tía de sangre.

Aquí yo he estado ingresado gratis un par de veces, con una tristeza de criatura hematológica coagulada en mis ojos. Aquí intuí muerta a la madre de M, media hora antes de constatarlo entre el hilo quirúrgico y las sábanas. Y aquí miré la cara ajena del cadáver manso de mi padre (tuvo una metástasis misericorde que nunca le causó dolor, apenas vómitos de «borra de café» y nuestra común incredulidad: papá murió sin averiguarlo).

También un amigo de siempre murió dos veces en este Cuerpo de Guardia (la primera vez, alguien por azar le sintió un pulso remanente de vida, mientras los doctores ya le anunciaban a su madre que «no había nada que hacer»).

Ahora, mi tío político se alegra de que sea yo quien lo cuide mientras sea jueves y verano. Soy joven y le traeré buena suerte para su salud hecha talco, asegura.

Mi tío habla todo el tiempo, como buen político, con una vehemencia improbable para su maltrecho cuerpo y edad. Se ahoga en su propio enfisema (los pulmones le deben funcionar al uno por ciento), pero no es esa la causa de su ingreso sino otra sospecha. Mi tío ríe. Y no nos decimos nada de esa otra palabra. Siá cará.

Me cuenta historias de cárcel y de milicia. Y del trapicheo en las colas para comer en su barrio. Y de broncas entre vecinos. Y de mujeres que le han hecho cualquier cosa en cualquier época por unos pocos pesos en moneda nacional. Nada me parece bien ni peor. Nada me parece nada. No estoy aquí frente a él. *I'm not here.*

Lo oigo y sigo pensando en el Chile asaltado por Fidel Castro, antes y después del asalto a La Moneda por Augusto Pinochet. Allí dentro había cubanos que no caben en ninguna historia contable, con la misión maléfica de que El Presidente «cayera en combate» como lo anunció enseguida Fidel, a pesar del casquito casi cómico de Allende en sus penúltimas fotografías.

Lo oigo y le voy respondiendo a mi tío con interjecciones de sorpresa apolítica. Nada me parece demasiado. Cualquier resumen de vida es igual de aterrador. Simplemente me niego a volver a creerme donde estamos, en este benéfico recinto de falsos techos y baños apestados, teléfonos sin auricular y almuercitos desabridos de asistencia social, enfermeras campechanas y camilleros amanerados, predicadores con biblia en mano, loquitos y policías en el lobby oscuro como boca de loco, ropas tendidas por los huecos sin vidrio de las ventanas, y elevadores que se llaman a viva voz (esto último ha sido así al menos desde 1992: «¡piso cinco!, ¡un operado...!» y también «¡piso tres!, ¡un muerto!»).

Lo oigo y lo veo reír. Matarile. Mi tío ha vivido en un juego eterno. Es un sobreviviente inmortal. Es la raza extinta guerrilloamericana, niños que se masacraron por un ideal que otro ideó a dedo por ellos. Pobrecitos los cubanos, nunca crecimos. Sin libertad nunca fuimos humanos en un sentido.

¿De dónde sacaron los cubanos de setenta años (como él y mi amor, en ese orden) la fuerza vital para participar de todo y no desintegrarse de mera tristeza (como yo y mi madre, en ese orden)? ¿Cómo ha llegado hasta aquí mi tío político sin una sola duda de los «blandengues»? ¿Es que piensa morirse sin necesidad de llorar?

Lo odio a él también un poco, no sin cariño de sobrino extranjero. Lo desconozco, pero aun así le presto la máxima atención desde mi lejanía letal. No le sonrío plásticamente, ni tampoco acato su título de «viejito pillín», como me asegura orgulloso de que todo el personal de Salud Pública lo llama desde hace días, mientras él galantea a troche y moche con las mulatonas de bata blanca.

Háblame, tío: cuéntame unas cuantas cosas de Cuba, sonoriza esta apatía que cala en mi generación solo para que, al final, yo me dé cuenta de que callar es hoy por hoy lo más saludable. Lo que se sabe, no se dice. Y lo que no se sabe, se calla.

Y mi tío vuelve a la carga con sus suicidios y ministros con uniformes del MININT, estafas y robos al Estado al por mayor, tribunales y accidentes de rastras de los que por milagro no se ñampió, cervezas y apoplejías al tutiplén, y yo no tengo tiempo ni para quedarme azorado de puro desasosiego, justo cuando al mediodía entra el primer médico de la jornada y le dice que se va de Alta Temporal para la casa, que el fin de semana allí no le harán nada antes de la operación ambulatoria que le están resolviendo (gratis) en otro hospital.

Mi tío aplaude y me apunta con su índice de otro siglo: «yo sabía que tú eras mi buena estrella». Y enseguida me voy yo primero del inhóspito hospital, con la promesa de avisar la buena nueva al resto de la familia (yo, un evangelista al vacío: un MIRista de La Benéfica).

Mi tío me promete que va a escribir parte de sus memorias y que me las va a regalar, para que me haga famoso con un libro y gane mucho guaniquique para que nunca me falte comida, casa y mujer. Asegura no tener «gracia» para escribir, como yo (aunque de mí él nunca se llegaría a leer nada, como el 99% de mis lectores: ser autor es un acto de prestidigitación).

Cállate mejor, tío: no me cuentes ni cojones más cosas de Cuba. No destruyas desfachatadamente mis delicados delirios. Déjame patear yo a mi patria como peor pueda, y tú permanece paladeando esos pataleos de tu paisidad. No somos compatriotas, ni siquiera somos contemporáneos.

Igual no sabría qué hacer con tu álbum de tantas debacles mínimas, que tal vez a ninguna de sus víctimas le dolió tanto como este jueves de verano a mí. Acaso todos tus personajes reían con la boca llena al vivirlas, como tú hoy al revivirlas ante tu sobrino político —adjetivo precioso—: métete por tu catéter esa Cuba rasa de realengos y risas. Te quiero, chau.

Ni yo ni las personas que yo amo (en ese orden) nos merecemos formar parte de esa gran carcajada cariada por el sol y el salitre local. Del clarín escuchad el silencio, tí. Del clarín escuchad el silencio, sobrí. Y que salgas muy bien de tu operación (no fue así). Toda rima es una forma de rezo.

No he vuelto al hospital La Benéfica. Adoro mi ausencia de migueles y enríquez, ya basta de chilerías castrólicas. Allí, ya saben, sigue muriendo demasiada gente querida que muy de cerca desconocí.

MI PAYÁ PERSONAL

El destartalo del paisaje citadino llega hasta el portón mismo de la parroquia, en un barrio árido de El Cerro. «El Salvador del Mundo», se anuncia en un mural a imagen y semejanza del desierto incivil allá afuera. Y uno piensa, sonámbulo antes de que salga el sol: qué pobre es cualquier forma de expresión en este país, qué inverosímil es la vida cuando dios y el Estado nos imponen la muerte como salvación.

Afuera, en los bancos del parquecito, amanece lento. Será un lunes larguísimo. A las ocho de la mañana debía de comenzar el velorio, pero solo hay brigaditas obreras alrededor, agentes encubiertos que se empeñan en maquillar décadas de decadencia: cortacéspedes, fumigadores, basureros que, como las patrullas, pasan y pasan sin recoger nada. Todos fingen normalidad, por lo que es obvio que no es así.

Es 23 de julio de 2012 y Oswaldo Payá Sardiñas desde ayer es cadáver. Se lo habían prometido de palabra y con atentados, a los que sobrevivió sin casi notarlo, como un elegido. Fidel Castro en persona lo odiaba y había pedido venganza antes de morirse. El exilio tradicional también lo odió, por robarles el protagonismo y la antigua guapería de guarapos. La disidencia cubana denigró del Proyecto Varela más que la propia Asamblea Nacional, y llegaron incluso a enterrarlo no simbólica, sino físicamente: lo imprimieron y lo metieron públicamente bajo tierra, acaso como advertencia para su autor. Esos somos, esa plasta de mierda en nombre de la libertad de expresión.

Pero la virtud está muy por encima de la escatología: es quedarse solo y asumirlo sin aspavientos. Y Oswaldo Payá era un virtuoso. Por eso lo dejaron solo, empezando por los mil y un exiliados del Movimiento Cristiano Liberación (muchos de ellos condenados a largas condenadas y luego forzados a un destierro sin vuelta atrás). Por eso, finalmente, un comando élite de militares cubanos lo asesinó, tras juzgarlo *in situ* tal vez, y leerle su sentencia de muerte a nombre del pueblo cubano y la Revolución. Así, ya no hay riesgo de que haya un Premio Nobel de la Paz para Cuba si Fidel o Raúl Castro no lo han de ganar primero (es probable que esto ocurra antes del 2018, los Castros ahora solo tienen que sobrevivir unos pocos meses).

En una secuencia pesadillesca, el cuerpo de Payá, con 60 años y decenas de miles de firmas recogidas para refundar nuestra nación, se rompió allá lejísimo, en una provincia de nombre que no existía antes de la Revolución: Granma. Aunque es muy probable que la ejecución extrajudicial haya sido en realidad en Camagüey o en otra provincia. Eso, un día después del castrismo lo averiguaremos.

Dijeron que fue un «accidente» provocado entre desconocidos, dos europeos con ínfulas solidarias que fueron cualquier cosa excepto testigos de la verdad. Se los llevaron presos en un *van* fantasma aparecido en la escena del crimen, y ninguno de los dos extranjeros supo más nada (los confinaron en aislamiento): solo que Oswaldo Payá y su colega Harold Cepero estaban sanos y salvos en el asiento de atrás, y que horas después los dos cubanos eran declarados cadáveres (en ambos casos, sin atención médica ni dejarles hacer una simple llamada).

Pobre Oswaldo (60 años y toda una vida sin Castros por delante), pobre Harold (con apenas 32 años, ex-seminarista que habían intentado sobornar desde España para que traicionara a Payá, pero él estaba en secreto demasiado enamorado como un ángel terreno de la muchacha que debió ser su amor). Pobre Cuba, pobres cubanos.

Fue una catástrofe sin la protección de sus familias valientes y hermosas, rematados cerca de ese Bayamo mortífero del Himno Nacional. Fue el fin de toda una era de equilibrio engañoso entre la disidencia y sus verdugos: este doble atentado, como la aniquilación clínica de Laura Pollán en octubre de 2011, es una declaración de guerra al pueblo cubano, aunque parezca una exageración. Jódanse los peritos en cubanología, porque el domingo 22 de julio de 2012 los cubanos comprendimos a carta cabal de lo que se trata el raulismo. Y sin «derramamiento de sangre», como desde 1959 lo prefiere Raúl.

Y ante tanto espanto, a los primeros testigos en el velorio de lunes no nos queda sino especular con pánico lo que en concreto ocurrió: si Oswaldo Payá falleció sin sufrir en el acto, si pudo ver con terror la cara de los paramédicos o paramilitares o ambos, si se arrepintió de ser un cristo de la democracia cubana o si asumió su martirologio sin la tentación de traicionarse a sí mismo. O si pensó en los suyos: en su esposa Ofelita, en sus tres hijos, en todas las advertencias amigas para que por fin le diera la espalda a la Bestia de Birán y se refugiara en ese exilio que lo escoriaba.

El coche fúnebre viajó desde Oriente hasta La Habana bajo un sol insultante y sin las medidas óptimas de conservación. Igual vino clandestinamente en avión y la demora fue solo una treta para presionar a sus familiares (vivir en Cuba tiene mucho de ese teatro policiaco). En los SMS que recibíamos y reenviábamos como autómatas, el velorio se pospuso hasta las 11am, y luego hasta una hora cualquiera en que la Seguridad del Estado lo permitiese, ya a media tarde, cuando, entre tantos móviles como lágrimas, la caja de Payá fue entrada en los hombros de la muchedumbre (Harold Cepero quedaría tendido en su natal Chambas, Ciego de Ávila, donde sus ancianos padres todavía hoy siguen desolados sobre el pobretón ataúd de su hijito alegre y genial).

Para cuando llegó el cuerpo inerte de Oswaldo, el templo acogía a casi un congreso espontáneo de la oposición, desde sus líderes más mediáticos hasta los anónimos espías infiltrados de última generación. El operativo de control del G-2 por esta vez jugaría a no interferir con el ceremonial, no bloquearon ningún teléfono conflictivo, y concedieron todo lo que su viuda pidió, excepto que el hombre de su vida durante 26 años resucitara. Los aplausos estallaron incontenibles cuando el féretro avanzó, en un consenso insospechable minutos antes, borrando rencillas y caudillismos, luciendo así lo mejor de cada cual ante la memoria del noble hombre que avizoró como nadie la tierra prometida y, para no desmentir a la Biblia, por eso mismo no alcanzó a habitarla.

No era un velatorio privado, pero cada vez que se sentían invadidos, forzudos jóvenes eclesiásticos limitaban la labor de las cámaras, coaccionándonos para no disturbar el «sufrimiento de la familia», ese dolor dignísimo y más hondo que ningún otro sentimiento que yo recuerde jamás. Pero un dolor en público y no de puertas adentro. Es decir, una pena que necesitaba ser captada en toda su devastación, en toda su fuerza y fragilidad, en toda su decencia y denuncia, hasta contagiar nuestras fibras más dormidas, para que el mundo entendiera la debacle que acababa de ocurrir en la Isla: otra muerte en cuya naturalidad ni la muerte misma confiaba, otro robo de almas con las que debíamos fraguar un futuro menos fatuo y sin Fidel.

Cuando los gritos de «¡Libertad, Libertad!» ya ponían nervioso al párroco, con un gesto se le imploró a la esposa que aplacara ella al rebaño. Y Ofelia cumplió en nombre de Oswaldo, tomando por primera vez los micrófonos, y fue obedecida en el acto. Pero tal vez su esposo hubiera preferido que nunca acabase aquella música de las gargantas y manos, aquella explosión de simpatía que iba de lo íntimo a lo social, aquel plebiscito instantáneo entre la indignación justiciera y la rabia. No faltó nada entonces para cortar de cuajo tanto misal de resignación y apropiarse de su cadáver augusto para tomar por asalto la Plaza y desplazar a los déspotas del poder.

Tal vez el Movimiento Cristiano Liberación jamás había contado con un quórum así, por lo que esa tarde póstuma, entre la tristeza y el temor, debió despedir a su líder con algo más que incienso y rosarios. Un instante después del silencio, era obvio que los miles allí congregados nunca volveríamos a protagonizar esa visión de libertad instantánea (o de Tianamén en un santiamén), y que el fallecimiento de Oswaldo Payá Sardiñas estaba en riesgo de diluirse en las estadísticas oficiales de la División de Tránsito.

Las emisoras extranjeras se amontonaban en línea de espera en mi teléfono celular, mientras yo cronicaba de *tweet* en *tweet* la tragedia, tratando de ser los ojos y el corazón de una diáspora cada día más desperdigada. Fui exhaustivo, terminé exhausto. Hice once millones de fotos y clips de video, acercándome al altar mayor donde posaba el féretro con coronas de flores y una bandera, pero sin sumarme nunca a la fila infinita que durante horas le dio el pésame a su familia.

Cuando estuve peligrosamente encima de Oswaldo Payá, vi su rostro con los moretones reminiscentes de una pelea (en el pómulo izquierdo), el pecho encogido bajo la camisita cubana, su sonrisa desaparecida, sus párpados lapidados, y un hilillo de sangre sin biografía comenzó a manar entonces de su oreja izquierda en exclusiva para mí.

Temblé ante los despojos de un patricio al que admiré desde mi ignorancia, y a quien defraudé antes de leerlo al no firmar su Proyecto Varela, y en cambio sí suscribir la momificación socialista de nuestra Constitución, exabrupto anti-constitucional del 2002 con que Fidel Castro se burló en persona de Oswaldo. Y de ti.

Su hija Rosa María, a quien había oído por la radio clandestina como un milagro de coraje y fe en la condición humana, me impuso tajante sin conocerme: «Yo no quiero fotos del rostro de mi papá».

Pero yo atesoraba mucho más que eso. Yo había conseguido llorar mansamente en la iglesia, conmovido por tanto desvalimiento de mis contemporáneos, seres ínfimos cuando no infantilizados, a la intemperie de un Estado incapaz de comunicarnos ya ni una sola palabra, excepto las de nuestra inhumación por decreto. Yo había empezado a respirar en paz en la noche abismal de sus ojos huérfanos, mientras a la familia Payá Acevedo a esa misma hora la humillaban en las redes digitales con saña de alimañas, sin que una nota de protesta saliera de la Iglesia Católica cubana ni de ninguna otra nacionalidad o denominación.

Con la puesta de sol llegó la eucaristía y luego enseguida la medianoche. No había comido ni bebido nada. Tenía fatiga y la ropa enchumbada por el verano vil. Las baterías del Nokia y de mi Canon se agotaron. Fui a casa y miré a mi madre, que aún no sospechaba nada, y le di un abrazo como si de pronto fuera yo el que no regresaría más al hogar. Fui Harold y Oswaldo. Fui Ofelia y Rosa María. No quiero que mi accidente me atrape sin haber dicho que amo a los que amo. Pero el totalitarismo es exactamente esa sorpresa. La tiranía se reduce a que siempre puedes ser removido de tus espacios: de la cuna a la escuela a la beca a la brigada al barracón al buró a la cárcel al paredón a una ambulancia a la capilla al exilio al cielo al paredón a un panteón.

No podía quedarme esa noche en mi casa. Yo ya no era yo.

Regresé a El Salvador del Mundo y me tumbé sobre los bancos de la Plaza Galicia, entre los ronquidos sagrados de algunas Damas de Blanco. Dentro del templo dormían cabizbajos no pocos dolientes. Me sentí impune, indolente, y tuve ganas de remover la bandera del féretro, ese trapo heroico compartido por santos y militares. Cuba cansa. Afuera era tan bella la madrugada. Dentro todo era evidencia de la maldad nacional.

Las ceibas, una uña de luna, los perritos noctámbulos, una lechuza, la frialdad húmeda que empañaba los faroles y mis pestañas: otra vez eran lágrimas sin llanto, hilillo de sal manando de mi mente de retrasado: ¿por qué permanezco en este cenotafio sin ciudadanos?, ¿por qué no me desaparezco de Cuba a perpetuidad?, ¿por qué nunca antes amé en secreto a la muchacha que no debía de ser mi amor? Pobres cubanos, pobres Cubas sin cubanos.

Ganas de huir y de no dejarse matar. De aprender de Cepero y Payá. Pero, como siempre que soy libre de tan desahuciado, no conseguía alejarme de aquellas pocas palabras dictadas por la desesperación, y volví adentro a por más fotos, no de la cara sino del espíritu entero de su papá. Perdóname, por favor.

Amaneció martes, y no haber desayunado o acaso el clima cardenalicio me dio ganas de vomitar. El monseñor Jaime Ortega y Alamino demagogió que «la aspiración a participar en la vida política de la nación es un derecho y un deber del laico cristiano», e incluso se atrevió a citar al papa Benedicto XVI, quien en La Habana tuvo tiempo de saludar al tirano ateo pero no a un laico democristiano de apellido Payá: «que nadie se vea impedido de sumarse a esta apasionante tarea por la limitación de sus libertades fundamentales».

Yo ya había oído esa frase original en un televisorcito de calabozo, en la Santa Misa secuestrada del miércoles 28 de marzo de ese año, junto a cientos de cubanos presos con carácter profiláctico, y con la venia del vocero católico Orlando Márquez, en su papelazo publicado en el órgano del Partido Comunista nombrado con el hexagramaton de una muerte «accidental»: *Granma*. Mentirosos, mezquinos. Miserable casta de sacerdotisas célebres por no ser célibes. Complicidad, demonismo, asco.

Todo rito es reiteración. Bodrio, bostezo. Pero al término de la liturgia de exequias, volvió a pronunciarse allí una esquirla de la verdad impronunciable del pueblo cubano. Habló Rosa María Payá Acevedo, con más talante que medio siglo de eruditos simuladores. Acusó sin pánico, aunque estuviera apurando así su propio cadalso. Dejó el odio fuera de su discurso como testamento de veinteañera en peligro terminal. De ser silencio sentido, ella devino verbo donde encarnar el honor horrendo de una nación. Y dejó claro que su padre y su amigo no habían muerto en el último día del Señor porque esa fuera la voluntad de ningún dios. Lo habían muerto.

Los obispos miraban al infinito, sin cara, con sus máscaras de vidrio opaco de quienes no podrían lanzar ni la más mínima piedra. Cobardes. Y tembló entonces la voz de Ofelia Acevedo ya no más de Payá, leyendo un manifiesto que reivindicó el derecho a luchar en Cuba y fuera de Cuba por la liberación del ser humano, desde la oposición pacífica y sin perder la vida en el intento.

Minutos después, a unos metros de distancia, las turbas de respuesta rápida y la policía golpeaban a decenas de los presentes que, por pretender acompañar el féretro a pie, nunca llegaron al cementerio. Ni tampoco a sus casas. Porque hubo decenas de arrestos arbitrarios.

Más que narrar la ovación cerrada de adiós en el Cementerio Colón, quisiera expresar la angustia coagulada aún sobre los testigos sobrevivientes de aquel Hyundai rentado donde murieron Oswaldo y Harold. De políticos europeos prometedores, Ángel Carromero y Jens Aron Modig han pasado a ser víctimas del castrismo transcontinental.

Carromero contó con coraje lo que vio (en su testimonio *Muerte bajo sospecha*): que no hubo accidente y que aún no se explica cómo mataron a sus amigos cubanos (toda vez extraditado Carromero a España, hasta actos de repudio recibió). Modig aún hoy miente declarándose dormido ese domingo 22, cuando estuvo llamando y mensajeando a lo largo de todo el día: sus declaraciones sonarán ya para siempre a tramoya, a trampa, a tortura (aunque como él había estado antes en Cuba, tampoco se excluye que hubiera sido reclutado por la Revolución).

Los cubanos nos acabamos. Cuba nos cava. Desde esos días no consigo pegar bien un ojo, ni en la Isla ni en el Exilio. Desperté, es preferible el insomnio antes que la pesadilla. Sobre todo cuando hasta la bloguera Yoani Sánchez se apuró a publicar entonces su «Descanse en libertad, Oswaldo Payá», un epitafio tan políticamente aséptico que no menciona ni accidente ni asesinato ni nada. ni asesinato ni nada. Mientras que el activista de derechos humanos Elizardo Sánchez Santacruz fungía como vocero del régimen, al amenazar a la familia Paya con que mejor dejaran las cosas así, pues él tenía evidencias de que sí había sido un accidente y, además, como se atrevió a soltarme en mi propia cara unos días después del crimen: «Payá como chofer era muy *paragüero».

Como en el caso del Cardenal católico cubano, al parecer murió Oswaldo Payá cuando le tocaba morirse. Cuando en la práctica lo matamos bien rematado cuando nos tocaba matarlo. Y ese pecado no se lo perdono a nadie. Ni me lo perdono a mí mismo.

Descansa en paz, tú, si puedes, Oswaldo Payá Sardiñas, primer presidente del país que no fue. Que se nos fue. Que nos lo fueron. Amén.

RÉQUIEM POR GIA

Los ojos de Gia eran Tierras, planetas Tierras en miniatura. Hace poco Silvia me preguntó: ¿Están habitados los ojos de Gia?

Gia, bendición que no nos merecíamos. Al menos no en este país, la Cuba cársica. Esta patria emputecida de muerte y maldad. En ese orden: primero la muerte, después la maldad de mentir sobre cómo mataron. Porque nos están matando a mansalva. Nadie lo dude. Aunque a nadie nunca le convenga darse por enterado.

Gia llegó y se fue en el 2011, como los ángeles más efímeros que ya nunca se animan a visitar nuestra isla. Nuestra islita inicua. Nuestro archipiélago arcaico. Nuestra miseria, nuestro miedo, nuestra mezquindad, nuestra tanta mierda de mierda.

Pero Gia fue generosa. En ese tiempo se hizo mamá. Y fue mi mamá. Y mía. Miau.

Por eso mismo me la mataron.

Esperó casi cinco horas. Moribunda. Entre la tierra de bibijaguas y su sangre de otro planeta. Bajo la lluvia de invierno otoñal. Sola. Con la memoria de la violencia que le ejercieron, sin quejarse. Nunca se hubiera ido sin despedirse. Gia no era así. Mi amor no es así. Ya nunca será así.

Era octubre y era el 2011. Acababan de matar a Laura Pollán, también sola, excepto por la complicidad de sus supuestos seres más allegados, y de los médicos de mentiritas del Ministerio del Interior, y de toda la disidencia asesina cubana.

«Laura, muérete», le dijo el Estado cubano. «Laura, muérete», repetimos a coro sus cómplices criminales, al dejarla en manos de un doctor carnicero que apenas ella murió, fue corriendo a cumplir la orden de delatar su expediente clínico ante las cámaras de televisión: «Laura se tenía que morir, pobrecita, aunque la Revolución hizo todo lo que pudo en su caso (y gratis)», casi dijo el doctor-verdugo, «porque estaba muy complicada». «En Estados Unidos su atención hubiera costado millones de dólares».

Y no mentía el medicucho mierdicucho. Laura Pollán se tenía que morir. Y la Revolución cubana hizo todo lo que pudo en su caso para morirla. Seguro que había incluso un papel firmado con su sentencia. En Cuba jamás ha ocurrido una sentencia extrajudicial. No hay improvisación, como en las dictadurcitas de derecha. En Cuba solo hay disciplina. Ordena y manda, ordena y mata. Cuba ni siquiera es una dictadura sino la ausencia absoluta de dictadura y de todo lo que pertenezca a la vida social (es decir, Cuba es el horror). Tal como le dijo una uniformada de verde olivo a Oswaldo Payá (¡con testigos!): «antes de que la Revolución se caiga, te vamos a matar». Y lo mataron en el verano vil de 2012, poco después del otoño de Laura y Gia.

La sinceridad del Estado cubano es conmovedora. Nuestros únicos dos Premios Andrei Sajarov exterminados (el otorgado por el Parlamento Europeo a Guillermo Fariñas fue una parodia pésima).

Nuestra gatita Gia murió a golpes. Con la memoria intacta de la violencia que un cubano de barrio ejerció sobre su cuerpo de gata, sin quejarse. Nunca se hubiera ido sin despedirse. Gia no era así. Mi amor no es así. Ya nunca será así.

Tenía un tajazo en el bajo vientre. Qué iba a pensar yo. El doctor fue laxo y sin entusiasmo. No hay anestesia. Te voy a resolver, pero sin esperanzas. La abrió. «Esto es un desastre», dijo: «Tiene no sé cuántos órganos perforados. No sé ni cómo está viva. Va a sufrir». El veterinario se parecía físicamente a Fernando Ravsberg. Y decía lo mismo que este antiguo terrorista de izquierda, hoy convertido en periodista oficial, quien le mintió al mundo diciendo lo que ni a la familia de Oswaldo Payá aún se le ha comunicado: que el cuerpo había sido hecho papilla por el «accidente». Ni el veterinario ni Fernando Ravsberg cobrando un salario de la BBC se atrevieron a decir la verdad: «asesinato».

También por «accidente» asesinaron a Gia. Por ser mía. Mi amor.

Una vez le hice el amor. Casi corporalmente el amor. Gia estaba descompuesta y aún era virgen. El siamés Jacobi y el barcino Moris se disputaban sus feromonas felinas. Yo jugaba a competir con los machos (mis ojos son más de gato que los de ambas mascotas). Y les escondía a Gia en un cuarto, para que se desesperaran un poco los otros dos, con sus falitos fecundos. Para que le cantaran la canción desafinada del deseo. Para que Gia se entregara por primera vez a mí. Y se entregó.

Me mordisqueaba las axilas y paraba la cola de peluche y Gia se hizo toda invitación a ser poseída por Landy. Y la abracé duro y adentro y halé sus bigotes tan femeninos como sus cejas y olí su saliva tan pulcra y besé su naricita de piedra lunar y me comí sus labios de emo gótica (tan negros, tan negros) y le prometí que uno de sus gaticos sería mío, solo mío y de ella, en una alianza genética que nos salvara de la traición y el olvido y que nos hiciera de una raza mejor, una especie que no se cruzara con la tara tétrica de los cubanos.

Y solo entonces liberé a Gia para que el siamés y el barcino se repartieran los óvulos remanentes. Pero el primero fue mío. Mío de miamor.

Hasta que el doctor la puso a dormir. A eso se dedica desde hace décadas la medicina cubana: a poner a dormir para siempre a sus pacientes. Gia tuvo un estertor con el cloruro de potasio. En realidad, dos. Le hice jurar al verdugo de verde que eran solo reflejos involuntarios, inconscientes, que no sufrió. Tenía ganas de clavarle otra jeringuilla a él en el corazón. Matarlo, miserable. Devolverle mi gesto de eutanasia cobarde. Todo en vano. Porque a Gia, un segundo después de yo traicionarle la vida, yo sé que le quedaba aún más vida conmigo, justo ahora que terminaba de lactar a sus tres gaticos (uno mío, uno del Moris, otro del Jacobete), justo ahora que podíamos volver a concentrarnos en ser solo nuestra Gia y yo.

La enterré en Lawton, bien profundo, 24 horas después. Estaba dura, pero igual de preciosa. Princesa. No había cambiado en nada. Igualita, pero de roca. Gia no quería darnos una última imagen atroz, así que esperó para podrirse fuera de nuestra vista, bajo la tierra totalitaria de la Cuba de siempre bajo el mismo miasma de la Revolución. Mi gatica de cristal.

Le besé los labios. Por si las mentiras de los cuentos infantiles que me leía mi padre tenían aún algún resquicio de realidad. Pero no resucitó ni pinga nuestra gatica. La muerte es lo único que también en Cuba nos ocurre de verdad.

Silvia no quiso verla, no sé por qué. Yo sabía que Gia seguiría siendo Gia mientras no la pusiéramos a ser devorada por los gusanos del subsuelo-nación. Sabía que Gia se resistiría a la descomposición. Que era una santa mejor mil veces que la virgencita de cualquier caridad.

Porque Gia era nuestra y no popular. Porque patria es la palabra más perversa en que los cubanos podamos ahora pensar. Porque el amor es siempre privado, y no un avemaría en la plaza pública —impúdica— o en el paraíso: ese otro infierno, donde no podemos ni amar en exclusiva a quienes amamos y nos amaron. Por algo el conjuro «amén» es agudo, para que se desfigure la acentuación de quienes nos amen.

Los ojos de Gia eran Tierras, planetas Tierras en miniatura. ¿Qué me va a preguntar Silvia entonces, después de tanta muerte y la muerte de tanto? ¿Que si están habitados los ojos de Gia? ¿Cuándo no, dónde no, cómo no?

Tú sabes que sí. En todo el planeta permanecerán sus pupilas superpobladas, desde Hialeah hasta Islandia.

Tú sabes que sí, Gia. Con un «sí» de siempre, miaumor.

MIAMI, MI AMOR

Y, finalmente, Miami.

Después de décadas de propaganda *Made in Havana*, pude recorrer esa explosión de *expressways* llamada Miami —la ciudad entera es un aeropuerto—, donde cada casita es un clon de la Cuba perdida para siempre, con sus banderas y virgencitas al uso; donde cada generación cuenta al menos con un exiliadito reciente; donde la comida permanece tan intacta como la memoria de cinco días o cinco décadas atrás; donde bailar y reírse y hasta hacer el amor nos duele hondo en el alma de tanta indolencia; donde hasta Dios pronuncia perfectamente ese argot cubanoamericano que recuerda a Google hablando.

Y es que todos en Miami somos un poco de patria, vivamos en Pogolotti allá o en Palmetto aquí: la ciudad fue construida como un sueño del que más temprano que tarde la nación ha de despertar, un sueño para disimular la pesadilla de nunca volver a la otra Cuba, aquella de Castro que nunca será cadáver, más un recojonal de cubanos siempre zozobrando en el Mar Caribe.

Entré y salí de Miami a través del espejo mágico de sus mega-emisoras de radio y TV. Es un milagro de lesa modernidad esa Miami híper-mediática, tan homogénea y a la vez tan plural. Tan banal como verosímil. Tan *fashion* y tan tono en falsete.

Puede que sea una primera impresión, pero ante el despotismo de La Habana, donde ya ni existen los programas en vivo —hasta los discursos del Máximo Líder se transmiten con unos segundos de retraso, por si se desmaya o se hace caca Fidel ante las cámaras—, Miami simplemente me maravilló. De tristeza, pero me maravilló. Te embruja, te embrickell, te fuerza a adorarla desde los cayos hasta el Doral.

Con el mordaz y amabilísimo Jaime Bayly, con los rifirrafes de Juan Manuel Cao, con honda no de David sino de Haza, con las piedritas que te pone Pedro Sevcec, con las mareas de María Elvira, con el arria de arrebatados de María Laria, con la sempiterna solidaridad de La Poderosa o Radio República o Mambí y, por supuesto, con el corazón en los micrófonos de Radio y TV Martí —la única emisora del exilio cubano que se transmite casi desde el interior del país, aunque sus estudios no estén en la Isla—, con todas y para el *rating* de todas, dije en cada caso lo primero que se me ocurrió, sin agendas impuestas por las mafias imaginadas por el Ministerio del Interior castrista —que tiene más agentes en la Florida que en el resto del mundo—, sin miedos mutuos ni censuras mediocres, y sin añadir ni una línea a lo que siempre dije desde mi móvil cubano en mi natal barrio habanero: Lawton.

Los activistas sociales cubanos coincidimos en que «a pensar y vivir en libertad se aprende pensando y viviendo en libertad», una frase de Rosa María Payá en la Casa Bacardí que electrizó hasta las lágrimas a la capital de todos los cubanos —y el capitalismo de todos los cubanos también—, donde coincidimos cada cual en tránsito hacia su propio destino para apurar, como cada cual pueda, la democracia que nunca llega a nuestro pésimo país.

Me resistí a comer sabrosón con grasita y almibita en Miami, tengo testigos de mi austeridad inicial. La comida no me bajaba por la garganta: algo de angustiosa felicidad me hacía desconocer a mis antiguos conocidos de pronto reaparecidos, viviendo sus *exit*osas vidas en una Cuba balcanizada que en la Cuba monolítica no podíamos ni imaginar. O no nos atrevíamos a imaginar, para así retrasar nuestras respectivas salidas definitivas, con boletos o en balsas.

Vi el mar de Miami, pero no me asomé ni lo quise oler. No deseaba suponer a la Isla al otro lado del horizonte, a 40 minutos de donde la policía política cubana nos espera para ponernos en cuarentena y sin cargos. Además, es un mar demasiado desarrollado. Y uno está acostumbrado a que el agua de la bahía es puro mojón y *fuel*. La nostalgia empieza por la ecología.

Pasé calor. Me ofrecieron trabajo, no respondí. Era una trampa para que me enredara en el chancleteo digital, para que nunca pudiera enseñar en una universidad norteamericana ni ser becario de una ONG europea. Dormí en un sofá. Dormí en una *suite*. Dormí casi metido en un closet, al margen de las miradas minuciosas de nuestra sociedad civil, donde fui primerizo y feliz. También permanecí insomne en un aeropuerto de líneas canceladas en masa por American Airlines, atorado de amor, con la intuición de que Miami me había echado una brujería mansa para que no me pudiera despedir.

Ese es el riesgo: Miami como centro de gravedad, cada croqueta y cada empanadita es un hueco negro y una estrella pulsar. Respectivamente. O viceversa (no vi cerveza: desde que salí de La Habana no bebo, por miedo a que me secuestren borracho y me despierte en una litera de Villa Marista, el cuartel general de los torturadores abstemios de la Revolución).

En definitiva, vine, vi, y me fui, porque Manhattan me llama a vencer o morir: Manhattabana. Y porque deshabitar en los *subways* de Nueva York es la fórmula de mi cubanía clandestina que me hace huir de los cubanos, porque todos tenemos en el alma la paranoia de un ministro del interior. Y porque desde La Gran Manzana se vuela en Icelandair en poquitas horas a Reykjavík, mi patria adoptada desde la infancia.

Me moví en los autos gratuitos de activistas en Facebook que yo no conocía en persona, pero que desde el inicio de los chats ya nos queríamos, más allá de posiciones políticas o geográficas. Hablé en el mítico Calle 8 Art and Research Center como si estuviera muy seguro de lo que decía, mientras mi espíritu se hacía entonces un pañuelito de pura emoción. Conocí a los ídolos intelectuales que yo había leído en Cuba con devoción, en libros contrabandeados que sobrevivieron a la aduana habanera (bananera, obamanera). Volé hacia y desde Miami gracias a los bolsillos benéficos de cubanos emprendedores que quieren más a Cuba que yo, gente de diversos estratos económicos que atesoran los archivos y las ilusiones que la desidia dictatorial en la Isla desbarató, arrasando no solo con nuestros derechos ciudadanos sino con la noción misma de que los cubanos éramos una nación.

Ese es el legado más siniestro, pero también más sincero, del castrismo sin Castros o con Castros de segunda y tercera generación: humanamente ya será imposible un día después de. Nuestro presente precario es perenne. La élite en el poder ha dado los pasos necesarios para una auto-transición de tramoya —y eso incluye mi presencia aquí: Miami, perdóname—, donde la disidencia pacífica dentro y fuera de Cuba no tendrá más cabida que el cadalso y, de hecho, ya estamos desapareciendo a cuentagotas y sin testigos de interés para el mundo, porque al mundo solo le interesan los millones y millones que promete ahora esa neo-utopía que es imponernos un capitalismo sin libertad.

Empresarios de todos los países, uníos. Cubanoamericanos cabrones del continente, uníos. Papas y Presidentes Premios Nóbel de la Paz, uníos. Dios los cría y Castro los junta.

Hablé hasta con personalidades de nuestra historia republicana remanente y con representantes de la Florida en Washington, DC (me recordaron a los últimos días de una clase, ya sin poder ante una Casa Mulata tiránica que le dio oxígeno al horror del pueblo cubano). Vi menos *homeless* en el peor Miami que en el mejor Nueva York, donde a su vez he visto menos pordioseros que en Centro Habana, aunque eso no alivia mi humillación de verme conferenciando en la academia levógira de Norteamérica mientras un norteamericano duerme en las aceras amargas de este país.

Quiero volver a Miami. No quisiera retornar nunca más. Estoy por irme todavía. Pero ya muy pronto me quedaré. Es el mismo tira-y-encoge y dime-que-te-diré que nos pasa a los cubanos con Cuba.

Sé que te traté con dureza, pero no con descaro, como la mayoría de tus inmigrantes «económicos» que se acogen a la Ley de Ajuste Cubano porque «no entienden nada de política» (¡después de casi sesenta años!). Brutos, hipócritas: ya no tengo ni compatriotas ni contemporáneos.

Miami, detente, eres tan instante. Y por favor, mírame, Miami, y por tus *malls* no llores. Si esclavo de mi blog y mis pasiones, tu marketing corazón llené de espinas, piensa que nacen, entre espinas, castrocorporaciones.

GABO Y YO

Dos veces conocí en persona a Gabriel García Márquez. En Cuba las dos, en los años cero o dos mil.

Él entraba y salía como «Gabo por su casa» de la Isla de la Libertad, fornicando divas, donde año tras año a muchos nos negaban sin explicación el Permiso de Salida para viajar al exterior. A mí y a miles de ciudadanos, sin causa judicial. Así como a millones de exiliados cubanos le niegan el Permiso de Entrada, pues ninguno puede vivir permanentemente en Cuba a menos que pidan el largo y tortuoso camino de la «repatriación» (ni siquiera se les reconoce ninguna otra nacionalidad).

Por entonces ya no existía la Revolución Cubana, por supuesto. Deshabitábamos en una especie de inercia disciplinaria, mitad hedonismo y mitad horror, a la espera de que el Comandante en Jefe se desmayara tras los micrófonos, fuera picado por un mosquito que le provocó linfangitis, se rompiera la rótula en ocho pedazos tras su caída antológica, y finalmente sus intestinos se le reventaran con sangre fecal (todo lo cual aconteció, de hecho, pero ahí sigue aún sobre sus pies «El Caballo», casi senil, pero rebautizado ahora como «El Caguairán»).

Mi más reciente macondazo con García Márquez fue en una celebración de esos cursos de guión para izquierdistas de la semidesaparecida Escuela Internacional de Cine y Televisión (EICTV), en San Antonio de los Baños, al sur de La Habana, en el 2006. Durante la velada, Gabo lucía eufórico más que afónico, y jugaba a ser un Chaplin chapucero con los cubiertos de nuestra última cena en comunión.

Lo vi encasquetarse entonces unas orejas de conejito sobre su cana cabeza. Su esposa no parecía andar por todo aquello, por suerte. Lo rodeaban —lo rodeábamos— jóvenes ilusos de mirada limpia de cara al futuro: gente sin memoria de los cadáveres en el closet que implica todo *boom* cultural.

Es sabido que no hay arte inocente. Que la literatura es bien culpable al respecto. Y que por eso mismo es un arte tan humano, demasiado humano, que se confunde con lo social.

Me le acerqué y le dije a GGM:

—Ni se le ocurra vomitar un conejito, Maestro, o sería una parodia pésima de Cortázar.

No sé cómo me atreví a semejante lance. Rieron —reímos— en grupo, sobre todo las muchachas que iluminaban la escena. Y El Gabo era también todo cuacuacuá entre aquel coro de talentosas inéditas. Olía a virgen (esta es o debió ser la primera línea de algún cuento de él). Creo que las toqueteaba por debajo de las mesas, como un adolescente incontinente. O acaso ellas, muy a lo Fermina Daza le tanteaban su penecillo florentinesco a él.

Creo que todos fuimos felices esa medianoche de despedidas. No recuerdo que nadie mencionara nunca la palabra «fidel». Vivíamos en un estado de postcastrismo *naif*.

Confieso que me dio gusto verlo brillar de puro macho, al margen de ideologías idiotas y fidelidades fósiles. Como si por primera vez, en semi-cien años de socialismidad, Gabriel García Márquez se sintiera libre dentro de la Cuba que él quiso tanto y que tan poco entendió.

Ni siquiera respondió a mi provocación. Es casi seguro que ni me viera en mis revoloteos de autor amateur. A lo mejor me confundió con una de sus alumnitas ávidas de ser des/cubiertas como talentos por pulir (y yo lo era, como es obvio, todavía lo soy: una pupila de provincia, un lector-hembra de pasividad proustiana, que hace de su prosa impaladeable un vicio más que una virtud).

Esa fue nuestra última vez, de La Habana a la eternidad. Adiós, Gabo querido e inquerible.

Pero mi primer macondazo fue un poco antes, en el inviernito inverosímil de diciembre de 2002. Cruzábamos la Plaza de Armas y lo vi. Él iba como de la mano de Eusebio Leal Spengler, ese buitre de sacerdocio ninfómano que era o es el Historiador —Expropiador— de la Ciudad: un déspota decimonónico con ínfulas de castrismo *cool*tural.

A mi lado iba un escritor maldito, Jorge Alberto Aguiar Díaz (JAAD), recién censurado por formar parte de la Agencia Decoro de Periodistas Independientes, dirigida por el que muy pronto se revelaría como el Agente Orrio de la Seguridad del Estado. La Revolución en su laberinto (luctuoso, lenguaraz).

JAAD cargaba en la mochila una de las últimas copias de su libro «Adiós a las almas», cuentos publicados por la editorial estatal Letras Cubanas, que enseguida los hizo pulpa por órdenes del talibán totalitario Iroel Sánchez, aquel impresentable presidente del Instituto Cubano del Libro (ICL), quien en el 2009 fuera expulsado por indisciplina o por corrupción a instancias del ministro de Cultura Abel Prieto (un tipo mucho peor).

Le arrebaté un *Adiós a las almas* a JAAD y crucé corriendo el parquecito del Casco Histórico de la ciudad. Lo dediqué al vuelo como si fuera mío (yo amo ese libro, y por tanto es mío) y detuve con mi cuerpo a la comitiva garcíaministerial.

—Maestro —desde el inicio tengo esa palabra en la boca para referirme al Gabo—: este libro es de un autor cubano que no cupo en el anaquel de las Letras Cubanas.

Y se lo entregué.

Eusebio se puso azul (él normalmente es verde). Pero García Márquez sonrió bajo el sol solemne de la mañanita aún no enmarañada. Parecía un profeta en paz. Un pez en su saludabilísima salsa. Había vivido y contado lo suyo, por lo que no le debía nada a la literatura universal. Incluso se rumoraba sobre sus enfermedades, pero igual me dio la impresión de que GGM sobreviviría a Fidel, aunque Fidel desde antes del 2002 ya daba síntomas de no ser del todo mortal (de ser el último de los cubanos en convertirse en cadáver).

El Gabo aceptó el libro de JAAD como si fuera mío, me dio unas domingueras gracias de personaje garcíamarquiano, y siguió con sus acólitos hacia alguna institución oficial. Acaso hacia la propia oficina de Iroel Sánchez, pues el ICL quedaba a un costado de la Plaza de Armas, en el Palacio del Segundo Cabo. Solo espero que el irascible Iroel no le haya decomisado aquel ejemplar de *Adiós a las almas* al Premio Nobel de Literatura.

Y en este punto ya no tengo nada más que añadir. Bueno, sí. La dedicatoria decía: *Por la libertad de Cuba, ¿cabe la libertad de Cuba en su anaquel?*

Esa fue la pregunta que después no le hice al Gabo en una noche de conejitos y conejitas, todos contentos e incontinentes, en aquella arcadia ácrata que fuera alguna vez al sur de La Habana la ex-EICTV.

PATRIA QUERIDA, PATRIA PERDIDA PARA SIEMPRE: SOY YO, SOY ORLANDO LUIS

Necesidad de una guerra civil. Necesidad de salir a la calle. De barbotear vulgaridades de barbarie en barbarie. De manotear entre bestias, entre criminales, esos cuerpos cubanos sin libertad humana, como animales, sin moral y sin culpa y también, por supuesto, sin Dios (aunque los animales sí tienen un dios que se llama Vida).

Necesidad de dejar atrás la demagogia cincuentenaria de una paz perpetua y perpetuamente precaria. Qué paz ni qué paz. Constituciones en piras de humo histórico. Insignes mamotretos de Derecho usados como algodón para desinfectar las heridas por la violencia desatada. Necesidad de negarnos entre nosotros y correr sobre el asfalto a agredir o a buscar refugio de la agresión. Cubanos, ¿para qué?

Me matan, nos matan. Perdón, perdónennos. Desconfiando de todo el vecindario, confiando como infantes en el guiño de una reja abierta por donde atravesar la cuadra, garrochando muros y pasillos y escaleras y solares y tejados, quién sabe si para descubrir de paso a nuestro amor enfermo de muerte sobre su paupérrimo camastro: una virgen triste en un solar socialista. Templar su tisis terminal, exterminarle la tos poniéndola en cuatro patas. Lácteoliberación.

Escenas estériles. Basta de letras. Basta de la bobería del entendimiento y el blablablá pacifista. No hay más diálogo que el topetazo, el tiro por la espalda. Noción de la no-nación. Del desnucarte. Necedad de una acción atroz que nos acelere de cara al futuro. Y de culo a Cuba.

Sería tan fácil. Una División de Tanques llegando tarde por la Avenida de Rancho Boyeros. Los túneles con dinamita que permean los intestinos de La Habana desde los años 9o, tan útiles para amedrentar la mierda de los miedosos. Con la muerte en vida fue suficiente para comprar más de medio siglo del tiempo intangible de la Revolución (tiempo inagotable, imaginario). Sabes de sobra de lo que te estoy hablando. Menos mal. Porque yo no.

Oí a los vecinos de la calle Neptuno, entre desconcertados e incrédulos. Ni uno solo de ellos sabía del acto de repudio convocado días atrás en el blog *Cambios en Cuba* de Manuel H. Lagarde a nombre de la Seguridad del Estado. Debo apuntar ante todo que este me parece un momento maravilloso de nuestra Historia Contemporánea. Si un blog oficial es capaz de apuntalar las vigas del falso techo de nuestra política, entonces también es concebible el escenario concomitante: que otro blog sea capaz de aserrar de un solo post esas viejas vigas de caguairán, con o sin comején comiéndose la caca clínica de Fidel Castro. Cuidado, conmigo, compañeros. Soy tan radical porque carezco de raíz.

Reían: eran negros sanísimos, salidos de nuestra salud pública en ruinas. Solo los negros se ríen en Cuba. Los negros saben. Llevan siglos con sus carcajadas cariadas, haciéndose los esclavos y complotándose con los amos. Sus espaldas brillosas en el septiembre de la Isla infame. Con cicatrices y tatuajes, halitosis y dominó, bíceps de basketball y calzoncillos por los riñones. Sus pingonas percudidas a punto de portañuela. Sus colmillos refulgentes de chaldos cheos, podridos en oro o platino, con molares de millonarios que despilfarran hasta su último centavo en alcoholifán: desdentados obedientes para repudiar disidentes. Nuestra estomatología amateur es, en efecto, una asignatura muy tétrica.

También murmuraban —técnica del trapiche—: cimarrones al estilo de un Sócrates socarrón, taimados ante los turistas con cámaras Canon, como yo, que llegaban al acto de repudio ha-ciéndose los anormales de izquierda. Me vi rodeado por la tur-ba que me imploraba a ritmo de conga: *My friend, amici, mon ami... Wanna tabaco, wanna American car, wanna food criollo, wanna singar a Cuban girl... (o te gustan los boys, blanquito, con esa jeta de bugarrón)?*

Y yo que quería de todo y, pero mas sin embargo, no me dete-nía en nada. Yo, babeante de política, ese pus de los desposeídos. Yo, orgasmos de Orlando, excitación de *tweets* en vivo para miles y miles en un mundo ancho y añejo. Yo, fidelcastrico de tribunas virtuales. Testigo, espía, traidor, desde un teatro sin internet. Con mi móvil inmóvil, recargado por las mafias misericordiosas del exilio cubano, invadiendo ese laberinto descentrado que es Cen-tro Habana, ese *aleph* maléfico que nunca fue Londres y nunca será Buenos Aires y que, al menos esa tarde vigesimocuarta de septiembre y sábado, tampoco me recordaba a La Habana. Color deslocalizado. Locura locuaz. Sería el último acto de repudio an-tes de que mataran de un pinchazo a Laura Pollán.

A mi alrededor, oí comentarios pragmáticos, no políticos: no hay meriendas para los niños y viejos, pero aquí se las regalan por miles a esos zangandongos; no hay audio para meter fetecún en las ferias del agromercado ni en las demás discomierdas, pero aquí lo ponen a todo meter con las cancioncitas esas de *En Silencio Ha Tenido Que Ser* y *La Gran Rebelión* y la tuerca tuerta de Sara González y su can-taleta aquella de que *a los héroes se les recuerda en la gloria…*

«Sube pa´l balcón, pa´ que vendas mejor tus fotos en internet...». «Cuidado con esos gordos de allí, que son fulas sin uniforme...». «Si se forma la desagradable, no te metas en el barullo que te carterean lo mismo chinos que mulatazos...». Y así me hablaban, con un et-nográfico etcétera de Premios Nacionales de Literatura que jamás aprendieron a leer. Yo sí, yo sí sé leer. Por eso soy todo oídos.

Intenté ser revolucionario por un fin de semana. La histeria co-lectiva me crispó contra la casita de las Damas de Blanco, en Neptuno casi esquina a Infanta. «Brujas de Blanco», les gritaban, «Damas del Verde» (es decir, del dólar, que no es verde en absoluto). Les escupían en su fachada: «tenemo´ un Comandante que le roncan los cojones» (¿alguien han visualizado la huevada de Fidel roncando?). Le daban palazos contra su puerta de tablas republicanas. Ah, sí: eso, qué ricura tan consuetudinaria. Catarsis, carnaval, caníbales del comunismo caribe. Son las ventajas del poder, papi. La válvula de escape, mamita. Acaso la vulva vil de nuestra novia tan virgen como vengativa: yo, que no sé decirlo, La Revolución...

Me tiré de cabeza contra la esquina de Neptuno y Soledad. Yo iba a pasar, a traspasar el círculo de fuego, del juego. «Viejucas de Blanco, denme de comer», como en los muñequitos rusos de nuestra infancia televisada en blanco y negro. Yo iba a sumarme al repudio de la plebe contra las activistas. A mí también tendrían que roncarme comandantemente los cojones. Ansié ser un miserable sin conmiseración de ninguna clase (social). Quería devenir un hijo de puta, un hijo de castro que juega golf o gana torneos de pesca de la aguja.

Iba a hacerme pasar por uno de los que repudiaban a las Damitas, pero en la misma esquina me saltaron arriba unos agentes lampiños de civil, que por suerte no me reconocieron bajo mi barba ripiosa que ya pespunta canas: «Sorry, míster, esta calle está cerrada», mientras sobregesticulaban con un lenguaje de mudos, para hacerme entender que el circo ya estaba completo, que no hacían falta más indignados bajo la carpa callejera, que bastaba con los contratados quién sabe por cuál empresita en quiebra estatal, y que mejor yo me iba pa'l carajo de allí: «Míster, go to other place, go to the Malecón, por ahí pa'llá», y me apuntaban hacia la línea *castro*fóbica del mar.

De nada valió replicarles por señas que me interesaba ingenuamente hacer algunas fotos fieles contra las Damas de Blanco, arrinconadas pero no aconejadas dentro de su sede doméstica. El dominó del despotismo estaba trancado como se cierra un ataúd. Tranquilidad viene de tranca, decían mi abuela y mi madre.

Los gritones del barrio se reemplazaban como en una coreografía de pizarra inhumana (no sería de extrañar la mano macabra del Ballet Nacional de Cuba detrás de este acto, este *Pas de 1959*). Salían en tándem de sus trincheras, y en tandas regresaban al escenario de sombra bajo dos horribles banderas: el buitre heroico de la enseña cubana y los hematíes anarco-terroristas del M-26-7 (movimiento inexistente desde medio siglo atrás, pero aún amenazante como memorándum de cómo empezó la cosa cubana, con bombas en los cines y ajusticiamientos extrajudiciales).

Cuando las repudiadas sacaron sus cabezas de blanco por la ventana —acaso sus cheques en blanco—, los de la compañía coral las apolismaron con un odio odioso. Parquearon un bus metropolitano contra la puerta de Laura Pollán, como si de una sede diplomática se tratara. Y juro que el público aplaudió, como en un estudio en vivo —de esos donde Cuba ya no se arriesga a filmar, para evitar la mínima protesta en tiempo real—, mientras desembarcaba un pelotoncito de uniformadas de verde aguacate. Eros de medias negras y sayitas apresando sus nalgas en un jalón de artes marciales. Cupido castrense, castrista. Nunca he hecho el amor con una militar. La psico-rigidez de estas capitanas marianagrajales debe ser hormonalmente muy estimulante de someter, de romper. Sadocialismo o Muerte: Veniremos…

Me alejé por fin del barrio, machito de mierda e insolidario. Busqué como un tonto la colina de la universidad, para así tener mejor perspectiva con mi teleobjetivo Canon. Tiré fotos más o menos movidas, más o menos desenfocadas. Cada vez lo hago peor. Sé que pronto abandonaré del todo el oficio. De hecho, ya lo abandoné. Un párrafo vale más que mil píxeles. En la Era Photoshoica cualquier imagen es la pura devaluación. Todo es montaje, manipulación, chantajitos del corazón con que sobrevivo. Ya no hay causas. Solo comemierdas encausados.

Dentro del círculo de groserías, descubrí a mis colegas, los foto-corresponsables de las agencias de prensa del mundo libre, haciendo sus pantomimas profesionales en La Habana. Pensé que no tenía caso seguir cerca de allí. No correría la sangre con esas camarotas como testigos, autorizadas a reportar el vandalismo de las masas amorfas en contra las mercenarias. Pero me equivoqué. Laura Pollán sí sangraba de un brazo: la chusma la había pinchado con algo y, coincidentemente, murió dos semanas después con un diagnóstico dilatado y anestesiada en contra de su voluntad (sobre su propia familia pesa esa irresponsabilidad criminal).

En cualquier caso, me fui. Las abandoné a su suerte de dólares y radioemisoras de Miami. Mujeres valientes y boconas que ayudan a nuestros presos políticos, los que ya no esperaban nada de nadie, traicionados por Castro y por el Cardenal católico (ojalá que por Cristo no tanto).

Busqué a cada rato a mis espaldas y nunca entendí por qué no aparecía una contracandela contestataria, una suerte de Segundo Frente Occidental. ¿Cuesta tanto trabajo no hacer las demostraciones pacíficas de una en una, sino planear en un mismo sitio dos o doce marchas simultáneas? ¿En qué pánico no caerían los energúmenos del Estado si vieran bajar ahora, por ejemplo, otra tropa de ropa blanca por la avenida Neptuno? Esto es la guerra, cubanos. Y los demócratas la estamos perdiendo por no aplicar una estrategia de guerra. Son solo las especulaciones de un estratega sin experiencia, es cierto, pero con visión de violencia.

La adrenalina se respiraba incluso dentro de los taxis particulares desviados del área operativa. Me monté en uno para huir de una vez. Curiosidad, morbo, pulsión de patear al diferente. Todo había sido tan fácil. Pero el poder no debiera arriesgarse con frecuencia a estas demostraciones de debilidad. Yo mismo pude haber arremetido contra el cordón de centinelas adormilados por la canícula y burlar la seguridad como un proyectil. Pude haberme dado candela como una mujer despechada (los policías orientales hubieran entendido muy bien este código). Pude gritar locuras. Hacerme enjaular con una camisa de fuerza en las ambulancias que merodeaban. Pude saltar dentro de una de las pipas de agua o ripiar los bafles justo cuando Silvio Rodríguez rasgaba las cuerdas de su poesía más necia: *dicen que me arrastrarán por sobre rocas cuando la Revolución se venga abajo...*

Pude haber incluso infartado y sería ahora el muerto número no sé cuántos del Ministerio del Interior. En la práctica, lo estoy. Lo estamos, ¡entérate! Muertos y sin enterrar. Pero la Revolución no se viene abajo. La Revolución nos vino arriba. Por eso *El Necio* es la única canción de Silvio Rodríguez que amo: la única que no miente en que en Cuba habrá venganza y bien. Más reconciliación lo será el recontracoño de tu madre.

Patria, no me dejes tan solo. Patria padrastro, patria impuesta, patria déspota, patria impoluta como las guayaberas de los presidentes y los verdugos —y los disidentes en sus recepciones embajatoriales—, patria perfecta como un objeto pérforo-cortante, patria paisaje imperdonable, patria herida querida, patria perdida para siempre, pero imperdible: soy yo, soy Orlando Luis, ¿no me recuerdas?

Yo te veo tan toda. Yo, que me he quedado tan ciego. Te leo toda, te deslío. Soy tu ubicuo único, tu poeta primerizo. Carne de tus fachadas, que son mi mejor mortaja entre dos fechas entre dos siglos entre dos milenios entre dos muertes miméticas. Habana, ábrete y trágame, puta lapidaria, virgen trasto, porque igual nadie te ha metido el amor en tu alma mejor que yo. Te partí. Luego partí.

Necesidad de una guerra civil. Los bárbaros ya están bautizando caballos de raza en el Senado enemigo. Animalia de la democracia crasa, demacrada, cuerpos en libido súbita, eyaculación sin ayes ni anestesias (solo dolor de los músculos macerados, emasculados, históricamente histerectomizados). Y los millonarios de Miami relamiéndose las migajas. No puedo ser feliz, Habanada, no te puedo olvidar.

Necesidad de dinamitar el delirio de nuestros discursos (¿cómo me atrevo a teclear esto precisamente yo, diamante demente?). Vaciar las bibliotecas de todo vestigio de cultura cubana. Habitar como ratas retóricas en el desagüe de los milagros, en el callejón de los apendejados. Como la mueca de esas viejas que abrían azoradas la quijá y se sentaban en el hedor de su contén a ver el cadáver de los segurosos pasar (ningún seguroso ha muerto nunca, a menos que lo mate la propia Seguridad: el G-2 es ante todo autotrofía).

La Ley aquí es la Guerra (parece un tatuaje rapero de Los Aldeanos). Necesidad de protagonizar, porque no sabemos lo que haremos ahorita. Trancados o a trancazos, allí siguen los cubanos en su templo de títeres sin titiriteros, con sus rituales retrógrados y sus ofrendas a un dios indecente (esto es ya harina de otro pentecostal). Desde el taxi —un almendrón Chevy, modelo del 26 de Julio de 1953—, fui cruzando guiños seropositivos con las jineteras de los bares baratos aledaños, fui cruzando contacto visual con los desconsolados de nuestro idilio, con los parias del paraíso, tratando de insuflarle a mi pueblo paupérrimo un latigazo mínimo de lucidez. ¿Qué digo, hasta dónde he ido?

Me muero, me matan. El niño aquel, hoy senil. Moribundo de tedio y horror, hundiendo mi cráneo de bayamesa contra el esternón. La vida está en otro taxi. Patria ford Muerte. Basta de sílabas y salivas, basta de simulacro. El diablo son los diálogos. Némesidad de una guerra incivil. Intensidad del instante. Mientras más lo intento, menos consigo estar vivo. ¿Cómo salir volando entre los cables de alta tensión? ¿Cómo devolverle la vida a ese dios sin Dios de los animalitos? Eres tú, todos somos también Orlando Luis, ¿no te recuerdas?

A LA CALLE, NO

«La política es el negocio de los muertos», dice una madre cubana en *Las iniciales de la tierra*, obra cumbre de Jesús Díaz, libro maldito y reescrito que en su momento aspiró al sambenito de Novela de la Revolución.

Parece una frase sabia la de esa madre de letras. Es el resumen de política doméstica de una mujer que ha visto, desde su alcoba, el incontenible carnaval de cadáveres durante eso que nuestros poetas patéticos han llamado La República (siempre se mató en Cuba por causas políticas: no hay un solo año de nuestra demacrada democracia que no esté tinto en sangre extrajudicial).

La escena novelada se hunde en una noche de La Habana de los años sesenta, al inicio de ya saben qué. Con la Revolución no iba a ser diferente, le alerta esa madre a sus dos hijitos, para entonces ya crispados por la radicalización fascistoide del fidelismo. La violencia es la única *vox populi* verosímil entre los vecinos de barrio. El vivo vive del bobo. El bobo es quien coge todos los bandazos (y bastonazos). El cementerio clandestino como fuente de Derecho secular. La madre cubana como una fiera que defiende a su prole del entusiasmo luctuoso de las masas mórbidas. Es una escena escalofriante, y parece que no pasa nada en esa medianoche de Díaz.

Todo escenario nacional vacío de espontaneidad, como el cubano, se convierte *ipso facto* en un guiñol de puertas afuera. En pasto para la policía política. Pendejera y aplausos. Donde toda institucionalidad es ilusoria. Donde hay que desconfiar del prójimo precisamente por marioneta. El secretismo como medida de todas las cosas. El menor acto público de la voluntad nos compromete nada menos que ante la mismísima Seguridad del Estado, y por eso merece la pena máxima (para colmo de horrores, con viso de legalidad).

En estas condiciones, la calle es solo para la canalla. Dos palabras que se mimetizan hasta morfológicamente. Es inmoral pedirle peras al aguacate. Nadie debiera arengar suicidamente a salir a las calles castristas, sea dentro de Cuba o fuera de nuestra granjita post-Siboney. La calle es, en efecto, de los revolucionarios. Como la universidad. Como los recursos priorizados de la salud pública. Como los medios masivos de difusión. Como los trabajos no humillantes (la minoría). Como la vida misma lo es.

«Yo soy La Revolución», no solo dijo en un discurso de Período Especial un fosilizado Fidel, sino que encima nos dijo que lo dijéramos cada uno de nosotros. Nosotros somos La Revolución. Parece una lección de gramática. Y no ha habido una asignatura más asesina en el siglo xx.

Las consecuencias de una paz póstuma tan prolongada son seguramente nefastas para nuestra noción de sociedad civil y otros conceptos capciosos, pero acaso también existan algunas ventajas colaterales. Los cubanos nos negamos a matarnos como carroña de cañón ante las cámaras y micrófonos de quienes se aburren en la Isla con sus altos eurosalarios. Los cubanos hemos perdido la ingenuidad de cacarear consignas creíbles (la polifonía está ganándole al coro por debajo de la manga). Los cubanos hemos extraviado nuestra politicidad y, en la pugna vital del día a día, para nada la extrañamos. No queremos matar ni ser matados, y por eso disimulamos antes que denunciar a los matones de Estado.

En esta novísima fase de un largo y tortuoso totalitarismo de Estado, ya no tenemos ninguna prisa por pagar el precio de que nos hagan talco con un grosero golpe de timón sangrevolucionario. Hay como una desconfianza constitucional en cualquier conato de cambio descontrolado. No es miedo, es memoria. Sabemos de lo que somos capaces, por incapaces. Cuán ruines, rencorosos, represivos. Y por eso delegamos la desgracia en los gurús gordos de nuestro gobierno.

Que se machaquen ellos allá arriba, con sus mil y una purgas ministeriales por el poder. Que yerren y rectifiquen y gocen y se desgasten en su terminal demagogia triunfalista. Que se crean cristos materialistas desde la tribuna de sus biologías octogenarias (un tribunal que sigue crucificando a los más nobles cubanos). Que se mueran rodeados de gloria con el agua bendita de tres pontífices bajo la almohada. No es asunto de los cubanos lo que los secuestradores de nuestra soberanía planeen hacer ahora con Cuba. Se la pueden meter por dónde ya sabes.

En definitiva, el tiempo de nuestra novela privada es eterno (quien espera lo mucho, espera lo poco). De suerte que los cubanos somos ahora como aquella madre insomne que nadie nunca ha leído en una escenita innecesaria de *Las iniciales de la tierra*.

Negocios, muerte, inversiones. Miserillonarios de Mierdami, hezilio o diáscora. Castropitalismo de Estado. Desde nuestro infantilismo histórico, hemos madurado como pueblo después de todo. Ya somos grandes, aunque no sepamos salvarnos.

La resistencia hoy en Cuba pasa por aferrarse con fe fútil a nuestra invivible vida. No somos musulmanes de rabia (dan risa, aunque nos destripen). Ni tampoco creemos en ninguna católica continuidad del alma (aunque sí de las armas). Renace, pues, esa efímera enfermedad llamada esperanza. Es decir, existe un más allá. Un país donde los recién nacidos se irán a la tumba de ancianos sin que nadie les haya mencionado la palabra *fidel*.

La mejor insubordinación es entonces sobrevivir en pleno al Consejo de Estado. Ver cómo el reino arruinado es a la postre arrasado hasta de nuestro lenguaje. Verbalizar cómo la Revolución de impotable se nos hizo por fin impronunciable.

Y toda esta epifanía sin necesidad de salir a la calle. Sin convocatorias más o menos carismáticas —menos o más criminales—, ni líderes siempre sospechosos, ni proyectos que se profesionalizan bajo la alfombra o se enquistan dentro de un closet. No. Y no se trata de no salir a la calle, sino de salir en secreto al estilo de un Epicuro contrarrevolucionario, en un plebiscito de futuro que la Revolución minuto a minuto va perdiendo por unanimidad.

MELLA MUERE 10 MILLONES DE NOCHES CADA 10 DE ENERO

Como todo líder comunista que se respete, Julio Antonio Mella no se llamaba Julio Antonio Mella sino algo así como Nicanor McPartland y Diez (casi un personaje de Eduardo del Llano). Como todo político cubano de cierta importancia en el siglo XX, fue un hijo bastardo (tal vez nuestro mejor cubanólogo a la postre sea el Doctor Sigmund Freud).

En Cuba son miles las fábricas y escuelitas con su apellido imaginario: Mella. Cuba es eso, un país no solo imaginario sino inimaginable, además de sin imaginación. Cuerpos al descampado. Y no escampa.

Mella cuenta en la Isla con tantos bustos impresionantes como con biografías baratas, panfletarias, como todo lo que él escribió. No hay patria sin panfleto, y de esto no se salvan ni los evangelios completos de José Martí, llevados a un clímax por la discursiva *híper-kitsch* de Fidel

El legado de Nicanor / Julio Antonio es pasto para eruditas polillas que, en la práctica, han sido sus enterradores de cara a la eternidad, haciendo de su vida un borrón y un icono nuevo. Mella es lo que nunca sabremos de nosotros mismos.

También contamos, por supuesto, con sus restos biológicos, traídos con gran rebumbio desde el México de la Muertl hasta la Isla de la democracia hecha a golpes de dictadores. Sus huesitos históricos de hombre hermoso y adelantado a su época, hoy lapidados en un mini-monolito a los pies de la escalinata de la Universidad de La Habana. Allí, los matrimonios miembros de la UJC —Unión de Jóvenes Comuñasabenqué— debían ir a ponerle flores a Mella, aún con el traje blanco virgen de recién casados. Y también las jineteras consumaban este ritual necrofílico, antes de rendir sus chochos escolares al extranjerío falofinanciero, como ocurre en un relato de Ángel Santiesteban Prats, escritor proscrito luego de ser el hijo que todos querían para tapar sus respectivos estatus de homoesterilidad.

Tenemos a mano, para colmo de morbosidades, su mascarilla y sobretodo su mascarada funeraria, expuestas al escarnio de los universitarios menos comunistas del mundo, que son los cubanos. Más algún que otro material fílmico que corre como una videoinstalación antes de las videoinstalaciones, donde debidamente se ignora todo sobre Mella y se re-regurgita el mito Made in PCC o acaso B CCCP: la historia la narran los victimarios; las víctimas solo tienen un interés temático. Cuestión de estilos en la construcción del soezcialismo real.

La suya fue una época muy mala, como toda época de libertad. Solo el totalitarismo nos salva, gracias al odio dialéctico de la carnicería controlada por Papá Estado. Por eso hoy Stalin es Stalin todavía, como el verso perverso de Machado. Un Machado tocayo de quien dicen que mandó a matar a Mella desde el Capitolio cubano.

Pero Mella era más útil muerto desde todos los puntos cardinales. No cabía ya en ningún partido único ni en ciudades provincianas. No había para Mella, tampoco, nada grande que hacer, como para nuestro Rubén Martínez Villena del bacilo de Koch y la pupila insomne, a escasas semanas de la penicilina. Tal vez Mella no supo desaparecer a tiempo —la vocación más virtuosa de José Martí— y olvidarse de esos dos delirios o disparates: Cuba y la Revolución (¿o eran una las dos?).

Templó, eso sí, con una liberalidad de Liga Anti-Clerical fundada por él. A Mella le envidiaban su mandarria sin gonococos desde los apristas hasta los chekistas. Fue uno de nuestros más formidables fornicadores y todavía muchos recatados homocastristas adoran el corte en blanco y negro de su perfil, que en Facebook sin duda hubiera causado sexacción, así entre burgueses de la academia como entre anarcosindicalistas del siglo XXI. Pero Mella coincidió en el espacio-tiempo con una Internacional Comunista a cuyos criminales célibes el cuerpo humano le interesaba solo como materia prima cadáver, deshumanizable, numerizable. Uno más, uno menos. Menos que uno, cifras indescifrables.

México, matadero por excelencia de la izquierderecha global, le abrió sus patas para, en venganza, abrirle a él las venas de América en la Tina, en la Tinísima (que se llamaba Assunta Adelaide Luigia, como es obvio: no hay comunión que no implique un bautismo de la barbarie).

Fue un crimen pasional, no político. Aunque la política fuera por entonces una cuestión pasional. Hito de nuestra bolerística de triángulos y tarros, con un retoque de mafia italiana y totalitarismo tropicaloso de nabucodonosores y sores espías. Cayó Mella a la intemperie del imperio de sus propios compañeros (como una roca Daltónica, no vio venir la traición), con su corazón canibalizado por una mariachi con ínfulas de matahari.

«Muero por la Revolución», dijo Mella el 10 de enero —ya casi viernes— según la mentira de sus matones, en la primera de una reacción en cadena de «ajusticiamientos» que, una década después, no sería de extrañar que culminase aniquilando a la propia Tina inmodosa en un taxi (vehículo preferido de Moscú para los trabajos tanáticos, acaso por ser el embrión de un capitalismo ubergestionario).

El hijo de Cecilia, el héroe trotskista de una novela de Cirilo Villaverde que nunca ha sido novelado por el realismo raso de la Revolución, el niño que murió el mismo año de su padre —1929—, la más ínfima víctima de la Gran Depresión, el Mella magnificente de mi amor.

Los libros de escuelita primaria en Cuba, compañeros y compañeras, nos imponen otro biopics menos creíble que este complot, ocurrido una noche sin luna en que los marxistas cubanos ya se relamían con Machado el Asno con Garras —Martínez Villena *dixit*—, en un pacto penoso para legalizar nuestro primer PC, creado un par de agostos antes.

El Mella de los milagros materialistas no llegó ni a la edad de aquel Cristo en que él de ninguna manera creyó. Ni a la de Lennon en su gólgota del Dakota en Nueva York. Generaciones enteras de militantes cubanos se escandalizarían de ver cuán roja puede llegar a ser la crónica de la Verdad. Y ya es sabido que la Verdad nos hace esclavos de su difusión a contracorriente. Solo los contrarrevolucionarios conocemos algo mejor a Mella. Paradojas de un patíbulo común, donde toda ideología devino idiotez.

El marxismo malo cubano mata y mata más a Julio Antonio con cada elogio sin ética, con cada 10 de enero de federaciones estudiantiles infantilizadas e infames. No hay pensamiento marxista de peso en Cuba. Lo bucólico arrasó con lo bélico de nuestros baluartes, como corresponde a un paraíso proletario devenido páramo parapolicial.

Ahora, puestos a tragar la píldora dorada de un capitalismo mellado, Mella se merece más y más nuestra amnesia de los 10 de eneros como una fecha sin efemérides. Hay que sacar a esos mil y un Mella de mentiritas, uno a uno, de nuestros muros y murales, desde la universidad hasta el *kindergarten*.

LA REVOLUCIÓN QUE HIZO PERSONAS A LOS NEGROS

¿Ah, sí? ¿Así? ¿Y qué coño eran los negros antes de la Revolución? Pues eso, impersonas. El negro como personificación de los negros. Sin angelitos negros en las iglesias. Ausencia de color, hueco del espectro electromagnético a donde van a parar todos los golpes bajos. Ese racismo de pésima pacotilla que es también mi país.

Moléstense ahora cuanto quieran, intelectuales intrigantes de las buenas maneras y una pésima política de la corrección (corrupción). Hagan lo que les parezca para que yo perezca, ya me da igual. De todas formas, cada cubano se conoce de memoria esa frase, cada uno de nosotros la ha escuchado muchísimas veces como insignia del igualitarismo insular: *la Revolución hizo personas a los negros*. Y su descorazonador colofón: *los negros no debían de ser tan malagradecidos con ella*.

Desde niños, crecimos con ese cuacuacuá cómplice y guarachero. En nuestros hogares, fueran de familia blanca o negra o amarilla, mezcolanza mulata. En la cuadra, en la fábrica. En la escuela primaria, la secundaria y el preuniversitario. En la universidad, donde los negros llegan a ser inteligentes cuando «piensan como blancos», a pesar de su extracción obrera y sus antepasados esclavos sin indemnizar.

Personas, hacer personas, ser personas. Hay que tener paciencia con un pueblo en estampida moral antes que geográfica. Al lugarteniente general independentista Antonio Maceo, por ejemplo, después de muerto en combate contra España en 1896, los cubanitos científicos le midieron el cráneo, solo para descubrir que el mulatón ostentaba la morfología ósea de un blanco. Personas, sed personas, sed de personas. Qué paciencia de qué p.

Durante más de medio siglo por fin hemos sido todos iguales, después de que los blancos huyeran con sus joyas a Miami, y los negros fueran uniformados enseguida —acaso como personas de repuesto— a imagen y semejanza de la Revolución. Fidel Castro mismo devino el blanco más negro de los cubanos: el padre adoptivo de la raza «que atrasa», su fundador, el vengador del curita cruel Bartolomé de los Castros (quien salvaba indios a costa de los africanos).

Nunca pudo Fidel, sin embargo, ser nada de los blancos cubanos. Por eso nuestro Premier le tiene ojeriza a la blanqueriza nacional, cuya resistencia comenzó con la fuga y terminó con las riadas de las remesas, en las que millones de dólares blancos de La Florida vuelven para despalillarse en el trapicheo de La Habana.

¿Y qué pasa si un negro se subleva y le dice «capataz» a los Castros? ¿O lo trata de tasajear, como el ex-esclavo cubano que remató en la manigua al Delegado blanquito José Martí? No pasa nada de importancia. Como en los tiempos de la Colonia española y luego de la Neocolonia norteamericana, pasa lo de siempre: el cepo, el componte, el plan de machete, el tranquilidad que viene de tranca.

Por ejemplo, en la sociedad civil independiente cubana, ilegalizada por el mismo gobierno que hoy controla el mapa despótico-populista de Latinoamérica, los ciudadanos negros son tratados con saña inusitada. Casi todos los corajudos activistas y los brillantes pensadores «de color» de nuestra disidencia, como Jorge Luis García Pérez (Antúnez), Iris Tamara Pérez Aguilera, Berta Soler, Guillermo Fariñas, Juan Antonio Madrazo Luna, Leonardo Calvo y Manuel Cuesta Morúa, entre muchísimos otros de valía, han debido oír la insultante frase fascista en los interrogatorios con la policía política (G-2) y en las cárceles de una Cuba tan querida como herida: *jueguen con la cadena pero no con el mono, recuerden que la Revolución los hizo personas.*

Conocido fue el martirologio de Orlando Zapata Tamayo en 2010, torturado durante semanas hasta dejarlo morir en prisión en una huelga de hambre, porque el pobre ya no podía resistir más las golpizas y vejaciones de una condena descomunal y sin causa creíble alguna. El G-2 se burló también de su madre —hoy exiliada en Miami junto a decenas de familiares—, al enseñarle el cadáver de su hijo en el hospital Hermanos Ameijeiras, diciéndole que aún vivía y que se haría todo lo posible para sacarlo del coma (del comandante nadie lo iba a salvar).

En realidad, los estrategas blancos de la Seguridad del Estado —los altos oficiales del Ministerio del Interior diríase que tienen que ser blancos por reglamento— solo querían filmar a la madre de Zapata Tamayo con una cámara obscenamente oculta en el hospital, para luego difamar de ella como sabuesos en la televisión cubana, alegando que el castrismo cura incluso a sus enemigos. Y ni eso. Porque Luiz Inácio Lula da Silva y Raúl Castro dijeron en público enseguida que se trataba de un delincuente común, un loco que se había suicidado por no tener el privilegio de un TV a color en su celda (una tesis de dramaturgia propuesta acaso por el actor español Willy Toledo).

Durante dos años y nueve meses un matrimonio negro cubano estuvo en prisión. Eso no tiene la menor importancia, por supuesto. Nunca los llevaron a juicio, ni hay cargos formulados en contra de ninguno de los dos. ¿Qué más da? Seguro son otros dos rateritos de barrio, ¡hasta la familia está en contra de ambos! Mencionemos, pues, sus nombres por puro chisme de cubaneo: Sonia Garro y Ramón Alejandro Muñoz (luego los liberaron al estilo de la trata entre negreros y amos al Presidente norteamericano Barack Obama, como regalo por el cumpleaños del Papa Francisco el 17 de diciembre de 2014, y para celebrar la nueva era revol*usa*naria).

Sonia y Ramón Alejandro fueron arrestados cuando la visita del Papa teutón, el 18 de marzo de 2012, poco antes de la misa pactada entre El Vaticano y el Partido Comunista cubano, en las Plazas de la Revolución de Santiago de Cuba y La Habana, mientras cientos de activistas cubanos —incluido yo— éramos desaparecidos con violencia de las calles. Benedicto XVI, a la postre —como postre— dio su visto bueno a la familia fenotípicamente hispana de Fidel Castro y a sus hijos oficiales. Europeos blancos que bendicen a blancos europeos. Vivir para ver. Ay, dios.

De aquel matrimonio negro, pobre y católico y pro-democrático, por 33 meses en un limbo legal tan cruel como Gitmo, ninguna jerarquía blanca se acordó. Negros, ¿para qué? Ni el Cardenal ni los obispos cubanos jamás han preguntado ni papa sobre los desposeídos del lado oscuro del Malecón.

A uno de esos santos varones —quién sabe si sea nombrado pronto nuestro próximo cardenal—, se le presentó el caso de la familia Garro-Muñoz en persona, gracias a que el prelado vino de visita a Washington DC, a recolectar los dineros indulgentes del exilio para reparar no sé cuál iglesia en la Isla (como si el templo valiera más que los feligreses). Y nada, como es obvio. Aquí no ha pasado nada. El negro al hoyo y el blanco al pollo. El padre hasta se indignó diplomáticamente de que le hablaran más de hombres castigados que de su casta homilía.

El tiempo de Dios no es para nada perfecto, como demagogia la oposición en Venezuela, un país vecino —y vencido— al que recién se le está revelando esta verdad bíblica: la voluntad popular no basta contra el castrismo, o los cubanos ya seríamos libres desde hace décadas.

Para nuestra élite caribeña de corporaciones y campamentos, Venezuela es solo otro «país de negros», como parecen decir los jerarcas cubanos de una gerontocracia en sus uniformes color cirujano y unas guayaberas blanquérrimas que dan espanto. Por eso al castrismo no le queda otro remedio: a los venezolanos la

Revolución también tendrá que irlos haciendo personas. Con balas en la cabeza hueca de los estudiantes de Caracas. O por los métodos que exija la nueva eugenesia *bio*livariana.

Vivir para ver. Y cuando lo vean, ya será invivible a perpetuidad, incluso para las personas paridas a golpe y porrazo de esta o aquella Revolución.

¡PLAY IT GAY, TÍO SAM!

¿Has viajado La Habana en un descapotable Ford Fairlane de los años cincuenta? ¿Has visto las reacciones del populacho, atareado en sobrevivir a la tarde tediosa del cumpleaños 85 de Fidel? ¿Has oído las burlitas al cruzar una parada de guagua, las puyas de a pie, la palabrota desde un camión y las carcajadas desdentadas de 5 o 555 héroes del post-proletariado? ¿Has palpado la solidaridad insólita de los desconocidos: el ancianito que se acerca a confesarse «pájaro» ante la nueva pareja, la mujeronga que dice bajo un semáforo «yo no entiendo nada pero los felicito de corazón», el chofer que desde el otro carro te extiende su bendición con olor a gasolina adulterada? ¿Te has sentido alguna vez twiteando en los años cero como un personaje de *Tres tristes tigres* medio siglo atrás?

La llovizna de rato en rato te rompe la cara. El cielo de Cuba encapotado y tú dudando qué diría Dios de este despliegue moral o mediático (qué dirán las iglesias de dios en la tierra, que apartan todo lo humano como con cierto asco ancestral).

El gesto hosco de los patrulleros clausurando a boca de jarro el parqueo de la Plaza de la Revolución. Imposible entrar en el coche nupcial a tirarse ni media foto allí. Los *aseres* del Paseo del Prado, las lágrimas de un homosexual nervioso que huyó de la prensa como del diablo, los pescadores dejando correr la pita en el malecón sin dar crédito del todo a sus ojos, el comentario de quien estaba muy al tanto porque «nunca mira la TV nacional» sino la pirateada del «cable». Los cláxones de media capital cubana, coliseo enclenque y magnífico. El revolico banal de la más o menos aterrorizada prensa extranjera en La Habana, con esas preguticas que nunca arrinconan a las autoridades criollas, con tal de no auto-afectar la plusvalía de sus salarios si los declararan periodista *non grato*.

Sentirte protagonista, aunque sea un sábado del socialismo sin salida de este país (según la Constitución vigente es «irrevocable», por eso los cubanos ya no procreamos aquí). Sentirte vivo, es exultante. Asaltar La Habana en un tanque de guerra de lujo que no porta la muerte en sus entrañas, sino que brilla en rojo y blanco entre las ruinas reumáticas de esta ciudad. Así se sintieron Wendy Iriepa e Ignacio Estrada. Así nos contaminaron a todos con su entusiasmo de locos. De hombres ex gay él y ex trans ella. Ex ex, porque ahora en el amor solo son hombre y mujer y amén. Matrimonio oficial a regañadientes entre dos cubanos rebeldes que un día decidieron decir que *Sí*.

La resistencia ya no como reacción: el futuro es acto, cualquier pasito insignificante descoagula el laberinto de nuestro presente precario. Cualquier oración en primera persona del singular es un borrón histórico tras tantas décadas de decadencia masificada. El 13 de agosto cambió para siempre los colores —y coloretes— del aniversariado patrio del ex-Premier: demasiadas velitas (diminutivo de velorio), demasiados homenajes (aumentativo del horror). Era, pues, la hora de horadar la solemnidad de semejante imaginario. Era la hora de que Wendy e Ignacio se casaran ante las heteroleyes de este país.

El mundo entero pudo sumarse al carnaval de los arco iris, gracias a una internet de cartón y a nuestra telefonía inmóvil. Dinamitación de espacios mentales y, a la vez, ceremonia architradicional de casarse de blanco sin que eso signifique nada en términos genitales. La mascarada del amor necesita ante todo de un escenario y de unos actores dispuestos a dejarse sorprender por algún libreto, jugando un poco a la ingenuidad y otro poco al lugar común: es lo que se llama la nación emotiva, memorialística, para dinamitarla enseguida poniendo a delirar nuestros deseos de libertad corpórea al margen del Partido único y del único Dios. El amor os hará libres, felices aunque sea un efecto falaz.

En una de estas tribunitas robadas al monolitismo discursivo del régimen cubano, va y se zafa el ladrillo mágico que sostenía al muro de contención. Una frase mal entendida en los micrófonos, una osadía orate ante las cámaras, un equívoco mínimo: cualquier imprevisto pondría en jaque al descubierto a un sistema de planificación que cada vez cuenta con menos planificadores en quienes confiar.

Cuba cambia, aunque nadie cambie. El pánico ante el poder todavía es humillante, como debe ser entre la soldadesca. Por ejemplo, días atrás, algun@s compatriotas transexuales acusaron por teléfono a Wendy Iriepa de ser «traidora» —por algo el CENESEX de Mariela Castro es una secta secreta bajo juramento maricomilitar— y algotras se alejaron en silencio de esta boda-bombazo, felicitando a los novios sin levantar la vista. Varias profesionales de los medios advirtieron a tiempo a la pareja de la debacle clínica en que serían abandonados por la institución, siendo seropositivo él primero y ella después (¿mensajitos sicilianos sobre la mejor salud pública del planeta?).

Pero igual Cuba cambia, incambiable. No basta con repetirlo. Una transición de tramoya que se respira en la atmósfera claustrofóbica de la catástrofe. En el estado de incomunicación ciudadana. En los despotismos ministeriales. En la desesperanza y la decrepitud de los «cuadros» y combatientes. En el todos-se-van y nadie-se-vuelve, excepto los hijos de los hijos de los cubanoamericanos northtálgicos, hablando en un horrísono cubano *Made in Google Translate*). En el qué solos estamos, cojones, qué solos nos han dejado, mientras nos matamos como salmones ríovolución arriba hasta empatarnos con esa tablita de salvación que algunos fines de semana nos recuerda al amor.

Por momentos, Wendy Iriepa e Ignacio Estrada me parecieron habitantes caídos de otra galaxia, conscientes de su propia inverosimilitud, empeñados en variar todo el absurdo de su contexto antes de que este los vaya a empañar a ellos. Por momentos, me parecieron apenas dos muchachones sin malicia —¿tendrían sexo esa noche o se darían las gracias por haberse correspondido?—, ambos refractarios a la inercia de una adultez adúltera, ambos capaces de sorpresas aún mayores en el seno bastante senil de una sociedad que se la da muy de calentona y es súper pacata.

Sé que Wendy e Ignacio serán libres a ras de las alambradas que cosquillean a Cuba donde quiera que ellos vayan, en La Habana hosca o en un Miami que simula ser mejor. Sé que esa ilusión va creando nuevas subjetividades, como el Hombre Nuevo del Che pero sin rabito entre las patas. Coraje viene de corazón, no de culo.

Sé que ambos están propensos de fracaso, no soy para nada optimista. Porque el precio de la victoria de todo un pueblo en la plaza pública es apabullante para las batallas de la alcoba privada. Esa misma fragilidad los ennoblece, a Wendy e Ignacio. Les confiere belleza: la perfección de lo efímero. Cinco horas, cinco semanas, cinco años de relación: ¿quién quiere amar por amar por siempre? ¿No es más humano que la vida nos convoque y nos desconvoque, nos tiemple y nos destarre, sin ese fatalismo de la fidelidad fúnebre que nos tiene en tanto pueblo paralizados del pí al pá?

EscuChé planes en los recién casados que seguramente serán estigmatizados por el bloguerío oficial de ser engendros *Made in USAID* (¡ni que la USAID fuera una agencia ilegal!). Los vi besarse como nunca desde 1902 se ha besado el funcionariado fósil cubano. Los provoqué con ideas limítrofes y con mis fotos de flashero mediocre, pero muy mirón. Rieron como les dio la gana, se rieron de quien les dio la gana. Serán exquisitamente esquilmados ahora por los runrunes anónimos de las mil y una organizaciones anorgásmicas que conforman nuestro *sextatus quo*. Pero ya se casaron con sus carnets de identidad del castrismo en sus postrimerías, y el trece de agosto de pronto pudiera ser el cumpleaños de nadie. Una boda que borra unas botas. Música contra militarismo. La piñata es más poderosa que la patria y unas serpentinas son un asalto a nuestra solemnidad terminal. Porque todo lo que sea fiesta y futuro en Cuba es una cuestión de seguridad nacional que amenaza a los otoños del patriarca Castro I en su pesebre de Punto Cero.

No les deseé felicidades, ni a Wendy ni a Ignacio. Esta pareja no necesita la hipocresía de ningún narrador. En medio de la vorágine de las agencias y los agentes, ellos mismos son sus óptimos testigos. Tesis y antítesis de una testosterona por partida doble contestataria.

MEJOR BAYUTI QUE DICTATUTI

Cuando un ministro de cultura tiene que preocuparse por las trivialidades comerciales del arte o sus sucedáneos, cuando un ministro se deja el pelo largo y los jeans estrechos para parecer un joven contestatario de cincuenta años, cuando un ministro publica ensayos sobre escritores muertos mientras mata en vida la palabra de sus contemporáneos, ese ministro porta obscenamente una pistola junto a su portañuela de pepillo incivil: un cañón fálico a la diestra de su fana con peste a despótica patria (fó fascistoide con ínfulas de un fidelismo sin fe, de izquierda fofa, siniestra).

Tal fue el caso del impresentable Abel Prieto en Cuba, ministro de cultura cuya renuncia —según rumores horrorizados de nuestro rebaño intelectual: mejor Prieto conocido que Rojas por conocer— le fue denegada durante varios años por la máxima dirección del país. Hasta que por fin se la dieron, convoyada con un cargo aún más cerca del corazón del castrismo: consultor secreto de Raúl (porque nadie sabe desde entonces qué le ha aconsejado hacer o no hacer Abel Prieto a nuestro general, heredero del trono totalitario en el verano de 2006, cuando la primera muerte de su hermanastro mayor Fidel).

Ese mismo *hipster* fue forzado al ridículo de censurar un temita de reguetón, quién sabe si por presiones de la policía política, pues le temían al impacto de este género entre la población de la Isla y, sobre todo, despreciaban el vertiginoso *boom* de un mercado sonoro al margen del control paternalista del Estado, justo en tiempos de pica-cake del tesoro nacional de cara a un futuro con castrismo pero sin Castros.

La víctima de Abel Prieto no fue entonces Osmani García La Voz, ni su pegajosísimo *hit El Chupi-Chupi*, el más profesional de todos sus audiovisuales. Para nada, eso sería una lectura de a quien solo le permiten leer el *Granma*, panfletico del único partido legal en la Isla de la Libertad: casualmente, el comunista. La víctima fue el propio ministro, humillado al humillar a un concurso casi *free-lance* de la televisión cubana: los grammyfílicos Premios Lucas, cuyos organizadores a su vez debieron humillar a los miles de votos recibidos por SMS para su Concurso del Videoclip más Popular (que Osmani García ya había virtualmente ganado a golpe de chupichupis).

La víctima fue, también, nuestra incipiente democracia celular, que ya cuenta con tres millones de usuarios con teléfonos móviles, más las recarguitas de crédito que le caen desde todas las puntas del planeta, donde los cubanos han ido a esperar algo que ni a ellos mismos se confiesan (para así poder entrar y salir sin líos de Cuba; y, más importante, sin culpa).

Otro daño colateral consistió en castigar así a nuestra audiencia cautiva, de súbito obligada a cambiar la lírica seminal de este y otros reguetoneros radicales, por la retórica goebbeleninista de una Doctora en Ciencias Artísticas, quien justificó la censura de La Voz —y de todas la voces— en plena plana del *Granma*. Lo mismo luego con los tanteos tímidos de un perito, quien bien sabe que se juega su salario y sus charlas en el extranjero, si no se traviste de censor a favor de la mujer, la infancia, el debido uso de la lengua, y un larguísimo blablablá académico (aca*dérmico*, *asco*démico).

En esta cadena de represión de represiones, todos somos cómplices de lesa culturalidad. Cuba calla, Cuba te acaballa, Cuba canalla. Las iglesias locales y del exilio estarán dando gracias, en sus altares pacatos, por la guerra del gobierno de La Habana contra lo que ellos llaman, con pía impotencia, el «relativismo moral» y la «permisividad del placer». Para los párrocos más o menos apajarados —y/o aparejados—, Osmani García es La Voz de Satán, como se evidencia en los ojillos en llamas de deseos demoníacos en su anterior videoclip *La lengüita* (alguien tendría que estudiar la relación ritual entre el reguetón cubano y nuestro músculo mucosal: el tan útil apéndice del chisme, que algunos llaman cariñosamente La Sin Hueso).

Nuestra oposición política provinciana —en los peores casos, de inspiración calvinista— mal manejará este episodio mediático de un ministro versus un marginal. Ningún lidercillo cívico se lanzaría a defender la estética extrema de la despingazón trans-generacional en Cuba, del cadeneo de oro y el colmillaje de platino enriquecido, del pro-anexionismo innato a la Yuma —ni yanquis ni gringos: ¡yumas, *come home!*—, ni mucho menos de la poliorgasmia apolítica que ya los desplaza del centro de la responsabilidad histórica, justo a la hora hedonista de la Transición (como los guajiros con barbas del 1ro de enero de 1959, nuestros disidentes son cheos cantidad).

En el gremio de los nuevos ricos parásitos de la industria *underground* del reguetón, muy rápido se aprendió la lección de este episodio de odio disimulado: nadie recogerá firmas en solidaridad con La Voz, nadie boicoteará los Premio Lucas u otros escenarios estatales. Solo se sentarán a esperar cuál de ellos será el próximo defenestrado y, como el visionario de Baby Lores, los más hipócritas pondrán el hombro para tatuarse en dólares a un Comandante al que le roncan los cojones. Telón. Uh, ah, Abel Prieto no se va. Tétrico, pero entendible.

Fue en medio de semejante mudez mezquina que leímos entonces la botella lanzada al Mal de aquella cartica que apenas pudo ortografiar Osmani García: era su alegato de escuelita primaria contra el monopolio mísero de la cultura oficial (un quinquenio después, él mismo se filmaría en un *mall* de Miami echando por la boca flores y *fucks* en contra de un locutor de América TeVe que lo regañó por cómplice del castrobamismo: Pedro Sevcec).

Pero es en su carta original donde cristaliza nuestro drama en tanto nación momificada por instituciones no por decrépitas menos decapitadoras. Mezcla de chovinismo clueco con ingenuidad de indignados, allí Osmani García miente desde la verdad de su éxito secuestrado, habla por su público como el pionerito que reclama una mancha menos en el expediente, y elude toda traza de politización de la que pudiera arrepentirse a perpetuidad (en el selfideo de 2015, sin embargo, La Voz alardea de su coraje epistolar en 2010).

En cualquier caso, su voz funciona 1959 veces mejor que la de nuestro campo —camping— intelectual en pleno, fajándose como un Quijote de las Caderas en contra de una maquinaria de militantes y milicianos que él trágicamente ignoraba (pero el Aparato a él, sabiamente no). Aunque, para ser sinceros, ambas autodefensas de Osmani García lucen deslucidas ante las letras deslenguadas de su argot hablanero cabrerainfantesco, esas rimitas de blen-blen-blen y chupi-que-chupi que nos provocan con divino descaro, acaso desde el pinguerismo pop de un Stanley Kubrick de dictaduras mecánicas entre la glotis y los glúteos de la violencia juvenil.

Cuando el tam-tam reguetónico de las bombas de verdad comience a caer de verdad sobre una Habana que de verdad no deja espacio para que nuestra ciudadanía piense o al menos se prostituya, cuando ya pronto empecemos a transmitir los mejores reportajes de los maras incubados en el subsuelo de la Utopía, cuando se abra por fin nuestra Caja de Despandora tras más de medio siglo de un idilio al punto de la idiotez, entonces y solo entonces, nos acordaremos de aquel Osmani García y su *Chupi-Chupi*, lamentando haber desperdiciado nuestra penúltima oportunidad de ver la leche y no la sangre correr.

PÓSTUMA *BALLERINA ASSOLUTA*

Un festival de ballet ocupa La Habana y sus sobremurientes teatros. La opulencia y el *glamour* son el perfume caro de un público que asiste a aplaudir a sus estrellas y, de paso, a ponderar el brillo de la próxima generación de danzantes. Oh *là là*!

En Cuba, no sé si alguna vez existieron o si alguna vez dejarán de existir las clases sociales —un concepto demasiado marxista para ser verosímil—, pero es obvio que aquí, en el lobby más luminoso de nuestras noches tan mortecinas, se concentra una audiencia entendida, ilustrada, ostentosa de su élite condición. Cubanos de primera clase, jetsetcialismo, castrismo encurtido por una costra de alta cultura.

Con esta *crème de crèmes* sutil socialista es obvio que muy poquito se podrá contar, a los efectos de mover otra cosa en Cuba que no sea un par de actos clásicos de ballet. Son los cubanos contentos, con sus joyas contantes y sonantes, sus puyas y telas de costura estratosférica y sus marcas de *boutique,* sus autos importados con aclimatación y panel de cámaras en lugar de espejos —*airbags* y otras anomalías—, con sus discretas cuentas bancarias internacionales al margen del Estado y con sus reformados permisos de emigración.

Son los suizos del socialismo caribe, la solución emergente a la carroña contestataria. La alternativa altanera aún dentro la Revolución todo y fuera de la Revolución nada. Los cubanitos empoderados de verdad, una casta pragmática desde antes de la Revolución acaso —y los únicos que la van a sobrevivir—, una blancada solvente de sobra sin mendigar los milloncitos ridículos de una USAID más que manipulada por el gobierno cubano. Son los poderosos y sumisos a un tiempo, hedonistas y trans-históricos, devotos de domingos y sin otro dios que el dinero que adecenta incluso a la dictadura. Son como cubanoamericanos, pero de la propia Isla abandonada a sus Castro: son los cubanocubanos y olé.

Esta es la Cuba del súper *statu quo*, con raíces secretas tanto en el ex-exilio empresarial como en las Fuerzas Armadas Recontrarrevolucionarias y los misterios del Ministerio del Interior. En mi orfandad lumpen-proletaria de condenado a una muerte civil, no deja de emocionarme compartir aunque sea solo un instante con este antro de eternidad. El lobby del teatro Karl Marx de Miramar este fin de semana es una esquina incólume de la eternidad. Un *preview* del paraíso sin papá Estado y con padrastro Bank.

Los revendedores por cuenta propia hacen aquí y ahora su pastel en moneda dura, su pan convertible de cada noche. Se trata de «cambiar todo lo que deba ser cambiado», como en la consignita penúltima de nuestro póstumo Fidel. Por suerte, estos traficantes de tickets siempre tienen entradas libres al por menor, ya que las taquillas se agotan desde la misma edición anterior del Festival de Ballet de La Habana (se llaman así por modestia, pero son cónclaves internacionales).

Estos piraticas al margen de la corsaria Alicia Alonso le hacen un favor a su *show*, facilitando una plusvalía de entradas de última hora al espectáculo, en caso de que a algún espectador se le ponchase el Ferrari o no encontrara la estola del brillo exacto para cada ocasión.

Cierran las puertas y, de todas formas, siempre se queda afuera un manojo de poderosas damitas y attaChes diplomáticos, reclamando en *mute* al otro lado de la pecera no sé qué derecho de reembolso del ticket (democracia participativa *ipso facto*). Dentro, en el salón rumoroso, las luces declinan y rompe ya la magia de unos personajes cautivos entre el vigor y la levedad, junto con el tam-tam sinfónico de una orquesta cubana en vivo. Yo te tomo de la mano, mi amor —única fila de la ciudad donde podemos querernos sin riesgo de los paparazzi políticos del G-2—, y comienzo gentilmente a llorar con un llanto sin lágrimas.

No hace ninguna falta conocer la narrativa infantil que insufla de sentido los movimientos de este o aquella *mise en scène*. El ballet es demasiado bello para dejarlo en manos de los baletómanos. Y los bárbaros como yo podemos darle una lectura mucho más paladeable.

Es mentira que exista algo más que esos cuerpos llevados milagrosamente a su límite de músculo espiritual. Son atletas, circo divino. La energía musical cristalizada en mística luz, fogonazos de respiración bajo el maquillaje y la sonrisa de atrezo, asexuada. Ángulos insospechables para la biología de los primates. Por lo que, a la par, es excitante. Es combate en paz. Es recóndita y ostensiblemente sexo culturizado, volátil más que vaginal.

Dioses y diosas coreografiados que, en ocasiones, como corresponde a la tragicomedia del hombre y la mujer en el mundo, resultan ser demonios literalmente caídos más allá de la dramaturgia del guión. Y eso fue lo que más me impresionó de la velada: la tremenda caída de una primera bailarina, despatarrada sobre las tablas de un escenario donde quién sabe cuántos congresos comunistas se habrán celebrado durante nuestro conato de nación (antes del Partido Comunista de Cuba el Karl Marx se llamaba, por supuesto, Blanquita, y para blanquitas y blanquitos nunca ha dejado de ser).

Una bailarina. Una muchacha. Una adolescente. Una niña. Una virgen. Una desolación. El ruido que hizo fue más potente que los acordes de trueno de los mil y un músicos soterrados. Coppelia cayó, cataplún, y el Blanquita Marx en pleno calló.

Era como si esa chica fuera de balance recobrase de pronto la gravedad de toda su compañía de baile. Se desplomó y casi se hunde bajo la madera. El tiempo tendió asintóticamente a cero, a silencio. Rebotó y, como una gimnasta sin medallas, con el mismo impulso de su derrota dislocada se puso de pie, y fue a ubicarse como un conejito de Cortázar en la que se suponía fuese su próxima posición (como una alumna que debe entrar tarde al aula y trata de colarse medio inadvertida, para no ser ridiculizada por el *maître* de su peor asignatura).

El público cubano aplaudió el error de la profesional o acaso su talante tierno para resucitar con naturalidad. Pero, como es costumbre en estos casos, cierto caos se apoderó del resto de la función. Cierta, digamos, anisotropía fractal: cada nuevo giro reflejaba el mismo peligro de nuestra muñequita en saya y leotardo de ángel, en precario desequilibrio sobre sus puntillas de pie y sus giros a punto de esquince.

Pienso que debiera existir un ballet cuyo virtuosismo se basara exclusivamente en el error humano, en la fractura de ese estilo encorsetado por siglos, en fingir cierto vértigo de imbalance radical. Eso sí sería absolutamente moderno a los efectos de un arte que, como su *prima ballerina assoluta* en la Cuba de Castro, no se supo suicidar a tiempo en esta isla de cumbanchas y caudillos.

Al contrario, Alicia Alonso también fue *vedette* de Batista, antes de ella vestir a su compañía de verde olivo —de olvido—, pues Fulgencio y Fidel no quedan nada lejos en nuestro índice onomástico, homomáchico). Dame la F, ¿qué dice? Y aún más, Alicia Alonso hasta enterró una zapatilla bajo el tablado como talismán, para que nunca el poder totalitario se olvidara de su entrega sin tacha ni tentación de desertar en el extranjero.

Es lindo ver morir mil veces al cisne o cojear sin faltas técnicas al cáncamo del doctor Coppélius, pero también es políticamente *kitsch* re-representar estas muertes de mentiritas en un siglo XXI que en Cuba aún no se acaba de inaugurar (demasiados cadáveres recondenados sin reconciliación).

El público se para al cabo con el telón y la coda y el bis, con sus *bravos* y *regios* y demás aleluyas no tan manieristas como amaneradas. Parece que los cubanos de éxito no se cansan de tantas caídas y recaídas. Aquí dentro el castrismo es solo un concepto *clown*. Hay esperanza de que mañana amanezcamos cancaneando con la barbarie de otro ballet. Y así se escurren estos *cool*banitos de cara al futuro, en la madrugada de un sábado post-revolucionario.

Este legado, por cierto, es genético más que moral: sus descendientes vivirán lo que tú y yo no vivimos, mi amor. No llores sin lágrimas ahora tú. La batalla por un futuro de derechos en libertad es ya más darwinista que democrática en Cuba. No me sueltes la mano, aunque nos boten de últimos de esta fila de contrabando en el Karl Marx. La selección natural sigue siendo la más efectiva función de la fidelidad. Una asesina lección de lesa bailarinicidad.

LEER A LICHI EN EL CONSEJO DE ESTADO

Supongo fue en 1998. Soy bioquímico —era bioquímico— y por entonces trabajaba en un laboratorio de genética molecular, consagrado a la creación de vacunas de ADN recombinante para uso en humanos. Dengue, Hepatitis B y C, meningitis bacteriana, HIV, y exquisiteces así. Yo era, pues, mano de obra especializada del Clonador e Inmunólogo en Jefe, quien había construido ese centro como venganza contra la UNIDO, que a mediados de los ochenta prefirió a Trieste y Nueva Delhi antes que a La Habana para patrocinar un proyecto similar: el ICGEB.

Éramos un buen equipo. Gente que parecía del Primer Mundo en el Polo Científico del Oeste de La Habana, metidos a tope de aire acondicionado en esa mole sepia que aún aparece al dorso del billete de 50 pesos cubanos: el Centro de Ingeniería Genética y Biotecnología (CIGB).

Después de estudiar en una Facultad de Biología con excelentes profesores, pero sin un centavo convertible ni para medio litro de agua medianamente destilada, el solvente CIGB era la apoteosis de la libertad investigativa. Manos libres, mente libérrima.

Adscrito, a través de José Millar Barruecos (Chomy) al Consejo de Estado, contábamos con internet antes de la internet cubana, corríamos cualquier estilo de electroforesis, usábamos radioisótopos y sintetizábamos nuevas biomoléculas, todo con reactivos al por mayor *Made in USA* y, lo más importante para un lector voraz como yo, hojeábamos hasta con cierto desdén las revistas del día *Printed in USA*, lo mismo que los libros de textos actualizados —algunos adelantados— y los *reprints* que los colegas yanquis nos enviaban a Cuba, gracias al correo postal de un país intermediario.

En uno de esos cubículos del piso 7B cayó como un bombazo el informe. *El Informe contra mí mismo*, de Eliseo Alberto, el hijo rebelde del poeta cubano Eliseo Diego, Premio Nacional de Literatura 1986 y fallecido de visita en México en 1994.

Fue a principios de 1998, más o menos cuando la vertiginosa visita del papa Juan Pablo II a la Isla, poco después de yo oír galvanizado la arenga del padre Meurice por radio, uno de esos sábados laborales de enero, con audífonos para disimular en pleno laboratorio, que agoreramente era el G-2 (Genética-2).

El libro, como tantos otros hallazgos editoriales de los años noventa, venía ya desguazado por el pase-pase clandestino de mano en mano. Por lo general, no se imprimen ni venden autores exiliados en Cuba (o el Estado solo pone a circular el porciento menos inconveniente de sus obras). Y a mí la verdad que la poesía de Eliseo Diego me entusiasmaba muy poco por entonces (hoy más, porque yo también he ido envejeciendo como un lord loco entre lo enamoradizo y la depresión; porque yo también moriré sin darme cuenta lejos de Cuba).

Así, con esa ignorancia insultante de profesionales de las células eucariotas, le entramos al mamotreto. De uno en uno, todos mis colegas de la carrera, leyendo a la carrera, robándole horas de sueño a las madrugadas de fermentación o *Polymerase Chain Reaction* o secuenciación de plásmidos; aprovechando las meriendas de medianoche, la luz pulcra de los pasillos y la aclimatación nórdica, lo que nos hacía vivir en una realidad virtuosamente virtual, futurista, donde el Período Especial y la Opción Cero —el riesgo de un estado de excepción con reconcentración ciudadana— era solo una pesadilla que nuestro solapín electrónico exorcizaba, tan pronto traspasábamos la garita del CIGB. Pero hasta aquel coto de micropipetas y nanomedidas llegó el informe del tal Eliseo Alberto: Lichi ya para siempre, porque en julio de 2011, tras un trasplante renal esperado por años, el autor contra sí mismo murió.

Hubo, por supuesto, quien negó tres veces la prosa de Lichi en el laboratorio. Negar en Cuba es muy ventajoso: te pone a salvo de los positivistas prehistóricos en el poder. Y con toda la razón del mundo es negable su prosa, porque *Informe contra mí mismo* no es verosímil en absoluto (por eso mismo es verdad). Y ni viviéndolo en texto propio uno puede creerse tanta brutalidad incivil, tanto daño de alma —ese no se compensa con salud y educación gratuitas—, tanta familia infiltrada por una fe atea casi física en la infalibilidad de Fidel. Y tanta delación doméstica, como la que el hijo de Eliseo Diego cometió contra el padre de Eliseo Alberto. Miserias del Ministerio del Interior.

Semejantes sutilezas de la Seguridad del Estado son peores que los juicios sumarísimos y sus calabozos a perpetuidad. No el diablo, pero sí el déspota está en los detalles. En lo anormal convertido en normal. En acatar lo que hasta en el país más represivo del mundo rechazaríamos con gritos y patadas en plena plaza. En este sentido, es muy injusto llamar «dictadura» a la Revolución cubana. Las dictaduras son derrocadas, pero la Revolución es resistencia a rajatabla. No hay paraíso peor que los paraísos perpetuos. Termodinámica de una Isla impotable.

Hubo incluso quien dejó de leer a mitad del libro de Lichi, con lágrimas ideológicamente inoportunas corriéndole por la cara, al intentar sin éxito defender en público a su autor (¿cómo no enamorarme de semejante visión?). Hubo quien leyó, y apenas sonrió con sorna o hizo mutis (todavía lo hacen, y es su derecho: los cubanos queremos callar, y no es cobardía sino el coraje de la complicidad).

Dos o tres veces intentamos comentar el *Informe* en grupo de manera jovial. En algún tiempo libre, en los gimnasios, en una cámara de incubación de 28 o 37 grados Celsius —¡en las de 4 o -20, por supuesto que no!—, en la parte trasera de los buses que nos llevaban y traían del CIGB en aquel abusivo a la par que excitante «horario de consagración». Comparábamos las listas de los exiliados y sus destinos foráneos para actualizarlas unos meses después de publicado por Alfaguara. Entonces nos imaginábamos en silencio a cada uno de mi generación de bioquímicos balcanizados por ahí, unos y otras sin volver la vista atrás, ni poder cogernos por los cachetes para decirnos directamente a los ojos: *oye, tú, mira que yo te quiero a pesar de ti.*

Y reír. Reír a coro con tal de detener el debate un paso antes del abismo. En tanto subciudadanos de nuestro mundo de enzimas y *buffers*, no estábamos preparados para polemizar políticamente mucho más. Ni era sabio tampoco tantear nuestros propios límites de lectura.

Ahora, cuando buena parte de aquellos colegas están radicados en el exilio, somos todos la parodia imperfecta de los personajes de Eliseo Alberto. Cada quien arrastra su propio informe contra sí mismo, contra nosotros mismos.

Por ejemplo, a más de uno se nos prohibió vivir bajo el mismo techo con familiares cercanos considerados conflictivos y/o no confiables y/o contrarrevolucionarios, si es que deseábamos permanecer contratados por el CIGB. Existía el riesgo ridículo de que revelásemos en sueños los secretos moleculares de un Estado molar, mortal. Como recompensa, el CIGB nos ofrecía un apartamento prestado justo al cruzar la esquina de 31 y 190, entre la pobreza del barrido barrio de La Corbata y el concreto medio brutalista del CIGB.

A más de uno se nos amonestó con una mancha en el expediente laboral por no votar unánimemente en contra o favor de algo en el consejo científico, sobre todo si nuestros criterios de tecnócratas contradecían a los de Chomy, que fungía de mecenas estatal y de vocero de la inspiración bioalquimista del propio Fidel.

A otros se nos culpó de cartearnos digitalmente con el enemigo, en vez de odiar a esos desertores del CIGB a los que se le pagaron congresitos y becas foráneas de PhD, solo para que nunca abordaran el vuelo de vuelta a Cuba. Algunos llegaron a ser expulsados, luego de acusarlos de pornógrafos o, más mediocremente, de adúlteros a un compañero(a) que era cuadro del Partido o la Juventud comunista. A algotros se les robó información más o menos íntima con la técnica traidora de plantarnos a soplones como amigos, mientras nos metían micrófonos en la autoclave o incluso en el auto de este o aquel compañero(a). Paranoia, ¿para qué? Paticas, ¿pa´ qué te quiero?

Lichi ha muerto a punto de lunes, como corresponde a su promesa hecha con la eternidad (un plagio precioso del padre que lo perdonó y se hizo perdonar por su hijo). Lichi en el cielo con informes. Lo extraño, aunque nunca lo conocí. Sé incluso chistes que él mismo hacía sobre cómo y cuándo le caería literalmente —literariamente— del cielo un riñón. Lichi era uno de nuestros últimos seres humanos, y esto no implica para nada una apología. Antes bien, ser humano es una pésima adaptación evolutiva en un archipiélago Cubag donde el cero humano es estadísticamente más significativo. Teoremas del totalitarismo en fase terminal, la más temible: la de la autotransición del F1 al F2.

Fuera de Cuba, jamás he vuelto a ver una copia del *Informe contra mí mismo*. Al parecer es un libro endémico y hace ya rato en peligro de extinción. Un objeto impreso que los jóvenes cubanos de hoy estiman como muuuy envejecido. Cosas de la Guerra Fría o, mejor, de la Guerrita del Pan Duro, cuando aún existían la Tarjeta Blanca y el Permiso de Residencia en el Exterior, entre otras delicadezas del fidelismo feudal.

De las novelas de Lichi, a ninguna le cogí tanto cariño como a su primera no-ficción. A estas alturas de la historieta, no me gusta jugar por escrito a los caracteres bien construidos y toda esa bazofia de cajas chinas, magdalenas con té, icebergs escondidos y decálogos del óptimo narrador. Por favor. Que ya tenemos pelitos hasta en la próstata.

No quedó ni la desmemoria de uno solo de nosotros en aquel CIGB trasnochador de guantes enchumbados de bromuro de etidio y/o fósforo alfa radiactivo y/o poliacrilamida cancerígena del Premio Nobel de Medicina que cada uno de nosotros iba a ganar. Ja.

Conservo en mi exilio de pacotilla, eso sí, el deleite dolido de haber leído a Lichi de Diego en las siglas con sigilo del CIGB. Fue uno de los que primero me enseñó a pensar: a no pasar por pasar, a patear respetuosamente las palabras hasta que escurriesen una goticámbar del néctar de la verdad. De la mía, de la nuestra, de la de él.

Verdades a veces de vodevil, como es obvio, nada teleológicas como las de su Tío Cintio Vitier. Verdadecitas en miniatura que ningún cubano, cojones, nunca más debería verse en la obligación de esconder. «Eso es caca», nos dice con descaro el castrismo, como si fuéramos sus niños en un fermentador con medio LB y antibióticos antimperialistas que todos ya esquivan, sí, pero con una hipocresía que es la causa por la que los cubanos nos corrompemos antes de crecer.

Verdades verdes de limón limonero las damas primero y dame un abrazo que yo te quiero, certezas tan incontestables que da pena ponerlas en blanco y negro de nuevo aquí (por eso mismo es que vale la pena reponerlas): antes de mí, Eliseo Alberto, nadie quiso más a Cuba que tú.

COMIENZAN LOS SUEÑOS, COMPAÑEROS

Hay ruidos en las habitaciones de hotel. O yo comienzo a sentir ruidos en las habitaciones de hotel, donde me voy quedando de noche en noche de una punta a otra de los Estados Unidos de América.

Son ruidos físicos, no se trata de mi imaginación sonora o sinestésica. En Cuba tampoco fui víctima de la paranoia: allí la paranoia es potable, como el agua que bebemos de cualquier fuente externa y que a su vez constituye el 59% de nuestros cuerpos. En el socialismo, la sospecha es la manera más soberana de socializar.

Pero en Philadelphia, por ejemplo, o en Washington DC, en LA, en Miami, en Madison, en Chicago, en Boston, en Atlanta, y quién sabe en qué otras ciudades de la unión, todo es muy diferente. Porque en USA existe la conspiración de los hoteles —hoteles ubicuos donde quiera que aterrizamos—, esos laberintos de habitaciones e inmigrantes que limpian las habitaciones, que en Cuba siguen siendo una rareza, a pesar de la invasión hispana de los Meliás y otras maravillas de la modernidad.

Y allí, en lo más hondo de la noche de los hoteles, se oyen cosas a toda hora. Sonidos, susurros, sirenas, silbos. Y un frío cósmico se te mete en el alma y te das cuenta que nunca nunca serás de aquí, que durante años no has existido del todo aquí. Y una cubanía patética se te sale fría por los poros y hasta por los pelos, y también te corre tibia por las glándulas lagrimales. Eres eso, un llantén. Un charco de ganas de llamar a Cuba para hablar con quién, si total en Cuba ya no te queda nadie (y los que te quedan, no te reconocerían la voz).

A mitad de madrugada me despiertan esos truenos no meta-fóricos, repito, sino fónicos: toques desaforados en la puerta de mi habitación. Retumbes de vida o muerte. Anuncios o remi-niscencias de mi arresto en un barrio árido de La Habana. Pata-das de animal de tracción. O no. Tal vez sea solo que irrumpe la policía política en el cuarto del frente, quién sabe. Que se jodan los otros huéspedes, serán muy inocentes pero algo debieron de hacer para que se los lleven con tan violento tam-tam.

Lo cierto es que espero y espero. Me hago un ovillo de colcha con calefacción. Son expertos estos comandos de élite. No repi-ten su agresión hasta que de nuevo me voy quedando dormido, hasta que ya estoy soñando con ellos por mil novecientas quin-cuagésima novena vez. Y así y así hasta mucho después del alba. Hasta el *check-out* que te deja *knock-out* camino al último aero-puerto y la próxima ciudad. Mientras haya hoteles en el planeta, habrá horror para el pueblo cubano que así y así se desperdigó. Pesadillas sin desperdicio.

Las inmigrantes arrastran sus carritos de limpieza a cual-quier deshora. Qué deshonra para la raza del bárbaro Bolívar y el mitómano Martí. Las oigo raspar como ratas el parquet y las paredes de cartón-tabla que son la base material de estudio de cada institución *Made in USA*. Pisan fuerte estas mujeres malvadas. Hablan en una lengua de acento desconocido que ni en La Habana hubiéramos podido traducir al inglés. Mierda, es español. Hezpañol de las provincias orientales de Cuba, la Palestina del Caribe *créole*: un haitiñol con giros coloquiales de vudú con remaches verde oliva entre los cojones y la cartuchera.

Me pongo tapones en las orejas (tampones en cada hueco del cuerpo, tendido como si la cama fuera una caja). Me tapo la cabe-za con las Biblias de los Gideones que se pudren en cada cabrona gaveta. Es inútil, es innecesario: Orlando Luis, recoge tu pasapor-

149

te y vira para la Isla, aquí ya no hay nada que hacer. Estas hembras son los hombres que te enviaron no para espiar, sino para darte el concierto insomne de la bienvenida. Inconsolable.

Entre el cortinaje y por las rendijas se cuelan lucecitas montadas para escena. Desde el falso techo cae un mar de alarmas, como testículos que nunca terminan de gotear su luz. Intermitentes, impertinentes. Casi las oyes gritar de tan mudas y modositas. Mentira, son manipuladoras, te monitorean. Y entonces comienzan otros sueños despiertos, compañeros: sueños norteamericanos con la Isla norteamericana que dejamos botada allá atrás. Al otro lado de la alambrada de *malls* y de remesas por millones para Cuba qué linda es Cuba, quien la ofende la quiere más.

A estas alturas de la historia, soñar con Cuba es puro instinto de conservación. Un servicio gratuito para los cubanos que mañana ya no tendrán ni que molestarse en soñar.

En mis sueños de hotel inhóspito todo es muy risueño. Los objetos domésticos de mi casa de tablas en Lawton son de escala nano-revolucionaria. Vuelvo a ver a los aduaneros a sueldo del Estado, revisando con morbo de violadores mi pasaporte, para a la postre aclararme que todo ha sido un error pero que, error y todo, todavía no me está permitido viajar. Las cosas brillan desvencijadas, rebotan contra la nuca y se descuelgan de un hilillo lúcido y demencial, de drogadicto locuaz. Hablo dormido, ronco, la garganta se me quiere secar y por eso sangra. Sabor a hemoglobina, a hierro, a semen de hembra, a salitre sin mar.

En mis sueños he soñado que estoy en un hotel inhóspito y que es el sueño quien me sueña a mí (consecuencias ancestrales de la posmodernidad). Entonces alguien me dice por la espalda (nadie habla de frente en mis sueños, por eso son un síntoma obsceno de la Seguridad del Estado): «Landy —fuera de Cuba nunca me llaman Landy—, ¿cuándo viras de los Estados Unidos?»

Y de pronto me falta el aire. Palpitaciones, boqueo. Reptil sin patria en medio de mis patéticos pucheros: un llanto de bebé, de bestia, de enfermedad. Esa dolencia estéril llamada volver, llamada país, llamada exilio, llamada llamar. Agonías del pez peleador, las branquias abiertas de par en par, como espadas. Espuelas para bombear el oxígeno residual en una habitación rentada por esta o aquella universidad norteamericana (los Estados Unidos son un gran campus académico, además de una gran carretera donde Dios es decapitado día a día en el carrusel del capital).

Un día no regresaré de esos sueños. Un día saldré al pasillo del hotel para ver qué es lo que le pasa a quién. Me viro del otro lado de la almohada. Duermo desnudo. La cama fría es más excitante. Tocar el cuerpo propio es fuente de resistencia. Y fiesta. Yo mismo emito ahora esos ruiditos que supongo llegarán de incógnitos hasta la otra y la otra habitación. Cada cuarto es un eco hueco en este y en cualquier hotel.

No tengo sueño, pero igual me rindo enseguida. Da igual, en definitiva no estoy aquí ni podría no estar en ningún otro sitio. Habría que coleccionar el álbum atroz de todos los sueños del ex-exilio cubano. Da igual, en definitiva no están aquí ni podrían no estar en ningún otro sitio. No tienen sueño, pero igual se rinden enseguida. Están dormidos, estamos dormidos. El castrismo a esta hora no existe, mi amor, más que como un bostezo de odio a ras del amanecer. El castrismo hasta ahora no existe, mi amor, más que como tu penúltima habitación insonora de hotel, donde tus propios ruidos te van arruinando este sueño sin sueño que nadie nos dijo dónde, cuándo y cómo dejaríamos de soñar.

LA MUERTE DEL CABALLO

No relinchó. Dobló las patas delanteras y arqueó la cabeza hacia atrás, en un ángulo que parecía imposible. Que lo humanizaba. En cámara lenta, esperando por una humana solidaridad que nunca llegó. En los dos mil o años cero los cubanos estábamos demasiado hundidos en nosotros mismos para abrumarnos por las boberías de muerte de nadie más.

Sudaba como una diva porno o una súper-estrella de rock: en ambos casos, un objeto anacrónico en la Cuba de Castro (no hay ninguna Cuba que no lo sea). Sudaba como un corredor de fondo, con esa legendaria soledad pública del primer maratón mortal. Sudaba como un obrero bajo la canícula que caía sobre la calle, a esa hora de sombras mínimas pero de un negro rabioso, en un contexto sin texturas ni colores creíbles en la retina de quien se arriesgue a la radiación.

Coincidimos de frente. Yo iba a cruzar la calle Reina a la altura de la avenida Galiano (ninguna ya se llama urbanísticamente así: la Revolución rebautiza cosas y espacios y hasta años a una velocidad espeluznante). Yo salía del soportal sobre el que brilla una pancarta sonriente de Fidel Castro anciano, y el animalito formidable me miró. De frente. Eran las doce del mediodía terrible. Ambos chorreábamos como bestias —sudor sin sentido—, pero acaso solo el caballo tenía una mueca humana en el rostro. Una mueca que recuerdo solo en quienes tienen el privilegio —o el pavor— de entender que esa hora es la hora en que se van a morir.

No relinchó. Dobló las patas delanteras y arqueó la cabeza hacia atrás, en un ángulo que parecía imposible. Que lo humanizaba. En cámara lenta, esperando por una humana solidaridad que nunca le llegó de mí, ni de mis ojos ni manos ni de por lo menos mi grito contra la muralla hueca de la multitud. Hay momentos tan miserables que merecen ser narrados dos veces.

El caballo estaba atado a un coche en divisas convertibles —el indecente dólar cubano— de la Oficina del Historiador. Asumí que me había elegido a mí como testigo para morir menos solo, menos desolado. Sobre nuestras cabezas, la pancarta ideológi-comercial de un Fidel Castro anciano le sonreía ahora más picarón a los curiosos, calañita de carroñeros de toda ralea, que cruzaban sin cuidarse del tráfico hacia la escena luctuosa. Eran los desclasados del parque El Curita, un parqueo sin parquímetros desde 1959, pero con parqueadores del proletariado cobrándote igual.

La sorna de Fidel Castro no podía ser más helocuente, con hache himpronunciable: *¿ya lo vieron, cabroncitos? ¡yo sí que sobreviví!*

Más arriba de la pancarta era el desierto: no había nubes en Centro Habana. Un cielo chamuscado de ese azul cianótico que nos enorgullece de ser cubanos. El caballo se dejó caer desde su altura y casi vuelca al coche con su cochero. Por suerte o por desgracia no traía turistas encima (o supieron fugarse a tiempo de aquel naufragio local).

Lo vi —y oí, y olí— patalear sobre el asfalto casi líquido por el calor. Rebotó entre el contén y la acera, y casi se mete moribundo dentro del soportal. Me hice a un lado, con un pase insolidario de ballet (o de torero arrepentido). Esta vez sí bufó un poco —no sé si bufar será el verbo correcto para un caballo—: tal vez lo quemaba el pavimento a medio derretir por el sol socialista de una nación sin toldos.

La esquina entera hedía a *fuel*, a chapapote, a combustión fósil. Y entonces comenzó a soltar sangre por la nariz y entre sus dientones amarillos (a mí también me dan esos episodios de epistaxis, augurio de no sé qué, por lo que me puse muy nervioso o muy triste o ambos).

Era una sangre negra, espontánea e impredecible. A borbotones y sin causa externa aparente. Impresionante para los impresionables (allí, en minoría absoluta yo). El súmmum del horror silente: cerveza oxidada de Miguel Servet, hemoglobina sin oxígeno útil para seguir la inercia de no irnos de aquí. De Cuba, de la Revolución, de Fidel (perdonen mi persistencia: es patológico, esperemos que pronto se me vaya pasando).

La mirada se le apagó al caballito en un rencor distante, como si lamentase que nadie le hubiera avisado a tiempo lo que le iba a pasar. Como si no se hubiera podido despedir de sus seres queridos (equinos o no). Como si me recriminase el no haber movido ni un músculo para salvarlo.

No sentí culpa, sentí la continuidad de siempre yo ser el cómplice en una ristra de escenas parecidas (con equinos o no). Hacía una temperatura incompatible con la respiración, grados Celsius de planeta cadáver. Si quería sobrevivir, como el Fidel Castro de papel allá arriba, debía escaparme cuanto antes de allí.

La sangre se hacía un charco espumoso sobre el percudido granito del soportal. ¿A qué edad se muere un caballo? De un título de Horace McCoy nunca leído, y de vivir en un barrio marginal por donde trotaban los delincuentes, de niño me quedé con la idea de que los caballos eran los últimos inmortales de La Tierra. Después, durante décadas, mis caballos fueron solo librescos y televisados, sin contar los plásticos de ajedrez. Así me protegí por un tiempo de la verdad, que también tiene piernas largas para pisar tus talones y trampas. La verdad piafa.

Antes de huir, le hice un par de fotos al caballo ya muerto. Los curiosos coreaban en corro la palabra «infarto» (todos son expertos en occisos en este país-ataúd). Nos empujábamos para ver a la celebridad forense ya rendida a la fuerza de la gravedad. Yo tenía la ventaja de la primicia, por parecer extranjero con mi camarona Canon 7D (donación a la disidencia cubana, directo desde Washington DC), y de vez en cuando me daban un chance de acercarme a la arena.

Los niños venían corriendo desde cuadras remotas. Algunos comentaban golosos que la carne es 100% aprovechable cuando el animal se muere así de rápido, no de enfermedad (como si el corazón roto no fuera la más «larga y penosa» enfermedad). Un viejo chino siguió de largo sin el menor aspaviento (apuesto a que la muerte ya lo aburría a su edad). Sentí náuseas. Primer síntoma de que voy a desmayarme. Un peligro, pues me hubieran robado la cámara antes de echarme una mano. La necesidad es la necesidad.

El cochero liberó por fin los retorcidos amarres del carricoche y el cadáver reposó libre sobre el granito: a la sombra cenital del mediodía dominguero, entre el churre de las últimas décadas y los gargajitos de esa mañana torácica, atorada. Entonces llegó un comando de policías, despejando la manifestación espontánea con sus *walkie-talkies* y enfriando el canibalismo equino de la población: «arriba, tunturuntun por donde mismo vinieron, que aquí a nadie se le ha perdido nada».

En presencia de los uniformados, en medio de ese patiñero de pánico que implica siempre la idea de una Policía Nacional Revolucionaria, hubiera resultado excesivo pedirle a alguien que me hiciera una foto abrazando el cuello del caballo (consecuencias de leer mal a Nietzsche en La Habana del II Reich Anti-Imperialista).

Pensé en sentarme en un banco del parque El Curita, a recuperarme entre borrachitos pedantes y putas de las más baratas del hemisferio (chupi-chupi por poco más de un dólar, pero al cambio de la moneda nacional), hasta alejar toda sombra de mi fatiga, de paso revisando las últimas fotos fúnebres en la 7D.

Allí revisé entonces los píxeles de una muerte aún tibia y borboteante de espuma negra, husmeando con el *zoom* de la pantalla a dónde se habría ido el alma de aquel caballo bajo la sonrisa ubicua de un caudillo llamado cariñosamente El Caballo: nuestro comandante en jefe ya saben quién.

¿El dueño enterraría ahora al caballo o vendrían por él los peritos de Zoonosis y Comunales? ¿Podría aprovechar su carne en familia o tendría que donarla por resolución ministerial al Zoológico del Parque Lenin? ¿Cómo luce en cámara el corazón roto de los caballos? Porque incluso ellos tienen el suyo, supongo, a pesar de una actualidad tan descorazonadora, ¿o no? *They have horse hearts, don't they?*

Me dio por borrar las dos fotos recién tomadas. Atravesé el Barrio Chino sin acordarme de comprar la pizza familiar que me habían encargado, como regalo de cumpleaños para qué más da quién ahora. Igual los quioscos humeaban a queso y astillas acres de piña, a pollo decapitado y puerco a falta de perros para sacrificar. Un vaho vacuo se me coló en el estómago, revoltura. La calle estaba cubierta de cucuruchos de maripositas chinas y rollitos de primavera. Capitalismo carnavalesco de lo incomestible.

Llegué hasta la parada de la ruta 54 en el cuchillo injusticiero de Zanja y Galiano. Ya estaba a salvo. Me paré a esperar. Esperar como todo un país espera, pensando en la muerte del caballo. Hoy, con minúsculas disimuladas. Mañana, con esa mayéutica de las mayúsculas con que los cubanos en Cuba o sin Cuba esperamos el día después de.

EL EVANGELIO SEGÚN LOS EXTRAS

Expulsado de la ciencia y expulsado de la cultura, en Cuba me convertí en fotógrafo de *set* para el cine y televisión estatal, esos dos fenomenitos mediáticos que todavía se dan en Cuba de vez en cuando.

Al inicio empleaba una camarita digital de 4.2 megapíxeles. Con esa baratija tenía que defenderme entre los fotógrafos clásicos que en los años sesenta fundaron el ICAIC y el ICRT, hoy todos dinosaurios de fotómetro en ristre desde que se inventó el Adobe Photoshop.

Fue en estos trabajos por contrata que descubrí mi inquietud civil por ese daño colateral que rebasa los límites de las representaciones audiovisuales de la realidad. Me refiero a la situación de los extras. Ese ejército de resistencia fantasmal. Esa conspiración iletrada y acéfala que se multiplica a la sombra de, bajo las mismas narices de. Esa suerte de extrarquía que aún no se atreve a. Teoría de la conspiración en el crepúsculo del proceso rextravolucionario cubano. *Expedientes X* en el *lobby* infiltrado de agentes del ICAIC y el ICRT.

Los extras son un mundo aparte en cualquier parte del mundo. Pero el misterio de sus extrambóticas viditas, en paralelo al rodaje de los films más emblemáticos de Cuba, se me reveló haciendo fotos del *set* para la promoción o para fijar la continuidad entre las escenas. Allí incluso desvié mi lente amateur y los retraté, colimando uno a uno sus cuerpos en vivo (son los zombis más vivos del universo). Clic. *In fraganti*. Clic. En su formidable oposición ignorada a nuestro *statu quo* y a cualquiera. Clic.

Los he visto apiñarse entre la orden de «acción» y la de «corten», siempre en busca de obtener la mejor calidad de luz —opacos Goethes de provincia, vampiros parásitos de los protagonistas—, para así hacerse más que visibles dentro de cada encuadre de cámara. Para robarse ellos la escena.

Entre toma y toma, antes de la voz de «silencio», los he visto alardear a voz en cuello de sus extensísimos currículos de talla extra, haciendo gala de sus potencialidades histriónicas —con murumacas y parlamentos memorizados en otro filme o serial—, las que por desgracia ningún director todavía ha tenido el talento de descubrir. Y así mismo se lamentan, con el corazón entre los micrófonos y cables, del «encasillamiento» al que injustamente los someten en el cine y la TV, obligándolos a interpretar el rol de extras a cambio de un mísero salario, cuando en realidad ninguno se considera extra como tal (de hecho, desprecian a quienes sí tienen un alma de extra, y los acosan durante la filmación para arruinarles su anónimo desempeño).

Es más complicado que esto. He visto extras en el extremo de polemizar texto a texto con guionistas multipremiados como Eduardo del Llano y Senel Paz (antes ambos habían sido escritores de verdad): los extras se esfuerzan por enmendarles los parlamentos, pues se resisten a vocalizar sus bocadillos de relleno. Algunos pasan de la escritura a la acción, y le dan lecciones súbitas de actuación a nuestras protagonistas estrellas: Eslinda Núñez —ángel afable— acata muchos de esos consejos; pero una vez Isabel Santos —ángel aguerrido— expulsó a pinga y cojones a aquella jauría improvisada del *set*, lo que provocó un retardo de dos días en la filmación de un teleplay, pues sobrevino una huelga de extras para restituir a los desplazados por la diva (el sindicato falló a favor de los extras, nada extraordinario por lo demás).

Los he fotografiado comiendo. Es una experiencia excepcional. Acumulan alimentos para después de la guerra con. Rumian y regurgitan, todo un ritual. Saben que cualquier tiempo futuro por fuerza ha de ser mucho peor: son agoreros agónicos, y se tiran las cartas entre ellos antes de asumir la siguiente actuación. Como gitanos gratuitos o como okupas de los camerinos. De los extras salieron, por cierto, aquellos come-coles del film cubano *Madagascar*, empezando por Jorge Molina (quien también come lombrices y fichas de dominó y abuelitas de la Caperucita Roja en una versión pornostar, en su empeño de dirigir y hasta ser profesor de la Facultad de Cine y Televisión de La Habana).

Los extras usan cordelitos y ligas y periódicos y trapos sucios para envolver y llevarse las sobras a casa. También cargan con jabitas de nylon reciclado y cucharillas de aluminio de las escuelas al campo, platillos de comedor obrero, y canecas plásticas diseñadas para las milicias durante el Quinquenio Gris (cuando hasta las películas de mambises y esclavos eran censuradas, por no encajar en el canon bélico de Sovexportfilm). Los extras tienen un genoma de altísima adaptación a su entorno: es decir, se mandan tremenda gandinga. Y no me extrañaría que fueran los únicos cubanos sobrevivientes, llegado el caso de un holocausto termonuclear (en octubre de 1962 perdimos en Cuba la oportunidad de averiguarlo y, desde entonces, cada cubano es un poco un extra a la espera en el álgido ajedrez de los realizadores de la Revolución).

Por lo demás, los extras jamás levantan la vista. Como los gatos, desdeñan con sorna la mano que les dio de comer en una bandeja. Desarrollan, además, extrambóticas habilidades acrobáticas. Por ejemplo, un anciano que se pasaba las jornadas de trabajo haciendo el triple salto mortal, al borde mismo de la piscina donde los dos protagónicos se debían de enamorar. Otros extras son más pacíficos y les da por la poesía más o menos espontánea. Por ejemplo, un mulatico rococó de apellido Castañer me regaló una «composición» —según me dijo—, cuyo extrafalario título era *Ella deseó mi suerte y me dijo mucho cuídate* (la pueden googlear y verán que no exagero):

Mi mujer necesita estar
junto al que está con el dinero

y yo morir
por la naturaleza de las cosas:
adiós, malandra,
ya te amaba.

Los extras tienden a no poseer dientes desde muy jóvenes, acaso nunca les salen, como si fueran una subespecie mutante del *Homo extrapiens*. En un docudrama de Tomás Piard sobre José Lezama Lima, con gusto me hubiera casado con una chica extra de diecitantos —muñequita gimnasta tipo *Flashdance* o *Blade Runner*—, de no haberla visto sacarse la prótesis dental después de almuerzo y lavarla fríamente en un bebedero de la locación, muela por muela, como si de una navaja de Occam se tratase.

Los extras no sobran ni rellenan nada en cada locación donde son no solo necesarios, sino imprescindibles. Los extras son. Funcionan como el indeseable pero inevitable contexto de cualquier producto estético nacional. En la vida real, esta fórmula también funciona. La Habana sería un desierto sin sus extras de un día tras otro día, verdadero motor de combustión interna de la ciudad. Ciclos de Carnot con piel de carneros, pero que en la práctica son un conspicuo clan, como una especie de castrismo clandestino que compensa la caducidad del castrismo consuetudinario.

Y si por casualidad hay una secuencia de desnudos que escenificar, entonces ahí sí hay que barrerlos como moscas muertas del *set*. Se hacen los bobos, mitad profesionales y mitad liberales, pero al cabo son todos y todas unos voyeristas del recontracoño de sus madres, y también son todas y todos unos «tiradores» natos: masturbadores apenas disimulados sea cual sea su edad, que se babean hasta el oprobio sumido ante cualquier toma de esas de «encuerismo» —como ellos les llaman en el argot de su gremio—, a la par que luego son los primeros en estigmatizar fascistamente a las estrellas que se desnudaron en cámara (un extra jamás se quita ni la camisa: no tienen cuerpo a los efectos cinematográficos; ellos son «relleno» en puridad).

Por cierto, los extras tienden a aparejarse entre sí de rodaje en rodaje, como barajas baratas o fichas de un decadente dominó. Son tal vez los únicos casos de *swinging* cubano que se conozcan Y, toda vez expulsados del *set* por los altavoces, ante una escenita «delicada» —«cochinadas», como le dicen ellos también—, los extras se aglomeran entonces de dos en dos frente a los monitores de rodaje, en la cabina de control remoto, donde se toquetean a dúo según se rueda en diferido la «cochiná».

Diríase que los extras son una plaga macro y un síntoma a nivel micro de lo que después sobreviene con esa misma escena, en los cines y pantallas planas de nuestra nación (computadoras oficiales incluidas): los ciudadanos, hartos del uniforme célibe de los comunistas, nos tocamos y nos acosamos opíparamente con el beneplácito implícito de la Revolución, que nos deja hacer con tal de mantenernos exhaustos, además de para tener una causa a mano contra nuestro descaro, con el cual siempre podrían chantajearnos con fines por supuesto políticos (se lo hacen incluso a diplomáticos, si son de la Unión Europea, tanto mejor).

Nadie debería olvidar que fueron los extras de la Papelera de Puentes Grandes quienes en 1991 reaccionaron en la prensa cubana contra el filme «contrarrevolucionario» *Alicia en el pueblo de Maravillas* de Daniel Díaz Torres, asumiendo ser la voz indignada de todo un pueblo intolerante de la sátira política, así fuera sacada de un *storyboard* del mismísimo ICAIC. El concepto de «pueblo» es eso en los regímenes populistas: un comando élite de extras que son llamados a escena a favor o en contra de esto o de lo otro —muchas veces a favor *y* en contra de esto *y* de lo otro—, según la conveniencia del director general.

Expediente aparte se merecen los extras cautivos, esos pobres sancionaditos laborales que, domingo tras domingo, son forzados a sentarse por una miseria de salario en los palcos sonrientes de, por ejemplo, el programa *Palmas y Cañas*: verdadera Mazorra de repentistas en guayaberas de holán fino, rimando de diez en diez los octosílabos de nuestro agro-mongolismo más provinciano, consecuencia del desastre ecológico de una isla donde todos son guajiros y nadie es latifundista.

Daría la impresión de que los extras son convocados a cada rodaje no por la productora, sino por un cuarto o un quinto poder detrás del monolito que es la política cultural del Estado. Quintacolumnistas por excelencia tras bambalinas, los extras son tan inmediatos y ubicuos que apenas llaman la atención de ninguna autoridad (o son cómplices criminales de ella). A veces generan una incontable cantidad de cortes y repeticiones por minuto de filmación (como fantasmas que no supieran ni de qué coño son figurantes). A veces son el alma del audiovisual ya editado (como parte del espíritu espontáneo de la película). A veces, ambas. En cualquier caso, los extras son la última fuente de variabilidad nacional y la única *causa eficiens* de energía cinética en un país tan inercial. Solo por esto deberían ser un tin menos discriminados por nuestra sociedad.

El propio ex-tirano Fidel Castro, catalogado por las democracias del mundo durante décadas como un líder *extra*ordinario, parece también a ratos sobrar en el *casting* capitalista de su ex-Revolución, y a ratos torna a ser entonces una especie de Comandante en Extra resucitado.

Expulsado de la ciencia y expulsado de la cultura, mi rol de fotógrafo de *set* y mi retórica de escritor de crónicas anacrónicas son el testimonio perfecto de lo extemporáneo. Porque los cubanos ya no necesitamos la voz de «¡corten!» para distinguir entre creación y reacción, entre ilusión e insularidad, entre lucidez y locuacidad, entre estética y extremismo. Porque en Cuba todos deshabitamos un deliro en comunión: extras a la espera sin esperanzas de un *consummatum extra* que nos destupa nuestra utopía *dolby surround* en 3-D.

LAS MIL Y 959 NOCHES

1. Me fui de Cuba porque en Cuba era imposible decir *te quiero*.

2. Me fui de Cuba porque por ninguna parte encontraba un destornillador de estrías.

3. Me fui de Cuba porque Fidel era eterno como la muerte.

4. Me fui de Cuba porque Fidel hacía una eternidad que se estaba a punto de morir.

5. Me fui de Cuba para que los sobres de correo tuvieran olor. Y para que llegaran, con o sin olor, al correo que lo mandaba.

6. Me fui de Cuba por motivos estrictamente económicos, no por nada que tuviera que ver con política. Ni yo ni nadie que yo haya conocido nunca en Cuba sabíamos estrictamente nada de política.

7. Me fui de Cuba sin decírselo a nadie. De todas formas nadie hubiera notado la diferencia de quién se fue y quién se quedó (irse del país en cubano se dice «quedarse» y para quedarse dentro hay que estar un poco ido[a] de la cabeza).

8. Me fui de Cuba porque Orlando Hernández se fue antes de Cuba. Y sin un Duque en el diamante azul del terreno ya nada en Cuba era igual. Ni la patria ni la pelota.

9. Me fui de Cuba para mirar por un telescopio, sin tener que sacar un permiso de la policía y del ejército de la provincia desde donde mirar.

10. Me fui de Cuba para no templar más en cubano, para templar con el silencio de lo legítimo y no como si fuera un robo o una violación.

11. Me fui de Cuba para traspasar la puerta de entrada de una *sex-shop*. Y para leer, sin caer preso, las dos entrevistas de Fidel Castro en sendas revistas *Playboy* (unos dicen que le pagaron un millón de dólares al hombre que ilegalizó los desnudos en Cuba; otros dicen que fue por amor al arte).

12. Me fui de Cuba para que los videos corrieran como como San Steve Jobs manda en *YouTube*.

13. Me fui de Cuba para nunca más tener que rendirle cuentas de nada a otro cubano.

14. Me fui de Cuba porque la coriza me estaba literalmente matando.

15. Me fui de Cuba para comprar libros que parecieran libros por fuera, aunque por dentro los libros en ninguna parte se me parecen a nada.

16. Me fui de Cuba para aprender a bailar bien, salsa y lo que no es salsa.

17. Me fui de Cuba para suscribirme a un periódico cualquiera, incluso de la izquierda más infantil en cuestiones de Isla.

18. Me fui de Cuba para viajar sentado en un bus.

19. Me fui de Cuba para ir a un zoológico con animales.

20. Me fui de Cuba porque mi padre en el 2000 o año cero sin avisar se murió (una metástasis misericorde que nunca lo obligó a ver a un médico).

21. Me fui de Cuba para que nadie me llore cuando llegue mi año cero o 2000.

22. Me fui de Cuba para usar un teléfono móvil con naturalidad (es mucho peor de lo que pensaba).

23. Me fui de Cuba para no comer tanto arroz (es lo único que se extraña).

24. Me fui de Cuba para poder subir de peso al punto de poder emprender una dieta radical.

25. Me fui de Cuba para publicar la única novela cubana que no tendrá nada que ver con nada (Cuba, Castro, los cubanos, entre otras cacas clásicas de la literatura local).

26. Me fui de Cuba para no publicar esa novela única cubana que tendrá todo que ver con todo (Cuba, Castro, los cubanos…), sino para engavetarla hasta que nuestra raza de lectores se merezca cruzar ciertos límites contrarrevolucionarios.

27. Me fui de Cuba para filmar la segunda parte de *Memorias del Subdesarrollo* (desde el 2010 ya está filmada por Miguel Coyula, pero le falta una escena donde yo hago un cameo descojonante como Orlando Luis Pardo Lazo recibiendo el Nobel de Literatura en mi cumpleaños número 100: 10 de diciembre de 2071).

28. Me fui de Cuba porque la música del Festival del Nuevo Cine Latinoamericano es tan triste como aquel primer amor que nunca voy a olvidar (el resto de mis primeros amores sí son pasto para la desmemoria).

29. Me fui de Cuba porque Eslinda Núñez envejeció, pero conservó sin días el noviembre que anida en sus ojos de alto contraste.

30. Me fui de Cuba para darle la mano a Milan Kundera, antes de que se nos muera a los cubanos en un continente que lo ignora, como corresponde a la incultura de Europa (en la incultura de Cuba, lo leí convencido de que Milan Kundera era una mujer).

31. Me fui de Cuba para cortarme un traje a la medida y pagar por adelantado o endeudarme o ambos.

32. Me fui de Cuba para tener una tarjeta de banco y comprar, digamos, un lápiz de diseño personalizado por internet.

33. Me fui de Cuba para que el printer-laser fuera un objeto doméstico y no un lujito más o menos gubernamental.

34. Me fui de Cuba para conectarme *wi fi* en un parque (de pronto esto es lo único que es posible hacer ya en Cuba, pagando por horas para ser monitoreado amablemente por el Ministerio del Interior).

35. Me fui de Cuba para ver unas Navidades de verdad.

36. Me fui de Cuba para ver si la nieve era verdad.

37. Me fui de Cuba para que las auroras boreales me revelaran cuál iba a ser mi verdad (ni en Alaska ni en Islandia me lo han revelado todavía).

38. Me fui de Cuba para comprar billetes de lotería (con la Revolución cubana no se permitían juegos, ni azar, ni juegos de azar).

39. Me fui de Cuba para inyectarme un litro de silicona en cada culo.

40. Me fui de Cuba para tener conceptualmente dos culos (no pregunten cuáles).

41. Me fui de Cuba para curarme una enfermedad degenerativa que no tiene cura excepto en Cuba.

42. Me fui de Cuba para hacer una huelga (y descubrir que en la práctica son casi ilegales).

43. Me fui de Cuba para jugar golf o billar (preferiblemente, golf y billar).

44. Me fui de Cuba para fundar una ONG que no tenga ninguna «misión social», pero que sea 100% sufragada con dinero privado.

45. Me fui de Cuba para ver comerciales y comerciales, hasta extrañar la carencia de comerciales en Cuba.

46. Me fui de Cuba para que mis hijos nazcan con otra nacionalidad, para anclarlos automáticamente en las antípodas de Cuba (solo así no odiarán a su patria según vayan creciendo).

47. Me fui de Cuba para travestirme sin llamar la atención (en términos de corrección política ha sido imposible).

48. Me fui de Cuba para escuchar sin odio los primeros discos de Silvio (sin reconciliación sonora no habrá reconciliación social).

49. Me fui de Cuba para no votar nunca más en unas elecciones democráticas, mucho menos si son libres, justas y plurales.

50. Me fui de Cuba para votar a propósito por el partido contrario (disculpen mi doble contradicción).

51. Me fui de Cuba para postularme como presidente de Cuba, cuando los déspotas se hayan despingado contra los déspotas (la nación cubana se ha fundado siempre desde el extranjero, lejos de nuestro patíbulo de país).

52. Me fui de Cuba para no oír hablar de comunismo en cien años (en Cuba habrá que ilegalizar de por vida a unas cuantas «organizaciones de masa»).

53. Me fui de Cuba para conocer a marxistas que crean en el marxismo y que puedan citar con conciencia a Marx.

54. Me fui de Cuba por incompatibilidad de caracteres.

55. Me fui de Cuba para ser el último de los niños de la Operación Peter Pan, medio siglo después de la Operación Peter Pan.

56. Me fui de Cuba para del clarín escuchar no el bullicio bárbaro del himno, sino su silencio sentimental.

57. Me fui de Cuba para no tener que responder por qué hoy me iría de nuevo de Cuba.

58. Me fui de Cuba para tener que responderme por qué hoy no me iría de nuevo de Cuba.

59.

SILVITO, EL LÓBREGO

Durante mi adolescencia heavy-metalera, Silvio Rodríguez era la encarnación absoluta del Mal. Sin medias tintas ni melancolías de una Revolución paternalista-infantil: Silvio y Satanás eran sinónimos. Pero ni siquiera era así, porque sentíamos simpatías por Satán, y Silvio nos daba un asco discográfico más allá de lo racional (comparable solamente a nuestra salsofobia anti-bailable).

«Frikis», nos hacíamos llamar en La Habana de los quién recuerda si finales de los ochenta o principios de la década decadente que se vendría encima después.

No nos importaba su biografía de rebelde con causa, en tránsito de pepillo irreverente a cantautor reprimido, y luego de la Nueva Trova a ser el vocero do-re-mí fa-sol-lá del Sí al socialismo de los setenta (incluidos sus pósteres pro-soviéticos para la promoción de sus discos en Cuba). Ni siquiera nos molestaba su fama de pedante sobre los escenarios, conminando a no corear en «polifonía» al público proletario de la patria, mientras en Chile y en el resto del mundo él animaba democráticamente a su audiencia a desafinar. Sospecho que Silvio Rodríguez era nuestra antítesis de la libertad (su esqueleto caquéctico encarnaba a una derecha retrovolucionaria con sus acordes dodecastrofónicos).

Silvio era lo que no éramos en tanto generación de «degenerados» —así nos llamaban hasta nuestros propios familiares fidelistas—: Playa Girón, el Che, La Moneda, Angola, Nicaragua,

Granada, Panamá, las becas, el trabajo voluntario, y otras mierdangas que nos parecían entonces pura propaganda. De pronto ahora nos damos cuenta que no. Que aquella fue nuestra única vida de verdad verosímil (toda redundancia es revolucionaria), pues también nosotros resultamos ser sujetos del zoocialismo caribe y, fuera de Fidel, hoy y siempre seremos zombis a la caza de un Castro arquetípico al cual descojonar y sobre quien descargar nuestra ira de israelitas errantes.

Silvio era el pasado del cielo de nuestros progenitores y, aún peor, el demasiado sentido histórico que fusilaba a nuestros más efímeros futuros. Silvio era la Cuba adulta y para colmo culta, deplorable combinación para quienes no queríamos crecer según cada cual se escapaba de sus correspondientes escuelas. Silvio era la cárcel de tatuajes baratos y amoríos en tiempo de emulación laboral (maneras de comer caca kitsch). Silvio era décima y afrocubanía y propiedad colectiva sobre los medios de producción y sobre las guitarras de la siguiente guerrilla. Silvio era lo más necio de nuestra nación, incluso antes de hacerse parlamentario y dueño de una disquera y ciudadano del Cono Sur como colofón. Silvio era en carne y hueso el *statu quo* que, desde un aula de Preuniversitario urbano, los frikis sin causa —y muchos de nosotros sin casa, huyendo de nuestros padres despóticos— queríamos dinamitar.

Después, crecimos. La crisis general del socialismo todo lo desacralizó. Nos quedamos solos con nuestras cadenas y calaveras y pelos sin champú crecidos a golpe de matagusano, y tatuajes tribales con tinta de bolígrafo, pero estudiando gratis en la universidad. Dejamos de ir a conciertos de *rock´n´roll*, según se iban sindicalizando los grupos de *rock´n´roll*, en la mediocre urgencia de cobrar un salario en pesos cubanos a cambio de un *distortion* bajo control.

Con el llamado Período Especial —esa menopausia famélica del marxismo—, La Habana se tornó una ciudad violenta, viciada, vaciada. Con hoteles y laticas de líquidos efervescentes. Con dólares y ruinas *Made in Meliá*. Con señales piratas de televisión y parabólicas hechas con bandejas, cuyo uso te podía costar la cárcel si no eras un informante del Ministerio del Interior. Con Fidel, que ya por entonces intuíamos eterno (hoy lo hemos constatado con creces). Y con los mínimos amigos que fuimos quedando a expensas del exilio y la muerte, atónitos de ver a Fidel Castro inaugurando una estatua exhausta de John Lennon (en venganza le robamos sus gafitas de bronce), graduándonos para llegar a «ser algo en la vida» (aunque la vida estuviera en cualquier otro parque), casándonos con la carroña roquera que sobremoría en los años cero o dos mil, aplicando sin printers y sin internet a cuanta beca de estudios o profesional existiera en el extranjero, ese espacio primero sideral y después tan cínico, donde apenas aterrizaban y ya todos querían singarse tropicalmente a todos alrededor.

Entonces Silvio Rodríguez resucitó para mí de la mano muda de una muchacha (este pudo ser un verso de alguna de sus 1959 canciones). Con treinta años, oí de viejo a un Silvio analógico, anacrónico, ancestral. Un Silvio de temas en vivo que Silvio no se había atrevido a grabar en sus estudios estatales, una voz conservada de gaveta en gaveta en casetes distorsionados que habían sobrevivido al Pacto de Varsovia, al CAME y a la CCCP. Un Silvio del alma, desconocido, ido. Un Silvio politiquísimo, sí, pero desde una perspectiva privada que supongo que hasta el propio Silvio ignoró. Un Silvio paleofabuloso que nunca descubrimos mientras estábamos vivos en nuestra generación. Es decir, un Silvio fúnebre. Y lo amé, como amé tu mano muda de muchacha sacada de un verso bobo del cantautor.

En los últimos años Silvio Rodríguez ha devenido blogger comecandela, que debate lo mismo con los compañeros censores del Partido Comunista, que con la sonrisa señorial de Carlos Alberto Montaner (esa otra encarnación del Mal absoluto así en Madrid como en Miami, a los efectos del gobierno cubano).

Silvio Rodríguez sabe que hay cosas que colapsaron para

siempre no solo en la arquitectura, sino en el imaginario de la poesía cubana según él mismo: es decir, Silvio está consciente de que a la Revolución se le cariaron todas las consonantes y se le envilecieron las vocales. Para colmo de patetismos patrios, hasta le decomisaron «por las buenas» sus estudios semiprivados de grabación. Y él dijo algo así como un «gracias, Ministro».

Pero Silvio Rodríguez insiste en sus conciertos por las prisiones y los barrios más depauperados de nuestro país. Cuando Fidel Castro murió por primera vez, en el verano de 2006, Silvio andaba llamando por teléfono uno a uno a los otros jerarcas de la Plaza de la Revolución, para ofrecerse a cumplir la misión musical que fuera necesaria en una Cuba con Cadáver en Jefe.

En muchos sentidos, Silvio Rodríguez es hoy uno de mis cuatro colegas del Apo*cuba*lipsis. Porque ni para él ni para nadie existe ya en la Isla un público en puridad. El desierto nos deslumbró. La adolescencia cubana remanente es ahora estadísticamente emo, energúmena o de un candor criminal: cerebritos en blanco donde la pulsión económica a ciegas, la droga sin épica, y los orgasmos rentados a ritmo de reguetón, son las taras congénitas que ninguna novísima trova puede paliar.

Deshabitamos como pueblo la paz póstuma de una habana habandonada, con h que hiede a los himnos numismáticos de los hijos de los hijos de puta. Caracoleamos por cuenta propia en una Cuba cársica de valor de uso menos que turístico, donde solo la academia norteamericana parece refocilarse en sus tétricas teorías del bienestar (oscarlewis cardiacos en busca de una utopía perdida: swanncialismo mitad desastre de Sartre y mitad chorrada de Chomsky). En definitiva, se nos ha quebrado la continuidad espiritual entre el Líder Máximo y nuestra ciudadanía mínima. Y ya no hay mariposas que nos salven más allá de una visa irreversible o una balsa para bandear la barbarie.

Todo tiempo futuro tendrá entonces que ser peor, Silvio Rodríguez nuestro que estás en el cieno. Pero en un sentido estrictamente quijotesco, tu palabra nunca fue más edípica que hoy. Te bates contra los molinos bursátiles que azuzan a Cuba, sin renunciar a tu avalancha de *copyrights* y palmaditas en el hombro del hermano Castro menor. Es esta trabazón con el totalitarismo lo que te convierte más en un hito hundido que en un lamebotas lamentable. De hecho, casi simpatizo tanto con tu retórica retrógrada de abajo-el-bloqueo-yanqui, como con el radicalismo rapeado de tu descendiente maldito, Silvito El Libre.

El bloqueo no existe, mi amor. Los yanquis fueron una cortina de humo, testamento de un *mordazamor* extremista, extrajudicial. El bloqueo yanqui —como los dinosaurios, como la dictadura— va a desaparecer. La cuestión es qué haremos Silvio y yo con una Cuba sin oprobio sumido, qué harás tú con Silvio cuando se apague el altavoz oficial de *El necio* en los actos de repudio.

Ese sí será nuestro *Jerusalén año cero*: un tiempo para dejar de ser fantasmas de un fidelismo ya en fase afásica que nos fosilizó.

CHONG CHON GANGSTERS, S. A.

El buque norcoreano Chong Chon Gang, que en el verano de 2013 zarpó de Cuba con la barriga caramelizada de armas y fue detenido en el canal de Panamá, rebasó el terreno del terrorismo de Estado para ubicarse en el campo mucho más minado de la ficción. Manga de una muerte de mentiritas. Pornografía de pólvora y aviones de combate contra el disney-imperialismo global.

Como si fuera el títere de un Tarantino totalitario —al igual que con los 5 Espías/Héroes de la Red Avispa en Estados Unidos, aquí todos los roles son relativos—, el supuesto norcapitán del barco cogió un cuchillo de cocina salido del director ¿de arte? y trató de cortarse el cuello, acaso para ahorrarle luego esa molestia al Gran Camarada de la tercera camada: Kim Jung-Un, quien lo castigaría por ser tan comemierda de dejarse coger con las manos en las armas.

El Gobierno cubano se apresuró a negociar un arreglo en secreto con Panamá, antes de que la mierda llegara masivamente a los medios. Dada la magnitud del contrabando militar, violando como 1959 resoluciones de la ONU —por menos que eso muchas capitales del mundo han sido bombardeadas—, no sería de extrañar que desde La Habana le ofrezcan licencia gratis a Barack Obama para abrir en Cuba no uno, sino mil canales de Panamá, pero a lo largo y estrecho de la Isla.

El presidente panameño en persona, con su neorrealista nombre de Ricardo Martinelli, fue quien dio la voz de alarma, como un golpe de efecto para su electorado. Lo anunció, como corresponde al microestilo del siglo XXI, en Twitter, que es la medida de todas las cosas, y donde incluso Dios ya tiene cuentas verificadas en distintos idiomas.

Nuestro Ministerio de Relaciones Exteriores hizo entonces su Mea Cuba, y reconoció que bajo el azúcar del Chong Chon Gang habían camuflado algunos cohetes caducos y avioncitos averiados que, a estas alturas de la historieta, no podrían hacerle más daño a nadie. En el guión se argumentó que esas armas —y armatostes— se llevaban a reparar a Norcorea, y que luego las traerían de vuelta también de contrabando al Caribe. Piratería humanitaria, democracia de dojo, juramento juche por la santísima madre del Primer Premier, el abuelito Kim Il-Sung.

A la postre, a toneladas de tráfico criminal se les estaba dando el rango de armas de utilería: esas salvas espectaculares que de vez en cuando matan por accidente a algún doble de cine, o a un extra anónimo cuyo tributo no queda siquiera en los créditos del film. La ficción, aunque provoque fricción diplomática, es solo ficción, y los lectores de la prensa norteamerizquierdista —lo mismo que los peritos pacifistas del Departamento de Estado— así lo interpretaron, disfrutando de las indecencias narrativas del régimen hollywoodense de los *cowboys* de La Habana. *Brokeback Sierra Maestra*.

Es cierto que después aparecieron más y más contenedores escondidos bajo la zafia zafra cubana, incluidos algunos con detonantes más que suficientes para volar el Canal de Panamá (los chinos ya están construyendo un canal de repuesto en Nicaragua). Pero es que era necesario este clímax cinematográfico, el clásico *cut to the chase*, pues no hay dramaturgia que dure sin una buena bomba como colofón.

Los tanques pensantes de La Habana y Pyongyang debieron sentarse entonces a toda carrera a reescribir la escena final. Los líderes verdaderamente populares trabajan así: al fragor del entusiasmo de la audiencia, sin nada amarrado *a priori* por las escaletas y las escaladas del guión original.

Los sacos de azúcar fueron al final embalados embarajadamente hacia un puerto norcoreano. Tardó semanas la descarga y recarga de los cristales refinados de la «dulce gramínea», como insiste en llamar al azúcar blanco la prensa comunista cubana (y la prensa opositora la imita sin intenciones de plagio, sino por su pobreza de vo*cuba*lario). Nadie supo a ciencia cierta la cifra de sacos, por lo que no debería descartarse que se tratara de un número irracional, infinito. Un *aleph* armamenticio que se repite, sin transparencia y sin superposición, cada un par de administraciones demócratas en La Casa Blanca. El castrismo siempre tuvo mucho de ciclo circense —no tan cínico como cinéfilo—, de efeméride en efeméride sin fecha de embarque ni de expiración.

En las postrimerías de la Revolución, es pertinente borrar toda evidencia de la barbarie. Por una parte, debajo del azúcar y encima de las armas, podría hallarse la clave narrativa de esta moraleja mortal sin fábula afable que la preceda. Por la otra parte, ¿qué ganaban los norcubanos con esta misión abortada? Reconozco que arribo ahora al inefable centro de mi relato, por lo que según Jorge Luis Borges empieza aquí mi desesperación de escritor.

Toda narrativa según Ricardo Piglia es la historia de un viaje o de un crimen (en este caso, podría ser la de un viaje *y* un crimen). Entre el azúcar y las armas bien pudieron esconder un arsenal de cadáveres cubanos, esa fuente de suspense insustituible: muertos insignes —algunos falsamente desaparecidos, como el comandante Camilo Cienfuegos— cuyos restos de ADN los Castros querrían lanzar al cosmos o hacerlos plasma gracias al programa nuclear de la invencible vecina norcoreana. Más mediocremente, podría tratarse solo de una fuga de billetes al por mayor, acaso de las remesas completas a Cuba desde el exilio cubano, para burlar por partida doble al embargo blablablá de Washington DC contra de la Revolución D´Castro.

Junto a las interminables toneladas de azúcar, es posible que la casta anquilosada en el poder intentase sacar también a su familia dinástica entera, como profilaxis política *avant-la-Transition* post-Castro. De ser así, el mandatario Martinelli debería twittear menos y garantizar más la seguridad de estos polizones, hijitos y nietecitos de papá Estado y mamá Revolución.

Por último, es cierto que el Chong Chon Gang pudo reventar como un siquitraque por su no declarada carga volátil —en Cuba hay tradición de aviones y barcos civiles que volaron por esa causa—, pero no es menos cierto que la tragedia se hubiera circunscrito a la región más estrecha del continente, lo que en buena ley rebajaría cualquier condena internacional al rango de terror*istmo*.

Tampoco es tan creíble que se trate de azúcar de caña, pues Cuba ya apenas produce unos kilogramos (es sabido que el comunismo en el desierto terminaría importando arena). Así que en el informe pericial lo mismo podría demostrarse que es solo sal de Caimanera que confeti reciclado de la prensa oficial. Esa es la magia de la ficción: su maleabilidad antes que su maldad (maravillas aristotélicas del autor como autoridad).

Cualquiera sea el veredicto de quienes pretenden erigirse en tribunal de los tropimagnates y norcorsarios del Chong Chon Gang, la inocencia del castrismo como fenómeno estético ya está más que probada de antemano. En cuestiones de cohecho, los hermanos Castro literal y literariamente les dan las cajas a los hermanos Coen.

Allá la ONU con su carga cómplice y sus comisioncitas de traje y corbata. El mercado sabe que nada es comparable con la belleza vodevil —*devil* es diablo en inglés— de unos fotogénicos comandantes. Los mafiosos de uniforme están en todo su derecho de chongchongangear al ritmo de este Buena Vista Social Gangnam.

Condenadlos, no importa: el Premio Oscar los absolverá.

CONÚZCOLE

Conúzcole no tenía edad. Su piel cetrina era de papel periódico estrujado, pero con un olor menos agradable, más agrio.

Conúzcole no se peinaba ni afeitaba, para no tentar a la muerte de cumplir con un olvidado refrán. Vestía percudidamente elegante, como ya nadie en Cuba sabría hacerlo. Era un lord de otra época y su sola presencia ya era subversiva para el paraíso de un proletariado procaz, procastrista.

El vidrio mate de sus ojos ahora desenfocaba aquel verdemar del que alguna vez él estuviera orgulloso. Sus encías hacía décadas que eran otra vez las de un recién nacido, lisas como de loza, pero su verbo seguía siendo el látigo de aquel tribuno republicano de barricadas y años treinta, con cadáveres de enemigos de clase en cada esquina de Catalunya.

Como hogar donde deambular sus días en duermevela y sus madrugadas insomnes, le bastaba con la intemperie de las escalinatas de Lawton. Allí moraba Conúzcole, reclinado en los peldaños de piedra, bajo sol y sereno, entre los marpacíficos salvajes y la hierba guinea, instalado en su mirador junto a gatos y perros callejeros —también gorriones y palomas—, desde donde se domina un paisaje chato que llega hasta la bahía de La Habana y más allá, hasta la línea claustrofóbica del horizonte, muralla imaginaria para contener el flujo incesante de sus mil y un exilios (primero peninsulares y después insulares).

Conúzcole no era viejo en absoluto. Antes bien, después de dejar atrás su primer siglo de vida, ahora parecía atemporal. Su nombre se lo había puesto él mismo con su dicción castiza de la Madre Patria en el Viejo Mundo, seguramente sin darse cuenta, ya nadie podría recordar cuándo. Conúzcole era anterior al tiempo y probablemente anterior al espacio.

«¿Conociste al dueño que fundó este reparto?», decía alguien. «Conúzcole», decía él. «¿Y viste funcionando la fábrica de miel de purga?», decían. «Conúzcole», decía. «¿Y el fuego que casi vuela a la destilería de alcohol?», alguien. «Conúzcole», él. «¿Y cuando el Cardenal anterior puso la primera piedra del convento?» «¿Y cuando Machado vino a ofrecer ayuda por el ciclón del 26?». «¿Y cuando las líneas del tren eran de palo?». «¿Y cuando la ruta 23 era un tranvía todavía tirado por caballos?». «¿Y cuando Martí habló en el Liceo de Lawton?» «Conúzcole, conúzcole, conúzcole», era su invariable, no por inverosímil menos verdadera respuesta.

Conúzcole era gallego o vasco o asturiano o catalán: desde Cuba, eso queda exactamente en el mismo país. Es decir, no tenía nacionalidad (ni el odio connatural a todo nacionalismo). Los cubanos piensan que España es solo una España, ignorando franca —y un poco franquistamente— que allí se habla un manojo de lenguas, hermosas aunque no siempre bien hermanadas, en una pugna de diccionarios editados por una Corona a ratos cándida y a ratos tan cruel.

Tal vez fuera un judío del Líbano, por decir algo exótico y tan común en nuestra Republiquita capitalista. Tal vez era más o menos marroquí. O un refugiado blanco de la Rusia sin zares pero igual de zarista, de los tantos que recalaron un par de guerras en la Europa roja —con pasaportes falsos de Rumanía, por ejemplo—, antes de huir de las matanzas del mundo hacia la última islita de ultramar. Cuba, esperanza. Cuba, espejismo. Cuba, Conúzcole.

Hombre sin festividades, su alegría tocaba a partes iguales a lo largo y estrecho de cada año, fuera en son de neocolonia conservadora o fuera al ritmo de la fanfarria fanática de la Revolución. Nunca se le vio deprimido ni iracundo, como era común entre la gente de Lawton y otros márgenes, quejosos o violentos ante cada nueva adversidad de un socialismo con salud gratis que se nos fue yendo de las manos, con cada aniversario tornándose más despótico y más propiedad colectiva de nadie. Más camisa de fuerza irreversible en la que tu única opción era el Sí.

Conúzcole a todos consolaba con sus frases sacadas de un relicario tan antiguo como sus huesos prehispánicos. Era un evangelista o por lo menos un epicúreo. Un Séneca del parquecito Córdoba, entre calle *Fonts* y el pasaje que nadie nombraba, el de la estación policial.

Nadie podría asegurar si Conúzcole conocía de libros. Si sabía leer o interpretaba al azar lo que estaba escrito en la prensa y en aquella Biblia destartalada que era su única mascota. Conúzcole iba a sobrevivir a su época, a pesar de que su época era eterna: él sería el único cubano —enmudecía si lo llamaban «extranjero»— que asistiría sin asombro al velorio de Fidel, y hasta podría despedir íntimamente en público su duelo, sin patetismos políticos ni histerias histriónicas ni revanchismos históricos. Conúzcole estaba de vuelta de todo lo divino y lo humano.

De hecho, esa era su diversión o acaso la fuente de su sabiduría secreta (nunca se le conoció salario): los velorios de la barriada, los héroes anónimos que caían como moscas en cajas a lo largo de nuestro siglo xx doméstico. Conúzcole iba puntualmente a todos los velatorios, casi siempre en la Funeraria de Luyanó, un local que, desde los años cuarenta, fue comprado por los comunistas del PSP para honrar a sus mártires y, de paso, complotar contra la democracia burguesa constitucional (Conúzcole en alguna otra vida pudo ser comunista, pero de los que no pasan de la letra a lucrar con lo luctuoso).

Se aparecía sobre las diez de la madrugada. Compraba su cafecito barato y unos buñuelos de cuando en Cuba había buñuelos. Rememoraba detalles que ningún doliente imaginaría sobre el occiso —siempre datos humanizantes—, y antes del alba ya se había marchado, dejando cierto aire de resignación tras su estancia de fantasmita parlante. Algo de reconciliación con la existencia aportaba su ubicua asistencia, su talante en harapos majestuosos, su donaire salido de un tiempo etéreo: futurista y ancestral. Era una cosa que consolaba. «Ay, Conúzcole, no somos nada», le decían con lástima no se sabe hacia quién. «Conúzcole», reconocía cabizbajo él.

Su familia eran todos. Y nadie. No parecía extrañar cercanía de sangre ninguna, pero tampoco de ninguno estaba distante. Uña y carne anti-martiana, con nadie y para el mal de nadie. Conúzcole se nutría, más que de marquesitas matinales o croquetas y frozens y yogurts del crepúsculo, de la cronología de los sucesivos pobladores de Lawton, apócrifos o famosos, enfermos o accidentados, atletas o tullidos, y también lo deleitaban las milagrosas mutaciones de la arquitectura entre pueblerina y cosmopolita del barrio: un lomerío hecho ciudad por la fuerza de voluntad de una Habana siempre habitable, inabandonable a pesar de los pesares.

Los rumores sobre él eran muchos y muy mal intencionados (o cómicos, que en Cuba es casi igual), aunque jamás se atrevieron a soltárselos en plena cara. Que era pájaro arrepentido. Que había sido cura y dejó preñada a una monjita que se mató. Que fue espía nazi. Que fue cómplice de Ramón Mercader. Que era un prófugo de Alcatraz o de la prisión de El Príncipe, acaso un sobreviviente de Sing Sing. Que comía carne cruda. Que conspiró contra Hemingway por unos pesos o por unas putas pagadas por el FBI. Que no se bañaba por una promesa de niño. Que su madre aún vivía. Que era el primer abakuá blanco. Que nunca había sido niño. Que vino en el acorazado Maine y lo dieron por muerto en 1898 (su verdadero nombre estaría en la tarja sin águila de Línea y Malecón). Y, por supuesto, que era catalán o asturiano o vasco o gallego (de todo, excepto español), y que sus padres fueron quemados vivos en una plaza de toros, siglos después de la Inquisición. Cuba como una olla de grillos, donde el mito supera con creces a nuestro aburrimiento de bárbaros. Cuba como cacareo: un asco, sí, pero un asco que nos acaricia el corazón.

Conúzcole parecía inmune a esa burbuja de malicia sin malevolencia. Conúzcole mismo era el antídoto contra ese miedo al otro que los estudiosos llaman *cubanidad*, enfermedad congénita de las islas.

Cuando cambió la fecha, algo en su alma de repente se trastocó. No son lo mismo los mil novecientos algo, que los años cero o dos mil nada. Hay como una ruptura de colores, un cambio en el tono de la voz, una cosa frágil muy adentro —a ras de pómulos, dentro de la tráquea, bajo el esternón— que ya no reacciona igual en nosotros. Es una suerte de mudez que se resiste a toda mudanza, sobrecogiendo incluso a Conúzcole, el hombre sin edad que no podía verse trancado en una casa sin que a la postre le resultara una cárcel (toda pared se le parecía a un paredón). Preparen, apunten, luego…

El primer síntoma de abatimiento fue precisamente cuando lo arrestaron en la patrulla número 666, esposado sin necesidad hasta la estación de callecita impronunciable, al lado del parque infantil en ruinas (era un bastión del anterior dictador Fulgencio Batista: un castillejo feudoso que bien ejemplificaba cómo los caudillos entienden de urbanidad). Simplemente recogieron a Conúzcole por «ambulante» en la esquina del antiguo Club Ferroviario, culpable del delito de «peligrosidad» con un adjetivo no menos impronunciable para él: «predelictiva» (la justificación fue que un Papa peligroso estaba a punto de desembarcar en aquella Habana sin dios).

Varios vecinos reunieron firmas en protesta, pero luego se aterraron con las noticias de los no sé sabía cuántos arrestos en pocas horas, caídos como una plaga sobre todas las provincias del país (nadie quería ser equiparado con uno de los 25,000 firmantes del Proyecto Varela, por ejemplo: el pánico te paraliza y es la base de nuestra empalizada de país).

En realidad, Conúzcole estuvo preso apenas tres días —con solo dos noches— y lo trataron con distinción, como a un nuevo Caballero de París: culpable de nada, excepto del contexto de guerra civil que a todos los cubanos con Castro no ha tocado sobrevivir. Le ofrecieron la comida de los oficiales de Seguridad, que ese mes habían invadido el recinto, y solo fue forzado a bañarse con la ayuda de una enfermera o siquiatra o ambas, traída especialmente desde el policlínico «27 de Noviembre». Esa tardenoche friolenta, sus gritos de humillación restallaron en la apatía atroz de un Lawton que comenzó su decadencia definitiva.

Y Conúzcole cambió, aunque seguro se empeñó en que su apariencia no delatara la metamorfosis. La textura de su piel milenaria perdió su carcasa protectora. La luz larga y vagamente amorfa de sus ojos con cataratas ahora sí lucía opaca de verdad. Un temblor inédito se apoderó de su gesticulación. Las sílabas se le enredaban. Redujo a casi cero sus recorridos. Ay, Conúzcole, tú también no, por favor.

Como guerrillero urbano contra todos los caudillismos del siglo XX, entendió que él no serviría ahora ni como retaguardia (nunca estuvo muy convencido de que el siglo XX ya había pasado hacía siglos). Como orador improvisado y seductor de sombras, sus letanías perdieron la misericordiosa espontaneidad, su aura de sinceridad seca se resintió, su sentido concreto se tornó carencia. Tal vez su memoria le comenzó a mentir, primer síntoma clínico de toda debacle, sea privada o en comunión.

Conúzcole terminó escurridizo. Dejó de visitar funerarias y panaderías amateurs y cafeterías por cuenta propia y quincallitas de los horrores con productos hechos durante el socialismo soviético. En el portal del Correo de la avenida Porvenir, por ejemplo, nunca más recaló para comentar a voz en cuello —traduciéndolos en clave de cómics, como fue su costumbre durante décadas— los tétricos titulares de los tres tristes periódicos de los comunistas cubanos: *Granma, Juventud Rebelde, Trabajadores* (los únicos legales).

Conúzcole se cobijó en las escalinatas menos transitadas de Lawton: la de Calle 12 sobre todo, convertida mitad en cochambre y mitad en marabuzal (al fondo del matadero de reses, abandonado a su suerte durante el Período Especial de Guerra en Tiempos de Paz, y ahora sobresaturado de okupas, a pesar de que el olor a vísceras de vaca no se iba de allí).

Conúzcole era muy persistente, pero no tanto como un olor. De pronto envejeció en unas semanas todo el tiempo que él le había ganado a los relojes en sus más de cien años de inmortalidad.

Cayó en cama. Calladito, como el roble noble que era. Como no tenía cama donde caerse, alguien llamó a una ambulancia que lo recogió sobre el asfalto del mediodía y lo tiraron en una camilla cutre del Cuerpo de Guardia de la antigua Quinta Benéfica, que hoy es el indecente hospital docente Miguel Enríquez (porque los nichos de muerte han de ser bautizados con biografías de muerte).

De cuando en cuando, lo auscultaban. De cuando en cuando, una pastilla sin prescripción. De cuando en cuando, alguna toma de presión arterial (no tanto para el diagnóstico, como para entrenar a los estudiantes llegados gratis desde la Amazonia o desde ese volcán extinto que es la América Central).

Conúzcole les sonreía, condescendiente. Parecía saber más que todos a su alrededor. Acaso él era allí el único que entendía por qué a estas alturas su cuerpo se comportaba tan infantilmente mal. Acaso él era allí el único que había vivido de verdad, sin dobleces de dientes para afuera —de encías para fuera—, pero también sin credos de los que arrepentirse incluso ahora que deliraba.

Sus compañeros de calamidad, cada cual en un camastro, le permitían explayarse en aquellas ensoñaciones, entretenidas a pesar de estar en una lengua traslúcida que ninguna enfermera emergente, ni ningún geriatra de salario mínimo, descifró. Igual todos lo llamaban con cierto exceso de confiancita: «Abu». Gente buena y banal que tenían más carisma para peinarlo que para cogerle una vena (por primera vez sus cabellos finísimos cedieron a un peine; por primera vez sus venas de veterano reconocían el desierto exterior).

En cada historia, la Historia parecía írsele desfigurando del rostro. Las fechas eran líquidas, estirables, anacronismos de un milenio de caucho. Las distancias apelmazaban aldeas y villorrios y nombres ceceantes de vecinos que ningún vecino recordaba. En cada relato, afloraba el tufo de la violencia, de la peste, de la traición, del desamor dejado atrás por las estupideces del alma (si el pecado es lo que separa a los hombres de dios, ¿es dios quien separa a los hombres de los hombres?).

A Conúzcole nunca se le conoció amor hasta el momento de su agonía. Y entonces todas sus dulcineas se llamaban María. Todas eran dulcísimas, de tez de pera y olor a uva en los labios (frutas imaginarias en Cuba), la mirada frondosa, el talle algo regordete por la descripción, todas prestas al baile y al cante jondo sobre un cajón de bodega, algo brutas de carácter pero muy bellas en su intención. Todas seguro que todavía esperando por él, por su regreso en barco, tal y como a cada una de sus Marías él se lo prometió, aunque ninguna lo conociera como Conúzcole, claro, ni tampoco quisieran creerle que él volvía ahora con más de cien ¿años?, ¿días?, ¿minutos?. ¿O Conúzcole nunca se fue? Espérame, por tu vida. Mira que soy yo, soy tu amor.

¿Cómo darse cuenta de que ya hemos vivido, cuando la cabeza se nos cansa de luz y lenguaje, hundida en un almohadón sin fundas con olor a lejía (propiedad estatal)?

Conúzcole calló. Fue tan simple como cualquier rima popular. Una redondilla guajira. Cayó redondo. Sin su jerga de jotas guturales y sus erres recalcitrantes. El cuerpo se le hundió de súbito bajo su propia impesantez. Pasó lo impensable. De carapacho a esqueleto a cadáver, en una sola medianoche de Luyanó, de las más frías de que hubiera noticia para esa ¿semana?, ¿mes?, ¿milagro?.

En un hangar de la morgue, de cuyo número de gaveta no quisiera acordarme, congelaron su biología que nadie en la Revolución cubana reclamó.

El noviciado médico de Cuba y del resto de los países bolivarianos se encargó de tasajear sus órganos en solventes orgánicos, como un juego didáctico, para aprender cómo era un ser vivo por dentro y, con suerte, lograr una buena tinción histoquímica que les garantizase la máxima puntuación en la próxima práctica de laboratorio.

Conocí a Conúzcole a través del diario de mi padre, libretona cuadriculada de contador —ese oficio obsoleto—, páginas y contrapáginas a tope con su letrona cayuca de celta de Cudillero, un mamotreto que él nunca me mostró hasta después del día que él también terminara —ya sin Conúzcole como consuelo— tendido en la funeraria poscomunista de las calzadas de Luyanó y Porvenir.

Mi padre escribió ese diario de espaldas a la familia: era su crónica de intimidad en medio de un castrismo con los cristos escondidos en los cuarticos de desahogo. Me dio mucha lástima leerlo, tan torpe con las oraciones que la vida lo había obligado a redactar, tan austero y por eso mismo tan osado en imágenes y en buches amargos, tan perdido y tan digno en la tierra a la que lo trajeron sus padres antes de morirse ambos enseguida (en la misma fecha pero de años sucesivos), tan huérfano de nosotros (quiero decir, de mí), tan conúzcome tú y tan desconúzcote yo.

Ahora supongo que por fin me toca a mí. Emigrar con un libro o un desvarío o ambos a España. Camisa blanca de mi desesperanza, España: aparta de mí este castrismo que es tirar nuestra tragedia a choteo, que es tildar a nuestro totalitarismo de apenas una trompetilla si se le compara con.

Homenaje u horror, hoy volvemos como salmones desesperados a la patria conúzcole más querible, que siempre será aquella de la que ninguno de los cubanos a Cuba llegó.

NADAVIDADES

De Julián del Casal conservo solo su inviernofilia. Esas crónicas semanales donde se añora un invierno que dure meses en la Cuba decimonónica, para así disfrutar del silencio de unas calles ya apenas habaneras después del crepúsculo, «¡y que la nieve principiara a caer, colocando sus arandelas alrededor de los troncos de los árboles, poniendo sus caperuzas sobre las montañas eternamente verdes, y empezando a extender los pliegues del sudario en que todos nos hemos de abrigar!»

El frío, sus bizarrerías orientales, lo japoniche, una Cuba otra (menos cubana, más escritural). La nieve como un manto de misericordia o una mortaja sobre la patria déspota bajo la bota machorra de los iberos. El invierno como invención civilista, como resistencia de un poeta habanero que no tuvo los ovarios de coger un machete y salir a la manigua a decapitar.

Navidades de 1898. Nuestra independencia de España fue la manera cubana de estar más cerca del norte. La manía de contar en nuestra casa con los colores más comerciales del fin de año. Y villancicos en inglés, esa lengua libertaria. Para cambiar a la sacrosanta corona de Madrid por el muchísimo más humano Santa Claus de Manhattan (Miami todavía no sería Miami hasta la Revolución de 1959).

Pero, poética y narrativamente, desde 1998 las Navidades cubanas se nos han ido devaluando en la Isla. Algo sutil se ha perdido en el aura vieja de la noche del 24 para el 25. En los diciembres de la dictadura, cuando los cristos estaban proscritos, flotaba alto el espíritu nocturno de resistencia contra esa prohibición por edicto. Algo triste y virginal y muy casaliano que, según han venido los Papas católicos a Cuba, se nos fue haciendo vulgar, barriotero, mundano, *marx*terialista. Hasta llegar al punto procaz de sufrir más de treinta grados Celsius los fines de año.

Mientras Cuba más se mimetiza con el resto del mundo, cuando demagogia y democracia parecen parónimos demacrados, mientras la gente más se entusiasma con el día después de (o se exilian el día antes), cuando en las vidrieras de invierno ahora venden propaganda castrista con candilejas navideñales, mientras menos y menos represivos sean los revolucionarios de guayabera y mercado, más y más remota intuyo la tumba donde hibernan aquellos textos de Julián del Casal.

Hoy deshabitamos una Habana que ya no exhibe en la Cinemateca su sinfín de películas lánguidas, presididas por *Los paraguas de Cherburgo*, musiquita maravillosa que mesmerizaba puntualmente nuestros fines de año, con un retintín de nieve y gasolineras intermitentes en la escena final con grúa, mientras los novios adolescentes nos poníamos bufandas para encajar en el ambiente europeo de nuestra calle 23. *Ya no podría vivir sin ti, pero tú bien sabes que no será posible...*

Otro diciembre me sorprendió en la Feria Internacional del Libro de Guadalajara (Jalisco, México). Desde los primeros días del mes, la ciudad se llenó de flores rojas que entonces yo no sabía ni nombrar. ¿Flor de Pascua? Los funcionarios me miraban como si yo les estuviera haciendo una broma. Todos eran intelectuales de izquierda, pero así y todo no se convencían de que yo venía de un país sin Navidades.

Sonreí ridículamente y les dije que sí, que por supuesto: los cubanos éramos un pueblo súper chistoso (de haber tenido el dinero hubiera huido a La Habana en el siguiente vuelo).

Por suerte hoy ya tenemos flores plásticas de color rojo pascual, y cadenetas luminotécnicas de 3 volts en las tiendas en divisas convertibles, al menos en las capitales de provincia (que nunca se saben en definitiva cuántas son). También se venden postales más o menos neutras en términos religiosos y revolucionarios. Y la barba cana del compañero caudillo Castro I se torna por esas fechas una reminiscencia de Papá Noel (con uniforme verde daltónico). Y, al fondo, en lugar de renos, una marea humana desfilando en clave de Photoshop ante la plaza pesebre de la Revolución, entre bamboleos bambis de la barbarie.

Una de esas navidades de los años cero, una muchacha medio asfixiada de su propia belleza me escribió desde Matanzas este poema como aguinaldo (resabio o reconciliación de su niñez entre el esplendor y el caos, entre su padre preso y después sin patria, entre el vértigo y el naufragio):

> *Cercenaron nuestra infancia en consignas vacías,*
> *historias de mar, cárceles inútiles.*
> *Nos arrancaron las manos*
> *de construir castillos de arena,*
> *las piernas de correr delante de la muerte,*
> *la voz de cantar salmos,*
> *los ojos de mirar a las estrellas.*
> *Nos volvieron austeros, siniestros.*
> *Han querido borrarnos el alma*
> *pero nos queda el llanto y la rabia,*
> *y la memoria como escudo ante tanta mentira.*
> *Hoy todo es vacío y una densa paz ciñe la noche.*

En efecto, en Cuba no hay Navidades que no sean de noche. El día es para los ritos y, desde las misas locales de Juan Pablo II en 1998, es también un día feriado para roncar las comelatas de la Nochebuena anterior; para paliar las puñaladas de las broncas y los empaches e infartos en el hospital; y con suerte volver a emborracharse jugando dominó en familia o en una esquina del barrio.

Mi amiga poeta y yo cumplíamos en ese diciembre nuestros 31 años. Nos unía una tenue orfandad. La misma que con 31 años Joseph Brodsky captó en su poema «24 de diciembre de 1971» (justo el año en que nacimos ella y yo):

> Vacío total. Pero ante la idea del vacío
> ves de pronto como una luz salida de ninguna parte.
> Si el Monstruo supiera que mientras más fuerte es,
> más creíble e inevitable es nuestro milagro…
> En el rigor de esta ley reside
> el mecanismo clave de la Navidad.

Y es que no hay Navidad sin memoria de los muertos recientes que se nos fueron y los que se van a ir. De ahí que las masas de puerco frito bajen tan lentas por nuestra garganta, a cuentagrasas, sofritas con un regusto de latitud lejana, ajena, añeja. Consecuencias secundarias de Julián del Casal y su «suspiro por las regiones donde vuelan los alciones sobre el mar (y el soplo helado del viento parece en su movimiento sollozar)».

«Casi tan gris como es el mar de invierno», repetía la fanfarria nocturna de Radio Progreso. Aunque durante décadas mi generación interpretó que se trataba de una «casita gris» junto a ese mar imaginario del norte que resfría las costas de Cuba (en realidad, el Estrecho de la Florida es una corriente tibia y turbia del trópico, repleta de tiburones y de la osamenta anónima de miles de balseros huyendo de nuestro verano).

Mientras tanto, la prensa presa cubana aprovecha el naviderío para estamparnos las efemérides más fúnebres de la nación. De suerte que cada Nochemala leemos reciclados los titulares y testimonios de las Pascuas Sangrientas de 1957: asesinatos de Estado de un Herodes de apellido Batista, que sería herido de muerte en las Pascuas siguientes por un superhéroe de nombre Fidel (el evangelio según Castro).

Y, por supuesto, la TV nos colima en casa con la película *Clandestinos*, seguida de un Comunicado solemne con bandera e himno nacional, más las aleluyas alegóricas de un nuevo aniversario de la Revolución (el totalitarismo no es totalitarismo en absoluto, sino tiempo totalitario: árido).

Sea el solsticio o sean las saturnales de los Sagitarios —como yo—, a ritmo de villancicos o de reguetón, igual el nacimiento del niño dios en nuestra Cuba atea y supersticiosa me remite a una retórica remota, finisecular, prefidelista, donde imploramos un invierno que dure meses o milenios, para que el silencio sea el mejor sudario de esas calles promiscuas de La Habana siglo XXI (anagrama del XIX): «¿qué mejor mortaja que la de la nieve puede ambicionarse en un pueblo que bosteza de hambre o agoniza de consunción?».

VOLABAS EN CABALLO BLANCO, CUBA

Canciones mierderas que marcaron de muerte a nuestro pobre y provinciano corazón. Baladitas baladíes y poemas plañideros que nuestros progenitores interpretaron mientras hacían sus labores domésticas de fin de semana. O mientras hacían de noche mediocremente el amor (esa otra labor doméstica de la Cuba híper-institucionalizada del socialismo real y el realismo socialista).

Música mala, malísima. Inimitable y sin igual. Kitsch tropicaloso de alcoba. Melodía de fondo en un cabaré cubano con sus chistecitos de raza, de género, de locos, de gagos, de religión, de Fidel y Carter y Brezhnev que naufragan en una Isla y cada cual dice qué. Boleros *light* y melodramas *pop-corn* de cornudos y tembas. Rimas reumáticas. Estrofas estrujadas con versos inolvidables, eufonías que nos acompañarán más allá del Juicio Final ante un fiscal del Estado o de Dios.

Con esa banda sonora chupamos teta y aprendimos las primeras palabras patrias del español. Expañol, hezpañol. Musiquita genética, genésica, imágenes geniales a pesar de su ingenuidad. Todo un *background* de barrio bajo los berridos del bebé que fuimos y los onanismos oníricos del adolescente que envejeció en nosotros sin serlo nunca del todo.

Era una época de gloria y gastronomía cero. Ahora ha vuelto poco a poco la comida, pero Cuba enmudeció a fuerza de gritos de repudio y demagogia política, pasto teatral para el vulgo:

bullita de las postrimerías antiestéticas de una Revolución cuya cancionística nadie ya tararea.

Hoy somos como zombis en clave de Sol Sostenido Mayor, el más aburrido de los acordes. Monotonía de un pentagrama que se quedó con los micrófonos en blanco. Perdimos hasta aquellos programitas en blanco y negro de nuestra TV en vivo —como *Todo el mundo canta* y el *Concurso Adolfo Guzmán*—, que eran una premonición sin *copyright* a la actual saga de *The Voice*.

Así como nadie recuerda las amenazas apocalípticas del Premier único de nuestro único Partido —anunciando mil y una guerras al doblar de la esquina: la última fue durante las Olimpiadas de Beijing 2008—, tampoco nadie memoriza las letras del último *hit* de la temporada musical. Se nos borran las escenas queridas. Deshabitamos al ritmo patiseco de la resaca. Cuba como parónimo perfecto de Coda. A lo sumo, la vida se nos redujo a silbar (es mucho más seguro que interpretar cualquier tema de autor).

Y, entonces, cuando la esperanza por fin se asuma como una enfermedad endémica, cuando sepamos que estamos solos en tanto generación y que no cantaremos nada para dejar de estarlo, entonces, cansados de cargar con los fantasmas suicidas y los funcionarios pragmáticos en que sin saberlo nos convertimos, entonces, cuando el brillo del día a día sea una bruma bemol en nuestras cataratas de gente que se dejó robar el tiempo que le tocó, entonces, la molicie de aquella música de nuestras infancias mongólicas estará esperándonos todavía allí, como una visa para salvarnos, como un talismán contra las dictaduras más o menos difusas (menos o más semifusas), como una almohada donde recostar la nuca y pedirle perdón al amor, por lo mucho que parloteamos en su nombre y por lo tan poquito que lo practicamos.

Toda música en Cuba es un mausoleo. No hay momia del alma que no sea arpegiada. Totalitarismo de tralalí-tralalá. La cultura cubana solo tendrá sentido entonces en dos o tres frases de pacotilla, que expresarán mejor que cualquier tratado lo que fuimos, pero lo ignorábamos.

Ay, esos endecasílabos endemoniados de los que no tenía sentido intentar la fuga. Porque nadie es mejor que su peor estribillo, bis bis de hasta la victrola siempre. Porque entre aquellas metáforas melifluas, entre el panal patrio de sus mil y una almibaradas fonías —de más impacto que la inteligencia inverosímil de nuestra poesía «de verdad»—, entre las baladas y la barbarie, llorando de alegría y no de miedo, conmigo y contigo se mecía en el aire ese timo tierno y tedioso llamado la cubanidad.

DI, DIRUBE

En una de esas revistas paraculturales que se inventa la Iglesia
Católica en Cuba para no tener que meterse en política, leí la
notica mínima, casi una necrológica. Se hablaba de una capilla
abandonada desde hacía años y de un mural maestro que de
milagro aún sobrevivía en su decorado interior.

Era en la loma de Santa María del Mar, en las playas del este
de La Habana, que fueron las mejores del mundo (excepto Vara-
dero) hasta que cortaron los refrescantes pinos que las poblaban
—en realidad, casuarinas— y sembraron un desierto cársico de
uva caleta, por órdenes de la Academia de Ciencias Naturales y
no sé qué teoría soviética sobre la erosión.

Subí la colina del reparto Vista Mar, un condominio abandonado por la clase media anti-Batista que en 1959 no alcanzó
a convertirse en pro-Fidel. Atravesé un parquecito enyerbado y
repleto de presos o pacientes siquiátricos con su uniforme sepia
de trabajo (hacían labor-terapia), y enseguida encontré la iglesu-
ca de la que se hablaba en *Palabra Nueva*, con su cruz empinada
—inclinada— al cielo, entre una torre de telecomunicaciones y
un hostal en moneda dura para turistas.

El lugar estaba apaleado por la desidia. Cercas *peerless*, tablas
con clavos salidos, tanques con larvas de *Aedes aegypti*, sogas,
arena cernida, ladrillos apilados para ninguna reparación. En
la parte trasera de la edificación se había instalado como peor

podía una familia pobrísima (presuntamente inmigrantes desde del oriente cubano, nuestra Palestina privada). Y, al caminar dentro del templo devenido desastre, en efecto, descubrí los trazos de un maestro sobre la pared, colindante con lo que acaso pudo haber sido un altar (ahora era solo un retablo de cabillas).

Era una virgen. Una virgen picassiana, picoteada. A rayas, con bebé Dios y barquito de la Caridad con sus tres balseritos correspondientes. Líneas finas y gruesas, rectas y curvas, crucigrama ilegible, raspado con furia de gubia por el artista. Era, también, una flor distrófica, de ojos caprinos, su pelo como pétalos coronados con destellos de luz, acaso con los restos de otra pintura que con el tiempo se diluyó. Palimpsesto sacro, simulacro sin pecado concebido (y sin perdón puesto a desteñirse entre aquellas tres o cuatro paredes propensas de intemperie).

Hacía un silencio atroz. Un vacío sonoro perfecto para Dirube, cuya firma se adivinaba en el rodapié del mural, y había sido sordo desde los ochos años, además de desconocido en la Isla durante el resto de su biografía, hasta su remate en 1997, en el exilio de otra islita finisecular: Puerto Rico.

Pegué mi oreja al mural. Al otro lado, se oía el traqueteo en *off* de una familia negra cubana en los márgenes del XXI, un siglo que no acabamos de creernos del todo aquí. Olía a cucarachas y a cemento fresco. Olía a leña chamuscada. Olía a local cerrado durante demasiado tiempo.

Sentí una tristeza tremenda, como siempre que termino siendo el testigo de ese otro planeta llamado Cuba, donde todo tiempo pasado tendría que ser mejor. Desde el mismo enero de 1959 aquel reparto playero estaba siendo reconstruido para poblar el futuro. El hombre nuevo, incluso el bañista nuevo. Los cubanos tampoco pudimos hacer otra cosa para resistirnos a esa oleada de justicia que todo lo ajustició: no estábamos preparados para la Revolución que sobrevino, con un César a quien le bastó con vernos para vencernos con la violencia de su verdad.

En los años cincuenta, los cubanitos medios se creyeron que vivían en un país permanente. Con sus empresas y sus eucaristías, escalaron estas colinas y pusieron su dinero en función de una arquitectura de ruptura, que hiciera más potable el provincianismo de nuestra religiosidad. Y ahí fue que contrataron —supongo que por señas— al genio gutural de Rolando López Dirube, quien les incrustó una virgen con tetas cubistas a ras del capillón de una preburguesía ilustrada.

Luego, cuando salieron huyendo de la intolerancia atea, lo primero que perdieron no fue el muralito sin moralina, sino esta visión epifánica del mar cianótico: la misma que tenía gratis ante mis ojos yo, testigo indolente y precisamente por eso susceptible al indefinible dolor de los que se van (los que han vivido expatriados allí, saben muy bien que Miami no tiene mar).

Tiré fotos. Respiré. Miré la línea cóncava y claustrofílica de las Playas del Este. Era sábado por la tarde (qué bobería de detalle), pero parecía el último fin de semana de una nación que nunca le perdonó del todo su esplendor a La Habana.

No sé si Dirube recordaría este mural de juventud, al morirse en otra isla mucho más libre que donde él ensordeció. No sé siquiera si era una obra ya terminada, o apenas los primeros retoques antes de vestir a la virgen bocetada por sus manos de mago (¿era sordo o cegato aquel Míster Magoo de mis ochos años?). Igual era un prodigio que la pintura permaneciera aún en pie, borrándose sin público en una pared que funcionaba como traspatio de unos obreritos decididamente sin demonios ni dioses.

Quise humillarme un poco. Hundirme ante el esplendor en ruinas de un compatriota cadáver tan exquisito como expatriado. Pedir perdón por tantas patadas y ataúdes a cambio de nada. Reconstruir la Cuba de la que carecemos, a partir del plano silente de un Dirube que bien podría ser falso, o de otro Dirube revolucionario (porque, por supuesto, ningún cubano confía en las revistas culturales que cuenten con el imprimátur de nuestro Cardenal).

Cuba es también ahora ese tachón, ese emborronar papeles y paredes, ese desprecio déspota contra quien no comulga con la fe oficial, esa envidia estética que envilece todo y a todos, esa obra maestra para presos o pacientes siquiátricos o ambos (el castrismo es en su esencia un exceso de confianza, un fusilarte con familiaridad), ese apócrifo de élite que el pueblo emplea luego como posada donde singar o como paredón donde desangrarse.

Lo siento. Me fui. Hasta aquí he llegado (es una cita del evangelio según Saramago). No sé si regrese en vida a la capillita. Sí me encantaría usarla para velar mi cadáver. Solo allí recobraríamos cierto sentido de privacidad, de cosa prístina, primordial. Porque ese templo transmodernísimo, que la molicie materialista no supo conservar —excepto algunos cachos por carambola—, es el nicho innato donde tendernos sin que siempre Cuba venga y nos vea, y se vuelva a vengar de nosotros con ese bodrio que es vencer o ser vencidos por los cubanos.

¿DE UN ÁGUILA LAS DOS ALAS?

¿Los puertorriqueños son un país esclavo, una «colonia» que nunca dejó de serlo, tal como nos lo enseñaron desde niños en las aulas cubanas? ¿Ven hoy los puertorriqueños con horror su anexión a los Estados Unidos de América?

¡Pobrecitos, los puertorriqueños! Les ha tocado en suerte ser el peor pueblo del hemisferio: probablemente el único que sufre la desgracia de poder plebiscitar libremente los destinos de su nación.

Cuba se salvó de esa tragedia. En 1976, después de dos décadas sin ninguna Constitución, los cubanos votamos al unísono por la libertad de aliarnos con nuestros amigos foráneos. En efecto, en la primera Carta Magna de la Revolución puede leerse esta especie de Enmienda Platt, pero con los buenos de la película (*tovarich*, sí; *cowboy*, no):

Artículo 12: *La República de Cuba hace suyos los principios del internacionalismo proletario y de la solidaridad combativa de los pueblos, y [...] f) basa sus relaciones con la Unión de Repúblicas Socialistas Soviéticas y demás países socialistas en el internacionalismo socialista, en los objetivos comunes de la construcción de la nueva sociedad, la amistad fraternal, la cooperación y la ayuda mutua.*

No es la única mención de una potencia extranjera como garantía de nuestra Ley de Leyes. Pero todas tuvieron que ser borradas a la carrera de manera inconsulta en 1992, porque con la desaparición de la URSS de pronto se dio la paradoja de que la Constitución cubana devino inconstitucional. Una aventura leguleya que jamás han podido disfrutar los puertorriqueños, esos subnacionales del Caribe.

Lo mismo con el Artículo 5 de nuestra Constitución, que para siempre consagra que el «Partido Comunista de Cuba, martiano y marxista-leninista», en tanto «vanguardia organizada de la nación cubana, es la fuerza dirigente superior de la sociedad y del Estado, que organiza y orienta los esfuerzos comunes hacia los altos fines de la construcción del socialismo y el avance hacia la sociedad comunista».

Es decir, solo en la Mayor de las Antillas la gente tiene garantizada la seguridad de un partido único, estable a perpetuidad, contrario a los tejemanejes corruptos que abaten cíclicamente a nuestros hermanos boricuas en su Isla del Encanto, cada vez más diaspóricos y hasta balcanizados (con un uso excesivo de sus pasaportes, más las consabidas sobredosis de neurotranquilizantes por volar medio mundo en avión).

Si fueran súbditos del castrismo, hace rato que más de un millón de puertorriqueños traidores estarían —y con razón— tras las rejas, y forzados al final a un justo exilio irreversible, pues en noviembre de 2012, por poner solo el más reciente ejemplo, apenas el 6% de los plebiscitados tuvo el coraje de reclamar en las urnas la independencia de su propio país (lo que prueba, una vez más, que el Imperialismo norteamericano comete fraude tras fraude a su favor).

Lo que fue una opción perversamente pacífica en Puerto Rico, en Cuba hubiera sido una sana guerra civil (otro maleconazo tipo Tianamén, como el de agosto de 1994). Pero nuestros líderes seguro que hubieran decretado a tiempo el Estado de Emergencia, según el Artículo 67 que, ante debacles que «afecten el orden interior, la seguridad del país o la estabilidad del Estado», los ayuda a constitucionalmente «disponer la movilización de la población».

Precisamente lo que ningún presidente de la Casa Blanca se ha dignado hacer ante tales casos en Puerto Rico: reconcentrarlos como todo pueblo libre se merece para preservar su unidad.

1, Estadidad. 2, Independencia. 3, Estado Libre Asociado Soberano. Estas eran las represivas opciones impuestas en 2012 a un Puerto Rico sin soberanía. Por desgracia, es tal el miedo que amordaza a los boricuas, que ni un solo acto de protesta o repudio ocurrió como consecuencia de esta cómplice consulta popular. Como en 1967. Como en 1993. Como en 1998. Como en 2012. Recursos y más recursos que no se emplean en programa gratuitos de colectivización, y pero mas sin embargo son despilfarrados en este vicio de las pancartas y los plebiscitos.

Por suerte, en Cuba se transmiten resúmenes de la bolivariana TeleSur, donde el patriota de la islita Rafael Cancel Miranda resucitó con el grito de a degüello de que tanta votación banal es «una entretención para engañar al mundo con una falsa democracia», pues «el derecho de los pueblos no se somete a votación» cuando se vive en «un país secuestrado».

Y por suerte, también, en Cuba sí contamos con analistas objetivos como Enrique Ubieta, quien dictaminó de antemano que «los números a veces son tramposos». Mientras que portales noticiosos como *CubaDebate* citaban fuentes oficiales —más riguroso aún: de la oficialidad— que aclararon que a la postre no hubo más que «una ficción estadística», la cual, doble chequeada por la periodista Marina Menéndez de *Juventud Rebelde* demostró ser el «resultado de la manipulación en la mente de un pueblo que se ha visto crecer 'gracias' a los vínculos con el Norte, y a quien se le ha hecho creer que no puede vivir sin ese nexo», pues «la anexión no fue el parecer de la mayoría; aunque esa variante haya obtenido, al contarse las boletas, los mayores porcentajes». Más Castro ni el agua.

Para colmo de irregularidades, más de la mitad de los puertorriqueños viven en Estados Unidos o donde les parezca peor, por lo que entran y salen caóticamente de su propio país sin la mínima facilitación de un permiso de entrada y otro de salida, como sí se garantizan en Cuba.

El destino de Puerto Rico está determinado *ab ovo* por una décima, aquella bucólica *Borinqueña* de Lola Rodríguez de Tió (1843-1924), por más que en Cuba estos versos le hayan sido atribuidos sin mala intención a ese ubicuo Autor Intelectual que es nuestro José Martí:

> *Cuba y Puerto Rico son*
> *de un pájaro las dos alas,*
> *reciben flores y balas*
> *sobre el mismo corazón.*
> *Qué mucho si en la ilusión*
> *que mil tintes arrebola,*
> *sueña la musa de Lola*
> *con ferviente fantasía*
> *¡de esta tierra y la mía*
> *hacer una patria sola!*

Declamando con cuidado estos octosílabos de oro, uno siente como una cosquillita quisquillosa en nuestras convicciones de cubanos a prueba de toda tentación. Hacer una patria sola. Hacer una patria sola. Hacer una patria sola.

¡Por supuesto, patriotas! Pero, ¿a imagen y semejanza de cuál?

LÁGRIMAS PLÁSTICAS

En la cárcel de Boniato, en el Santiago de Cuba del 2010, un impedido físico, un preso común —ningún preso es común—, Norge Cervantes, ciego de cañón por lo demás (o ciego de arco iris), le dijo como despedida a Antonio Villareal, uno de los 75 presos políticos de la Primavera Negra con que Fidel Castro arrasó con el Proyecto Varela en el 2003: «las lágrimas que corren por mis mejillas son del corazón, porque tengo los ojos de plástico».

Casi un quinquenio descojonado después, Antonio Villareal apareció muerto en Miami, un sábado 28 de diciembre. Día de los Inocentes. Que en paz descanse este niñón noble de sesentitantos cumplidos y bien cumplidos, pues se ensañaron hasta la saciedad con él en las cárceles castristas. Nada del otro mundo, por supuesto (la tortura siempre es cosa de ahora y aquí).

Vamos, que Villareal tampoco es una víctima del general Augusto Pinochet. El cubano apenas perdió por etapas la voluntad sobre sus reflejos más elementales, como esa molestia de la micción. Y, aunque no tenía implantes de plástico en sus órbitas, no conseguía controlar el llanto cuando le permitían su llamada telefónica mensual en Cuba. Ni cuando, ya expatriado a la fuerza de por vida, lo entrevistaban en cámara para un Miami de millonarios miserables y mil mierdangas de *mall*.

Pero nunca sus verdugos de verde olivo le lograron quebrar esa cosa linda que él conservaba, aunque con nadie consiguiera conversar (mucho menos convencer) sobre qué carajo era eso y dónde en su cuerpo lo atesoraba: el alma de un hombre bueno y verdadero, en medio de un desierto desalmado donde hasta la maldad es falacia.

Espejismos de la oposición cubana. Todos dejan morir o matarse a sus mejores seres humanos. Ceros humanos. Y parece que Antonio Villareal eligió la segunda opción. Solo que en La Florida esa es una cuestión de *life-insurance* que a nadie le incumbe. Así que mejor dejad que la policía forense averigüe. Dejad que los abogados de la familia diseccionen su tajada podrida en este pastel (Miami es la ciudad de las moscas; Hialeah es el inodoro donde se descarga La Habana).

A nosotros no, gracias a Dios y a la Virgen traída clandestina desde la Isla en 1961 (algún día habrá que devolverla, si es que Estados Unidos y Cuba han de respetar sus recientes relaciones diplomáticas). A nosotros no nos pasará nada parecido a esta tragedia de un Chacumbele contrarrevolucionario (que él mismito se mató).

Nosotros estamos sanos y en control. Triunfamos, incluso en el fango. Somos los sobrevivientes que a nadie debemos la sobrevida de un socialismo soez, y por eso ahora nos acicalamos para la invasión de las inversiones (Miami es el salvavidas ingentemente inflado por Castro para cumplir ese rol histórico que en el 2018 se desencadenará: salvar a la Revolución, gestionar un futuro empresarial para el militariado mafioso, putinismo a pulso y olé).

No hay nada que el gobierno cubano haga que no esté signado por la muerte. De ahí mana su verdadero biopoder a perpetuidad (necropolítica a ultranza). La liberación de los 75 prisioneros de la Primavera Negra del 2003, por ejemplo, ya arrastra con varias muertes, incluida la emboscada mortal contra Oswaldo Payá y la encerrona clínica contra Laura Pollán (ambos Premios Andrei Sajarov del Parlamento Europeo, los que aún estarían entre nosotros de no haber ocurrido esas «excarcelaciones» con la coacción cómplice del ministro monseñor: el cardenal Jaime Ortega).

El futuro de Cuba nos está naciendo fósil, fantasmagórico, fatal. La era está abortando un corazón: el feto feo de una auto-transición entre asesores y asesinos.

Ante todo suicidio, un pueblo de cristos cobardes como el cubano enseguida especula con los «problemas mentales» o la «enfermedad de los nervios» del antihéroe. ¿Y qué tal si suicidarse fuera un síntoma de solución mental, de nervios saludables, de coraje y carisma (incluso de cariño hacia los que se fueron antes)?

Si Antonio Villareal se mató, sería porque a él no se lo merecía Miami (ni el mundo visto de una islita tan famosa como infame). Atentado o enfermedad, bofetón a la arrogancia de Dios o escupitajo al sinsentido de la Nada, pastillas sin prescripción y notas desahuciadas a su ex-mujer, lo cierto es que los cubanos lo habíamos abandonado mucho antes del sábado de los inocentes del 2014. Como en un complot del clan Castro, lo dejamos más solo que sus cancerberos en aquellas ergástulas donde su espíritu no enloqueció ni enfermó (lo enloquecimos y lo enfermamos a golpes de Miami).

Ya en libertad Antonio Villareal, los cubanos fuimos entonces como su co-prisionero ciego de Boniato, pero con la dignidad invertida —pervertida—: no son nuestros ojos, sino nuestras lágrimas las que son de plástico. De pacotilla, de patrioterismo pacato, de patíbulo donde la impiedad es nuestra más verosímil virtud.

Descansa en paz.

Rev In Peace.

i

¡AY, JALISCO, NO TE ROJAS!

A finales del 2002 estuve en la Feria Internacional del Libro de Guadalajara, Jalisco, México. Fui como invitado oficial, en medio de una súper-delegación que incluía desde el entonces presidente del parlamento Ricardo Alarcón, pasando por el entonces de ministro de cultura Abel Prieto, hasta la entonces Orquesta Sinfónica Nacional, convoyada con las todavía hoy vacas sagradas de nuestra políteratura, más el bonus-track de un Silvio Rodríguez cada vez más pujón (cumplía años en el aeropuerto, y lo atravesó con estatus de personaje VIP).

La cosa es que Cuba ese año sería la invitada de honor a la FIL. El *best-seller* de nuestras baladas guajiras, Polo Montañez, recién había muerto en un accidente trágico, por lo que sus pósteres promocionales aún atiborraban los postes de Guadalajara, como una Beatriz perdida para siempre en *El Aleph* de Jorge Luis Borges. El pobre Polo era una especie de fantasma que volaba junto a nuestra alegría institucional, como un polizón pinareño en aquel avioncito viejo de Cubana.

Era la primera vez que Orlando Luis salía y luego entraría a su propio país. Lo hizo en tercera persona del singular, aunque nunca tuviera tiempo consigo mismo en un itinerario amarrado *a priori* desde La Habana (también le pagaron el pasaje, la dieta y el hospedaje, por lo que Orlando Luis iba en condición de rehén).

Para colmo, salí de Cuba con un pasaporte rabiosamente rubicundo —rojo es el color de la Nomenklatura—, el que me «retiraron» tan pronto como puse un pie de vuelta en La Habana. En aquella época, como un hombrecito de Maisinicú, yo tampoco «tenía ningún problema con el G-2», pero los pasaportes emitidos para los funcionarios —yo era el editor de la revista estatal *ExtramuroS*— no tienen por qué permanecer en manos del portador. Esa es la norma anormal (esa es la norma, anormal). Cuba es Cuba, compatriotas, y si no les cuadra la caja, pues ya cada quien sabe qué.

Por cierto, ni siquiera notifiqué en mi editorial acerca del viaje. Solo les dije que me tomaría unos días de vacaciones. Pero en el último instante, la directora —una muñeca de ébano— me citó, muy molesta, pues se había enterado «por canales no correspondientes» de mi salida al extranjero (para mí México no era el extranjero: en el extranjero no puede hablarse mi idioma).

La jefa no sabía si felicitarme o fusilarme por indisciplina. Y yo no sabía si reír o pedirle mi baja laboral *ipso facto*. Estaba harto hasta la punta del pelo. Antes, me habían convocado a otra reunión multitudinaria con Abel Prieto y el entonces canciller Felipe Pérez Roque —Cuba es un emporio de los «entonces»—, donde se nos explicó la poética de patadas y piñazos de la cual debía ser portavoz nuestra delegación a la FIL (se esperaban nuevas provocaciones del Imperialismo, el mismo que acababa de robarle un tercio del territorio a los mexicanos, en el siglo XIX).

Y ahora aquella criollita del Partido Comunista me hablaba de que yo tenía que firmarle a ella un papelito en mi calidad de trabajador, afirmando no recuerdo qué sobre mi promesa de reincorporarme a las filas de *ExtramuroS*: una especie de *affidavit* inverso por si yo desertaba en medio de la misión FIL 2002 (a cambio, la administración me pagaría esos días como «trabajados»: por lo que no se afectó mi salario de casi ¡15! dólares al mes).

Desde el aire, el DF no tiene fin. Es de un terracota interminable y terrible. Parece un cementerio donde cada nuevo cadáver ha caído en la ciudad por un motivo más cruel. No hicimos escalas. Era un vuelo chárter directo, gracias al Padre de la Patria, a su vez progenitor —un Castro nada casto— también de cada uno de los cubanos individuales (valga el oxímoron).

Cuando llegué a Guadalajara, terminé en un hotel aparte del grueso de nuestro *team all-stars*, casi cama con cama en el mismo cuarto del narrador Rogelio Riverón, más avezado que yo en esas lides internacionales.

El muchacho carga-maletas, sin conocernos, enseguida nos soltó un chiste sobre Fidel (a lo mejor nos estaba evaluando a título de la Seguridad del Estado: la paranoia de los cubanos es puro instinto de conservación). Después, el chicuelotl se quedó esperando algo, hasta que se largó con un sutil portazo de la habitación. Supongo que su espera no fuese por una propina, porque nosotros éramos cubanos y él bien lo sabía: cubanos de Castro, coño, tacaños que ni en enero de 2059 le daríamos propina a un desconocido (en lugar de ahorrar esos centavos para gastarlos en Cuba).

Al inicio, estuve muchas horas desconcertado y fingiendo absoluta normalidad. Un zombi a ras de Zapopan. Estaba fuera de Cuba. ¡Estaba fuera de Cuba! ¡¡¡Estaba fuera de Cuba!!! Nunca me lo he llegado a creer todavía. Creo que, diez años después, me fui de Cuba intentando entender esa sensacional sensación de irrealidad.

No fui a todas las actividades que me tocaban por el Programa, y me metí en la única que estaba advertido de no hacerlo. Locura de principiante: me aparecí de improviso en la presentación de un número de la revista *Letras Libres* dedicado a Cuba y, concomitantemente, muy crítico con la Revolución (tal como nos lo advirtieron antes de venir los entonces ministro y canciller).

Por suerte, compré un ejemplar a escondidas antes de entrar —valía la fortuna de 5 dólares—, porque el local se llenó enseguida de mexicanitos con globos y ganas de protagonizar un guateque sin tequila. Y se formó un sal-pá-fuera donde no creo que hayan vendido ni un solo ejemplar, excepto el que yo escondía como un tesoro en mi mochilita.

Vi al buen ensayista Rafael Rojas, exiliado en la UNAM, ponerse colorado y sonreír con un tic nervioso. Mientras su hermano, el censor malo Fernando Rojas, jugaba a ser su alter-texto en nuestra delegación. Eran dos casi jimaguas en las antípodas del mismo magacín. Vi tres o trece rostros de los ideólogos de nuestra intolerancia calibán y, por desgracia, ellos también me descubrieron a mí, que no se suponía que asistiera a esa presentación, de acuerdo al guión pactado humillantemente desde La Habana (por eso nuestra clase intelectual es tan inocua).

En aquella saleta bien podrían aniquilarse ahora, como un par patrio de materia/anti-materia, Antonio José Ponte (uno de los Martícidas de Madrid) y Fidel Díaz Castro (apócrifo autor de *El Diablo Ilustrado,* un folletín sobre el castrismo explicado a los niños: dictadura *for dummies* que en Cuba los adolescentes decían adorar).

Se formó una bulla de ampanga. Un escandalito en el corazón de Jalisco que no dejaba oír nada, mucho menos por los micrófonos del panel libérrimo que debía lanzar la revista contrarrevolucionaria *L/L* (con esa doble L que en Cuba se usaba como gesto manual de protesta para pedir Libertad).

Me dio miedo. La violencia comenzaba a reptar entre las columnas y filas. Un empuja-empuja sabroso, un crucigrama sin clave, donde cualquiera podría coger gratis el primer gaznatón («coger» en cubano, no en argot mexicatl).

Era la rebelión de los necios. La conspiración de Castronieves y sus 77 enanitos. Y no se trata de racismo, sino de 77 datos científicos sobre el tamaño del estudiantado jalisco (y arisco). Así que, gigantón y todo, me apenqué —soy un cobarde sincero de donde se caga la palma— y simplemente salí del salón por un *exit* para casos de fuego (como era el caso).

Me vi mártir involuntario. Acaso la próxima Feria del Libro de La Habana llevaría mi nombre *in memoriam* (en febrero de

2009 así ocurrió: fui nombrado autor *non-grato ad infinitum*). Latinazgos aparte, el horror empieza siempre por un error.

Se me abalanzó un enorme uniformado que portaba un rifle de asalto y me advirtió que si salía, ya no podría volver a entrar al salón. Nunca sentí a Cuba y a México tan hermanados como en el corpachón de aquel mariachi marcial. Para mí la feria en tanto fiesta terminó justo allí, tal como se me reveló la idiosincrasia idiota de los cubanos en todo el hemisferio y al otro lado del horizonte.

A partir de ese fin de semana, preferí hojear libros por los márgenes de los quiosquitos. Comprar un poco de tortillas y tequilas (nunca sentí ni mareo), junto a los testamentos traidores de un Kundera que me faltaba y los sueños antisociales de Octavio Paz. Fui feliz anagrameando las colecciones de bolsillo, según me lo permitiera el bolsillo (dinero ministerial y los ahorros de media familia).

Como al tercer día, Cuba desapareció. No recordaba ya nada. Ni el calor, ese insoportable sopor del socialismo a la cañona. Fue como si llevara décadas de exiliado (y las llevaba, pero sin darme cuenta en la Isla). Lucía más joven y sin barba. La ropa raída parecía de estreno. En fin.

Conocí a gente preciosa, que increíblemente siempre habían creído en las Navidades. Fui a un multicine 3D (de las 3D no estoy muy seguro). Fui a un bosque y vi mis primeras ardillas. Fui a iglesias con niñas muertas que no se pudren y a restaurantes donde no era necesario comer arroz para comer de verdad. Sin proponérmelo, participé de un taller literario (lo siento, no pude evitarlo). Pero manejé de noche, en un carro automático (yo nunca había manejado nada, ni al mediodía). Dije mentiras. Fui lindo. Fui libre. Fui lúcido. Lo cual implica que me enamoré.

Con gusto me hubiera quedado una temporada hibernando allí. Me inventé plots de novelas y planes de colaborar con periódicos locales (nada prosperó). De un teléfono público, traté de llamar a mi madre y debí teclear el número con gran trabajo (ya sufría de Alzheimer apátrida). Pasé e-mails a montones desde cualquier negocio. Di una desastrosa charla ante un alumnado que se aburrió de mi abuso de la palabra «revolución», pues yo quería explicarles un pasado pesado y ellos ya venían de vuelta de su furibundo futuro: post-revolucionario, post-mafia, post-mercado, post-narco.

Al decimotercer día —en vísperas de mi cumpleaños en diciembre 10— Rogelio Riverón y yo nos miramos. ¿Qué hora era? ¿Por qué no venía un bus a recogernos al hotel? Los dos estábamos literalmente «quedados»: éramos desertores espontáneos. Nos dimos cuenta que ya hacía una hora que debíamos de estar chequeando en el aeropuerto. Y nosotros todavía allí, a kilómetros de distancia en contra del tráfico.

Entregamos la habitación de corre-corre. Pagamos no sé cuál sobrecargo —la venganza del carga-maletas— y también la cuenta del teléfono local. Después, contamos a dúo las monedas que nos sobraron para alquilar un taxi hasta el aeropuerto. Por suerte, mi segundo chárter ni siquiera había llegado desde La Habana. Ufff, todavía no habíamos traicionado la confianza de los ministerios de Cultura (él) y del Interior (yo). Hoy es todavía siempre.

Cuando aterrizamos en Rancho Boyeros y salí a la Avenida de Independencia, rumbo a la Plaza de la Revolución —también Guadalajara tiene esa perversa manera de nombrar—, había un soberano corte de electricidad en La Habana nuestra de un apagón tras otro apagón. Zonas de luz —los llamados alumbrones— y zonas de prehistoria, en un *parching* rupestre del siglo XXI con las costuras sin cura del medioevo.

A ciegas en casa, me bañé, comí y me acosté, sin hablar con nadie. A mi madre le dije: «mejor mañana». No llamé por teléfono, ni nadie me llamó a mí. Hacía un silencio de pena máxima, dictada por un letrado iletrado. No desempaqué. No traje esos regalitos *ad usum* del cubano que viaja. Ni los perros ladraban en el barrio. Lawton de la locura. Oí un tren lejos. O era un barco bandeando en la bahía. Estaba en Cuba. Como si nunca me hubiera ido. ¡Estaba en Cuba! Como si nunca hubiera regresado. ¿Estaba en Cuba?

Hace más de una década de todo este aquelarre. Rafael y Fernando Rojas siguen jugando a los cubanólogos antípodas, uno cosmopolita y el otro en su castrópolis, el erudito y el soplón.

Luego yo mismo me metí en problemas con la policía política cubana. Por cuestiones de estética, supongo. El camino del infierno no está exento —en texto— de buenas intenciones.

Quisiera volver a Guadalajara, pero yo solo. Sin deberle dinero, ni mi silencio a nadie. Sin tener dónde quedarme. Apostando a la suerte añeja de un papelito con los teléfonos de antaño.

Quisiera volver a una FIL donde se les prohíba por principio la entrada a los cubanos. Y presentar entonces un libro muy menor en una editorial mayor. Hablar sin parar en un panel sobre países que se perdieron, y hacerlo como los ángeles, a quienes ya imito intensísimamente sobre el papel. Contar la crónica anacrónica de este tiempo que nos destituyó de tanto y tanto.

Luego, ya saben. Mi cumpleaños es el Día Internacional de los Derechos Humanos y también se entrega del Premio Nobel literario. Yo, caminando bajo el frío que hinca la alta noche transparente del México de la muerte, sangrando ligeramente por la nariz. Yo, pidiendo perdón a las personas preciosas que conocí sin querer en el 2002, ignorante de que en la Cuba de entonces miles de cubanos ponían su firma y sus vidas para refundar la nación (el Proyecto Varela recibió como respuesta la cárcel, el exilio y el crimen: en un terrorismo de Estado que nadie en el mundo narró).

Yo quería ser esa voz yo. Ser quien lo narrase —incluso narrar en el mar—, pero no sabía cómo. Ni cuándo. Ni a quién. Entre la retórica de Rojas y la rabia de Rojas, en una Cuba roja a cuyo espectro ya le queda tan ridículo ese único color.

Por lo demás, en 2002 apenas estuve de vuelta —y no lo estoy del todo todavía—, presté la revista *Letras Libres* sin leerla y nunca nadie me la devolvió (después no he vuelto a ver otro número de papel).

CAMILA DE MI CORAZÓN CONTRACOMUNISTA

Ese fue el problema de la Revolución Cubana: no tener *cheer*-líderes como Camila Vallejo en nuestra juventud (en la Juventud Comunista, se sobreentiende, que es la única concebible en la islita).

En 1959 tuvimos, eso sí, un Camilo que igual arrebataba a las masas sin distinción de sexo, pero precisamente por eso nos duró menos que un merengue en la puerta de un aeropuerto: Camilo Cienfuegos enseguida voló por los aires —lo volaron, por envidia vil—, peor que el clásico globo de Matías Pérez. Así que sus restos nunca tendrán un nichito necro con la boina calada al estilo del Che, como el Guerrillero Heroico en su cenotafio de Santa Clara (dicen que sus huesos no coinciden con el ADN argentino).

A Camila Vallejo, que llegó a presidenta de la Federación de Estudiantes de la Universidad de Chile, sí le sienta bien esa bolchevique calada sobre su rostro de modelo súper-star. Comunista, para mayor *swing* y onda *cool* anti-capitalista y anti-hegemónica y anti-todo (excepto anti-totalitaria). Fajada a palabras y a palos contra el gobiernito en pleno de La Moneda, en esa democracia tan demacrada con ínfulas de un Primer Mundo piñeriano en Latinoamérica. Radiante y rabiosa, virgen incitante de una represión estilo Pinochet que la legitimase no solo como parlamentaria, sino como conspiradora de calle. Como mujer pre-mártir que muy pronto incubaría en sus entrañas a un bebé con sangre 50% cubana (léase, nacido ya con media nacionalidad revolucionaria).

Camila vituperada por la machorrería empresarial y *hi-tech*. Camila escudo *playboy* de los *think-tanks* izquierdosos a ras del ALBA. Camila Vallejo, compañeros, que salió publicada en la tinta tétrica del periódico *Granma*, y nos partió de una patada andina nuestro corazón sin minas de cobre colectivizado. Camila, que duele de belleza y virtud como una diva anticlerical de película, con su *piercing* trilce de dormirnos los dos en una sepultura, como dos hermanitos en un verso Vallejo.

Ese es el problema de la Revolución Cubana: vivir la política sin *glamour*, firmes y de completo uniforme, sin futuridad —un presente precario perpetuo—, sin placer y sin placenta de pueblo, porque en Cuba todos éramos una única hembra que se sacrificaba —de efeméride en efeméride— ante el falo infalible de Fidel.

Quien haga en Cuba la mitad de lo que hizo Camila en Chile, el puño en alto y exponiendo los trapos sucios de la nación ante la prensa internacional, en lugar de sentar al gobierno en la mesa de negociaciones, terminará preso profilácticamente antes de terminar su primera alocución. Y el reportero que se atreva a cubrirlo será expulsado según las normas de higiene de nuestro Centro de Prensa Internacional (ese *don't-think-tank* de la ultraderecha castrista).

Solo por postear en su blog tan contestatario al *establishment* patrio, en Santiago de La Habana la hubieran tildado de «ciber-mercenaria» en la TV estatal (por ejemplo, como a Yoani Sánchez y a mí). Y solo por poner sus pies disidentes en nuestro Parlamento 1959% unánime, la Cenicienta chilena hubiera sufrido un acto de repudio, donde la harían tragarse su manifiesto poético (como a María Elena Cruz Varela, por ejemplo).

Camila Vallejo parecía otra cosa, incluso en el *Granma*, libelo reaccionario del gerontocomunismo cubano. Con su mirada de novia de Peter Pan que, si llegara a crecer y descubrirse adulta, no sería nunca una diputada pragmática. Con su *look* un tanto cleptómano de Mariam Hood, caperucita roja que roba a los lobos de los barrios altos —sus barrios— para devolvérselo a los okupas de Hasta La Victoria Siempre.

Ah, demasiada poesía de princesita valiente para un pueblo tan mendigo apático como el cubano. Pero que por ella sí que podríamos ponernos *kitsch* y declamarle los versos más populistas de esta noche chapuceramente mapuche, con tu boina verde oliva y el corazón encandilado con los cóndores sin conmiseración de La Habana.

Ese será el problema de la Revolución Cubana: sembrar solo cuadros cetrinos, tipos de traje y corbata antes de cumplir veinte años (o con esos pulóveres de rayas que los delatan como agentes en formación); lo mismo que mujerongas de joyas tan falsas como sus maridos, arribistas de la proletariocracia cubana, que se exceden en la represión para ser premiados con un puesto en la diplomacia. Porque en una Isla, triunfar significa siempre salirse: ponerse a salvo del Archipiélago Cubag. No estar físicamente flotando dentro, cuando anuncien del Día F del funeral de Fidel.

Pero Camila por suerte no es cubana, así que puede hacer en paz la peregrinación en sentido contrario a nuestro pueblo tan ingrato. Por lo que en el 2012 Camila vino a esa Cuba que decúbito sufrimos y hasta le dio un besito a ras de boca al vejete no tan chocho como chulo que sigue siendo Fidel (meses después, Camila pariría a un bebé mitad chileno y mitad cubano). El hálito histórico es irresistible para la izquierda, con o sin halitosis: «para nosotros lo que diga, reflexione, lo que nos señale es como una carta de ruta, […] todas las reflexiones que haga Fidel constituyen luz y esperanza para Chile».

Ah, el recuerdo glorioso de las armas contrabandeadas desde la Plaza de la Revolución hasta La Moneda. Ah, el estoico escolta cubano que dicen que remató a Allende para que no lo atraparan vivo, como al resto de los soldados socialistas del presidente, durante el holocausto de septiembre de 1973. Ah, el atentado del que se libró el Pinocho —en otro septiembre, pero de 1986— por un golpe de aChé Ah, el barrio de los chilenos en Alamar, en una Habana de edificios de corte yugoslavos, los que fueron abandonados en masa por la chilería cuando llegó la alegría con el plebiscito *Made in* Pinochet. Ah, la Gladys Marín y el Pedro Lemebel viniendo a Cuba hasta sus últimas consecuencias clínicas, viendo sin ver a nuestro zanjón de una aguada no tan caribe como caníbal.

Hasta desembocar en Piñera, el epígono del pinochetismo chistoso, advirtiéndole a Raúl Castro al entregarle la presidencia de la CELAC: «a usted lo han elegido por un año, no por 50». Una broma macabra acaso respondida por Guillermo Teillier, al burlarse en público de la opositora cubana Rosa María Payá de visita en Chile, por ser la hija del mártir del castrismo Oswaldo Payá: «ella no ha conocido esos horrores en Cuba, ni tiene detenidos desaparecidos en su familia, ni torturados, ni ejecutados, pues su padre murió en un accidente carretero por imprudencia de un chofer, representante del Partido Popular de España».

Eso es lo insoluble de la Revolución cubana: que en el pueblo no hay ninguna Camila, carecemos crónicamente de su talante de gladiadora contra el sistema. Nuestras guerreras exportan y explotan su glamour de boconas en la televisión de Miami, anunciando cosméticos o bombitas para parártela antes y después de la Viagra; o simplemente aplican por una visa de turistas y enseguida sí que son «desaparecidas», pero en un resort cinco estrellas de Cancún o de Chiloé.

Camila de fisionomía fácil que nos convertiste a nuestra propia fósil ideología: si el Estado cubano me deja salir a tus Andes, si me fugo en un ataque de furia hasta tu islita continental —del desierto a los hielos, páramos de eternidad—, yo te prometo por ti, Camila, que militantemente te iré a buscar.

Por supuesto, no te diré nada que no te haya dicho ya aquí, y mucho menos aspiro a tus labios levógiros, porque bien sé que solo soy un gusano de los que no fusiló fidelistamente nuestro Pinochet. Pero quiero, Camila, si tu Grupo de Amigos Personales de la Presidenta me lo permiten, rociarte la piel desde la otra acera de Morandé 80, con una pucha de amarantas disparadas con el lanzaflores de Ladislao.

TRISTES HOMBRES DEL CHAPLIN QUE MIL Y UNA VEZ TUMBARON A LA REVOLUCIÓN CUBANA Y DESPUÉS FUERON TAN GENTILMENTE TRISTES QUE MIL Y UNA VEZ LA HICIERON RESUCITAR

Se parece a Sean Penn en *El asesinato de Richard Nixon*. Usa bigotico obsceno. Ríe cobardemente. Y trasmite cierto aire de erudición o solemnidad, bajo un traje raído de color gris rotoso.

Pero es 26 de Julio de un año dos mil nada en una esquina emblemática del Vedado —23 y 12—, ese barrio ex-elegante de La Habana, ciudad que iba a ser la megápolis de Estados Unidos más importante después de Manhattan y terminó siendo un suburbio del sur de Miami. Ahora él ya ha perdido hasta el nombre, pero tampoco le hace falta encontrarlo. Él es —ellos son— el fin de una épica y el comienzo de ninguna época cubana.

A ellos —a él— les basta con entrar siempre de primeros para ocupar sus puestos de élite en última fila. Esa es una perspectiva privilegiada: virtuosismo de la invisibilidad. Son los tiradores cinéfilos de la sala a oscuras del Charles Chaplin. Son los que se sacan sus penes de Penn tan pronto apagan la luz y rompen los créditos iniciales de un film del que invariablemente ellos serán los protagonistas (protagopingas).

Mis amigas ya nunca van solas al cine, ni al Chaplin ni a ninguno. Muchas empezaron a pedirme de favor que las acompañase y yo no entendía por qué (esta pandemia peniana en público empezó justo después de la primera muerte de Fidel, en otro julio pero de 2006). Así que fueron las hembras habaneras las que me explicaron de la existencia de semejante secta seminal (los tiradores maniobran de manera que ningún machito los ve).

Desde entonces yo los espío. Soy a ratos el testigo y a ratos el cómplice de esta pornográfica prestidigitación: carteristas de sus propias portañuelas, acróbatas de un prepucio promiscuo pero nunca precoz, ya que los tiradores jamás terminan (por eso mismo son tiradores: porque tiran y estiran de sus piltrafas pletóricas de deseo y a la par resecas de cualquier residuo seminal).

Atorados por una angurria mitad onanista y mitad incivil, estos Sean socialistoides de pene en mano me dieron pena desde el principio, pues nadie excepto ellos les tocará sus rabos de rabia (sin contar el forense, por supuesto, cuando alguno muere en pleno performance sin un solo familiar que los reclame).

No sé si esta especie de Homúnculo Nuevo alguna vez habrá sido convidada por el Che —o por Silvio Rodríguez— a creer en la palabra «futuro». O al menos en la utopía de los uréteres tupidos. Se cambian de filas como mil veces durante cada película, lo cual es un magnífico síntoma en una sociedad tan sésil. Pero aún no parecen libres del fardo fidelista de la culpa y la monserga moral, que les mata cualquier alegría y dignidad al carácter constante de su transgresión (por algún motivo, ningún «molestador» es molestado por nuestras ubicuas autoridades).

Hay algo en ellos de víctimas de la insolidaridad humana. Para mí son el delicioso diagnóstico de la debacle antropoilógica que sin Fidel ya nos come a cada cubano por una pata (y por la entrepierna).

Incluso en un país donde el psicoanálisis es subversivo, más allá de su función fáctica en la evolución, el falo cumple también un rol metafórico —metafálico—: el don de su exhibición como *potens* impotente y tótem sin tabú.

Mostrar es hacer política. Tocarse es ya un desacato. Y en esto ellos funcionan como las termitas del cactus patrio —pútreo—, zanjando túneles de fuga rizomáticos en un país donde se lee a Chomsky pero no a Guattari y Deleuze (toda semántica es una hermenéutica del semen: el lenguaje como emisión; por eso no hay tiradores mujeres). De ahí mi esperanza en esta esperma estéril que nunca corrió, pues prefiero que corra la leche y no la sangre anunciada por las consignas y sus comisarios.

Ante la tragedia de que los 26 de Julio son feriados en Cuba, por ser el Día de Todos los Mártires Inocentes —aniversario de un carnaval de cadáveres en los alrededores de un cuartel: Moncada—, los habituales del cine Chaplin se ven expulsados por decreto de su nicho ecológico. Cada año, ellos son los nuevos martirizados por esta efeméride. Y solo en este solsticio institucional se les puede ver merodeando al aire libre de 23 y 12. Solo en esta fecha se les ve el resto del cuerpo (como cometas que giran sobre su cine hasta evaporarse), en una suerte de huelga de las vergas caídas.

Algunos pernoctan en la propia acera, por miedo a que confundan su alcurnia de masturbador con la de un mendigo común. La palabra apropiada sería «menosturbador», pues en ellos el orgasmo es el proceso y no la eyaculación. Entonces se duermen acurrucados contra los vidrios de la Cinemateca, como niños huérfanos de nuestra cultura audiovisual: pequeños elpidiovaldés sin maríasilvias que se conduelan o al menos les donen un condón (ellos no sabrían ni ponérselo, pero el gesto sería suficiente para aliviarles su angustia analfabeta).

Fuera de la noche de ese día difícil, a esta tropita pinguenciera le quedan 364 jornadas para templar el acero, ejecutando a mano alzada el boceto de su venganza visceral. Cada automanoseo es una sesión antiparlamentaria, pues tirar es el más fáctico de los verbos —un *fatum*—, y en ellos se verifica que en el principio nunca fue el verbo, sino la acción (mientras menos culmine, más actancial).

Tal vez por eso se aferran a un antológico temita de la orquesta Aragón, en sus radiecitos de pila marca Siboney —que ellos usan como un mandil masón para disimular sus pelvis—, sintonizados siempre en Radio Progreso y su carrillón de *que no duerma el brazo ni cese el motor / el trabajo es gloria la vida es acción / jamás nuestra tierra tuvo tanto amor / ni tan bello fruto salió del sudor.*

En esta epoquita de deserciones en masa, si yo fuera un Castro, solo en el descaro de ellos me atrevería a confiar. En medio de tanta doblez prodemocrática, en esos mullidos mancebos residen las últimas líneas duras para resemantizar el sinsentido de la Revolución.

Cinco dedos y la gloria de un glande: un rubí, cinco franjas y una estrella. Hay algo ahí del diseño masónico de nuestra bandera, antes y después de la bobería bucólica de Bonifacio Byrne, al asustarse de que ondease machihembrada al pendón norteamericano, en el castillo de El Morro (que en inglés chapurreado suena a obscenidad: *Morro's gun*).

De hecho, a esta secta secreta yo la intuyo mucho más cosmopolita que patriotera. Ellos están más emparentados con el «buitre que exhibe las carroñas de su ruina» con quien compara José Manuel Poveda a nuestro «trapo heroico». Eureka, ¡los tiradores están ruinos, por supuesto! Y es eso lo que los hace menos ruines que el resto de los cubanos: raticas que reímos al ritmo reumático de la represión.

Tristes hombres del Chaplin. Inconcebibles hombres-balano con la muerte buceando bajo sus próstatas de butacón. Ceros humanos que ejercen el verdadero oficio del siglo que viene —que no se viene—: onania todas las noches. Loa láctea.

Tristes hombres del Chaplin. Sobremurientes al corto *PM* y a la peliculística tan extensa como taimada del director Titón. Rayándose sus mancuernas a 24 fotones por segundo: velocidad en blanco y negro de alto contraste en una pantalla mágica, manual. Bartolinos de barrio burgués, colimados entre las protestas excitadas de sus víctimas y una acomodadora que les apunta con una pistola de luz: luzbricación.

Tristes hombres del Chaplin. Atletas de un *voyeur-ball* sin bolas y sin medallas (y no por miedo, sino porque hay rumores de que están castrados: de ahí su inocuidad). Nadie les hará un falolito en La Habana. Nadie tampoco sospecha el poder de resistencia contrarrevolucionaria que emana de tantas lanzas circuncidadas (astas desbanderadas, puro tronco táctil y edición neorrealista de sus hipotálamos).

Yo mismo he hecho la prueba de sacármela someramente a mitad de un filme, mientras acompaño en el Charles Chaplin a mis amigas asustadizas. Fui carne de cañón, quimera no de oro sino del horror (nada excita más que lo extremo, lo extraño, la libertad de expresión). Y es cierto que uno percibe entonces un cierto estertor limítrofe. Un cric-crac del alma enjaulada —en el mejor de los casos, Cuba es un aula— y un retintín de esfínteres contra la apatía pendeja con que Papá Estado nos edipizó.

Todo cubano debe saber tirar, y tirar bien, es el *slogan* con sorna de nuestros socialistas de Isla. Perdónalos, patria, porque no saben lo que disparatan. Mientras ellos —yo— disparan —disparamos—, antes de pararnos en una tanda y ya no volver a ser espectadores sentados jamás: glandiadores cubanotográficos. Pero prométenos, patria, que tu reino sí se va a venir, con aullido o por lo menos un ayayay. Y que se hará entonces, por primera vez en la historia, nuestra voluntad y nunca más la tuya.

YO, CAMILO

Una vecina que viene de visita del Norte —contrario al lemita de TeleSur, en Cuba nuestro norte sí es el Norte— me saluda después de no sé cuántos años, y me ve por primera vez con barba desde que ella partió (mi barba de talibán anti-totalitario o fundamentalista contra Fidel). Entonces casi se hinca de rodillas y se pone a rezar ante mí. Luego se persigna y se para. Me da un abrazo devoto y le suelta con lágrimas en los ojos a mi mamá: «¡Por Dios santo, María, en tu hijo Camilo se reencarnó!»

En efecto, la Cuba de Castro es la nación más Kardec del planeta. Aquí ningún muerto ha muerto todavía. Por eso todo se sabe en la Isla, incluso antes de que suceda. Y lo que se sabe, no se pregunta: sabiduría empírica de un Wittgenstein que hace innecesario cualquier conato de censura. Los cubanos somos unos cotorrones que todo lo comentamos, pero con un cuacuacuá de catacumbas. Como dice el dicho, calladitos nos vemos mucho más bonitos.

A finales de cada octubre, la prensa oficial resucita al comandante Camilo (Cienfuegos y Gorriarán, porque tuvo padre y madre, los que lo sobrevivieron engañadamente durante décadas). Camilo es ya un género literario en sí: la narrativa de quienes, de tan amados por los dioses, desaparecen muy jóvenes sin explicación terrenal. El subtexto ateo es que a Camilo lo desaparecieron los hombres a la cañona, que ningún dios o diosa lo hubiese reclamado a sus 27 años (edad en la que, en efecto, mueren estadísticamente los que irradian demasiada luz).

A finales de los noventa, el escritor Francisco García González ganó el premio de cuento «Luis Rogelio Nogueras» con *Color local,* un libro que al intentar publicarlo por Ediciones Extramuros, fue secuestrado en la imprenta por ficcionalizar a un puñado de personajes perdidos en la maraña mentirosa de nuestra historiografía: desde Matías Pérez y su globo aerostático, hasta Camilo Cienfuegos y su avioneta Cessna 310C (el hecho de hacerlo «volar como Matías Pérez» fue la burda burla de sus verdugos de verde olivo).

En el planeta *YouTube* hay entrevistas y documentales donde se da testimonio en firme de que todo no fue más que un perverso pase de cuentas político. Camilo caía bien. Era un mujeriego maravilloso. Odiaba las tiranías. Creía en la peregrina idea de que el comunismo no venía al caso en Cuba después de ganar a tiros una Revolución popular (desconociendo que los pueblos prefieren al fascismo por comodidad). Había vivido en Estados Unidos. No quería competir «contra Fidel ni en la pelota» (esta fue sentencia de muerte). Y era, por supuesto, nuestro vecino de Lawton mientras vivió.

Mi madre se horroriza solo de pensar en las versiones digitales de cómo Camilo murió, antes de reencarnarse ahora en mí —es decir, en su barriguita materna de 1971— gracias a nuestra vecina recién caída del Norte. «Borra esa basura, te lo ruego», me ruega, «vas a caer preso por propaganda enemiga si te cogen con eso grabado ahí». Y se va del cuarto sin esperar por mi protesta cívica o mi ejecución *Shift + Delete* (no deja de ser curioso que una mujer sin instrucción haya incorporado tan orgánicamente el repertorio represivo revolucionario: propaganda, enemiga).

Mi madre María, virgen doméstica de los cincuenta, sirvienta que devino proletaria que devino propietaria en la misma casa de familia donde sirvió por un quinto del salario mínimo de entonces (no hay peor cuña que la del mismo cubano). Ella fue una de esas jovencitas que entristeció de muerte cuando el vuelo de Camilo nunca aterrizó. Y luego fue mi madre la que más lloraba de euforia y gracias-a-dios cuando Camilo resucitó en la radio cubana —otra falacia novelesca de Fidel para despingarnos el alma, mientras él complotaba como el tercer o cuarto golpe de Estado silente de enero a octubre de 1959—, solo para que Fidel rematara de nuevo a Camilo desde su tribuna-tribunal de discursiva luctuosa en el Palacio Presidencial (Castro acusó al Imperialismo del crimen).

Del aquel Cessna 310C no apareció nunca ni un tornillo —datos oficiales—, a pesar de que Fidel movilizó a millones de cubanos para que perdieran una semana rastreándolo. Así y todo, aún hoy, frente al hospital general docente de Yaguajay —donde Camilo ganó su más cruenta batalla—, se expone una hélice materializada por obra y gracia del espíritu de algún Kamilo Kardec.

Creo que desde entonces, mi madre vivió un poco enamorada de esa palabra que había nacido en nuestro barrio y que, de mero milagro, no terminó siendo mi nombre una década después. Santo Camilo Cienfuegos Gorriarán de Lawton. Es una lástima que su casa natal sea hoy un museíto muerto. Y es lastimoso que tenga que venir un exiliado de afuera (como nuestra vecina vidente) a reconocer su barba noble y su sombrero alón —de guajiro jovial— en un exiliado de adentro (como yo). Por cierto, Fidel usaba gorra de guerrilla; el Che, una boina de bolchevique; pero Raúl es lampiño y por eso mismo los cubanos lo sienten tan siniestro).

En mi escuelita primaria fui una vez con el resto del aula a lanzarle flores a Camilo al malecón. Hacía un viento de otoño ciclónico y el aire casi me arrebató las rosas rojas de mi jardín, que María me había envuelto en un nylon: no cayeron ni siquiera sobre los arrecifes. Fue como si el mar rechazara mi ofrenda. Las vi volar de vuelta al asfalto, desperdigadas directamente contra el pasa-pasa de carros americanos, cuyas yantas desguazaron mi culto de pétalos y pistilos al mártir más pingú de la Revolución. Un Adonis bello hasta la violencia, pero mudo e inocuo como sus estatuas instantáneas: ese millón de bustos de bronce o de cemento que irrumpió en aulas y fábricas tan pronto él «desapareció» (en realidad, los «desaparecidos» somos el resto de los cubanos, que nunca sabremos del cuerpo-cadáver de Camilo, ni si dejó testamento, ni nada).

Por cierto, junto con Camilo desapareció su piloto Luciano Fariñas, pero también —días después— otro piloto de un caza Sea Fury que escoltaba al Cessna 310C, así como el mecánico de aviación que revisó a ese Sea Fury de vuelta al hangar. Además, fueron abducidos de por vida varios testigos oculares de una extraña pirueta aérea en la zona de Caibarién, así como semanas después balearían «por accidente» al capitán rebelde Cristino Naranjo —quien hacía una investigación criminal por su cuenta que nunca nadie prosiguió— y a su chofer Luis Nieves Peña. Como colofón, meses después el ejecutor a tiros de estos dos últimos sería a su vez fusilado: Manuel Beatón, un capitán rebelde condenado por alzarse en armas contra el Ejército Rebelde.

Una estela terrorífica, con testimonios que no terminan ahí, sino en el comandante Jaime Costa —castrista antes del castrismo: asaltante al Cuartel Moncada en 1953 y expedicionario del yate Granma en 1956—, quien luego estuvo décadas preso en la Cuba de Castro, hasta poder confesarlo todo desde el exilio, en su libro *El clarín toca al amanecer*: él mismo vio cómo acribillaron e incineraron a Camilo en la Ciénaga de Zapata, en el fuego cruzado de imponerle el comunismo a un pueblo comunisto-fóbico de cabarés y casinos, casas de citas y televisión a color, con un congreso corrupto pero con una constitución inclusiva donde en 1940 cupieron incluso los comunistas (los mismos que esperaron su turno para traicionarla hasta el día de hoy).

Nuestra vecina que vino de visita del Norte nos cuenta antes de irse que, en octubre de 1959, con el alma en pena de Camilo flotando sobre la islita de sus amores, muchos cubanos tuvieron entonces revelaciones hechas por un arcángel o por el propio Camilo o por ambos en uno solo ser superior.

Muchos de estos sueños aparecieron en la prensa aún medio libre de aquella época, titulares que con el tiempo serían borrados por «vándalos» con acceso —no sé sabe cómo— a las bóvedas patrimoniales de la Biblioteca Nacional.

Otros visionarios de Camilo dejaban de rastrear al «Señor de la Vanguardia» y peregrinaban de urgencia hasta la Plaza de la Revolución —confesionario del Hombre Nuevo—, donde le daban hasta su último detalle onírico al Departamento de Opinión del Pueblo —ramal en ciernes de nuestra KGB: el G-2—, intentando así aportar pistas para que apareciera el desaparecido.

Por favor.

Ni una tuerca. Ni una mancha de aceite. Ni un humillo. Esa falta de evidencia es la evidencia más obvia de lo que el augusto Camilo habrá tenido que aguantar, sea como sea que lo «murieron» con saña los señores de la retaguardia.

De niño, en el Lawton de los setenta sin barba, yo también soñé una vez con Camilo. Recuerdo muy poco, por supuesto, pero era un sueño muy triste (todos siempre lo son). De esos fogonazos conservo solo la dentadura rozagante de un Colgate Cienfuegos, su luz de leche tan campechana y cándida, su olor a colonia de barrio habanero y no a los porquerizos de la «tierra colorá», y las ganas de que Camilo me abrazara y no se muriera al yo despertar (después de su metástasis misericorde —nunca tuvo dolor, ni siquiera un diagnóstico amateur—, de adulto he soñado milimétricamente eso mismo, pero con la risa de abuelo de mi papá).

Camilo cayó como un Ícaro ingenuo, grávido, gravísimo. Lo fusilaron en el fango fétido, flor nativa cuyo coraje enfureció a los 1959 pendejos que importaban una ideología sin dios ni diablo, ni hombres (Raúl Castro y el Che Guevara armaron aquella orgía horrible de su holocausto). Por algo restauraron la pena de muerte en Cuba en enero de ese mismo año. Y la venganza más vomitiva contra Camilo ocurrió como quien dice ayer, cuando atornillaron su rostro desternillado de risa en una fachada del Ministerio del Interior (no es ese edificio, pero sí lo es).

«Si van a tirar, tírenme a los cojones», fue la última frase con que Camilo no deja ahora de humillar al Che, a quien en otro octubre hubo que callarle a tiros su pataleta de «no me maten, valgo más vivo que muerto». Mientras Fidel y Raúl morirán deshechos en menuda mierda en sus camas y ni una momia de mausoleo podrán parir.

«Hacer el amor es como morirse», le dijiste después de hacer el amor a una de tus marías de los fabulosos cincuenta, «y yo quiero abandonar este mundo con las botas bien puestas». Amén, pues, Camilo, hermanito hermoso. Y gracias por rechazar mis rosas de niño, crecidas en un jardín vecino al tuyo (como nunca creciste, el castrismo adúltero te maduró). Camilo, novio de todas las novias de nuestro Lawton: Cuba, la de los feos cubanos, nunca te mereció.

ZOOCIEDAD CIVIL

«¡Como un perro!», termina interrupta la novela *El Proceso*, de Franz Kafka. Nunca me gustó ese remate vil. Todavía pienso que tal vez no sea el final que planeaba su autor.

¿Cómo mueren los perros? ¿Acaso no mueren los animales con mucha más dignidad que los humanos, aferrados a una vidita de delirios con dioses y diablos? En todo caso, somos nosotros quienes los matamos como «lo que son», perros —por ejemplo—, para nuestra definitiva degeneración en la escala biológica: somos, por desgracia, el eslabón que no se perdió.

En esa frase cristaliza toda la violencia que supura de la abyección de los anónimos, esos seres traspapelados que nos van peloteando —hilarante y horripilantemente— de una oficina a otra de la novela: un librito con suficientes connotaciones cubanas como para considerarlo parte inalienable de nuestra literatura insular.

Escribir como un perro (hezcribir, cagar escondiéndonos en las calles). Leer como un perro (desleír la senda de orines que los idiotas llaman «idiosincrasia» y los cubanólogos de la academia caracterizan como «ideología»). Templar como un perro (la pinguita pronta al meteysaca, antes de recibir un cubazo de agua fría o una patada). Jadeos de perro (joder, jodido).

Todo esto y más, encajado de golpe en la escenita de un perro que cargan por la cola ante mi cámara, y lo catapultan por el aire contra la cama del camión-jaula. Zoonosis en acción, arte artero

227

por el bien comunitario. Contra las plagas de pulgas. Y yo, como siempre, metido en el medio, impotente. Escarnio de mi Canon.

Ocurrió la captura del can en la Virgen del Camino, en la frontera frágil de Lawton con San Miguel del Padrón, en La Habana del cincuentinosécuánto aniversario de la Revolución. Fue muy temprano en la mañanita de enero, un Día de los Reyes Mongos: efemérides de la entrada triunfal de Fidel al bastión de nuestra Babilonia bebé, en mil novecientos cincuentialgo.

Me dirigía a la parada de la ruta P-3 y oí varios tanganazos a mi espalda. Pero no podía imaginarme nada. Sería alguna obra en construcción (qué optimista). O alguna descarga de hielo o de viandas para el mercadito (nuestro agro es amargo, pero es nuestro agro). O serían los carroñeros de Servicios Comunales, dándole jan a sus tanques de basura sin ruedas ni tapas ni agarraderas (donación de algún ayuntamiento español que en Cuba descuajeringábamos en tres días inhábiles).

Entonces oí el chillido. Un chillido de perro. Como un frenazo agudo o el efecto de un feedback amplificado: un chirrido biológico al que por fuerza te tienes que virar. Era un perro. Literalmente y literariamente, ¡como un perro!

Y los tanganazos salían de los cuerpos de los múltiples animalitos que atrapaban con lazos, los casi estrangulaban en el aire, antes de coger impulso en círculos con ellos mismos y lanzarlos, para que hicieran su música de ayes contra la planchuela metálica del camión-jaula: un vehículo que era del mismo diseño —pero en miniatura— del que la Policía Nacional Revolucionaria emplea para cazar humanos (igualitarismo o muerte, vil seremos).

Desde el asfalto, dos forzudos proyectaban a los perritos callejeros a *full-speed*. Tal vez competían entre ellos para ver quién cumplía con más encono su higiénica labor. Por su eficacia mutua, seguro que ambos eran vanguardias en la emulación del MINSAP.

Quise rebelarme. Ir hasta los torturadores de Estado y liberar a la jauría por los métodos que fuera necesario, por las buenas o con un buen bofetón (que probablemente iba a recibir por partida doble yo). Pero supuse que entorpecer semejante «tarea de choque» —onomatopéyicamente, de choque: bang, bang, bang— podría ser penado en mi caso como sabotaje o desacato o escándalo público. Es decir, el expediente perfecto que esperaba la policía política cubana para no tener que procesarme por contrarrevolución.

Me han dicho que a los perritos que nadie reclama, sobre todo a los que lucen más enfermos, los ahogan con monóxido de carbono al estilo de un *Brausebad* de bajo presupuesto, pues nuestras cámaras de gas disfrazadas de duchas son solo una manguera enchufada al tubo de escape de un Moskvich o un Volga o un Lada en uso (siempre modelos rusos). Mientras que los cachorros más saludables son reservados vivos para soltarlos no como carnada, sino como carne, en el foso de los grandes felinos del Zoológico de 26 y del Parque Lenin (a veces con el deleite de la grosera grey infantil).

La jauría en el camión-jaula también gritaba. Desde el inicio intuían que esa captura violenta era ya el fin de su Proceso: novela trunca, vida trunca. No más olisqueos mutuos de genitales. No más apareamiento impúdico en público (homo/hetero/bi/ orgiástico). No más pulgas ni garrapatas ni sarna (ni más rhabdovirus como un rezago de nuestro capitalismo canino). No más ladridos a canillas y carretillas, pedales y catalinas, yantas y carrocerías. No más compañía cariñosa a los mendigos que pululan por la patria hasta estirar la pata, y entonces terminan disectados en una morgue (para «solaz esparcimiento» del estudiantado médico bolivariano). No más muertes bajo ruedas al cruzar daltónicamente un semáforo. No más vida de perro, en última instancia: la muerte como tránsito misericorde de La Habana al paraíso perruno o ante el Can Cerbero.

Tiré una foto a la escena. Mientras disparaba, me sentí como el reportero que, ante el infante enfocado, espera que el vultúrido en el *background* extienda sus alas: fotógrafo o funcionario o buitre o trailer del camión-jaula, la muerte siempre rueda en dos patas.

Death on two legs, you never had a heart of your own..., recordé a Queen. Y enseguida al desconocido Luis Marimón, poeta de Matanzas y luego de la cárcel sin cargos creíbles y luego remando a la fuga por un mar malvado —tinto en malva: sangre y maldad son sinónimos cubanos— y luego en un exilio etílico, donde yacen nadie sabe dónde sus huesos (apenas sobremueren sus versos): «el amor de una ciudad se conoce/ por la cantidad de sus perros callejeros./ Cuando en una ciudad comienzan a botar sus perros / es que, de cada casa, están botando el corazón».

Tal vez no debí tomar la foto. Igual todas mis instantáneas siempre son de uno u otro intenso instante prepóstumo. Un tipejo con voz atiplada se me acercó, probablemente para putearme unos dólares pensando que yo era extranjero. Al verse en ridículo cuando le dije lo endémica que era mi nacionalidad, me increpó policiacamente que «por qué cojones tomaba entonces ese tipo de fotos».

Eso fuimos/somos/seremos. Ese no mirar mirando. País de sacrificios rituales, donde las cabezas de chivos y palomas son la moneda dura de cambio. País no de pesebres —donde nació la compasión como paren las bestias: con bondad antes que primero fuera el verbo—, sino país de patíbulos: paredón, paripé de accidentes, peritos clínicos perversos, desaparecidos condenados de por vida a ser unos aparecidos.

Los cubanos somos no como perros —ni remotamente—, sino como personas. Antes y después de un castrismo humano, demasiado humano para ser comparable con nada que sea natural.

SEMEN Y CICLÓN, BANDERA Y BARBARIE

De columna en columna, vamos llegando a un límite. De calumnia en calumnia, ahora tenemos la responsabilidad de rebasarlo, aunque se caiga la Revolución por nuestra culpa (precisamente por esa imposible probabilidad).

Viene Gustav. De cabeza con categoría 5^{++} contra Cuba. Por los reportes de la prensa, cada huracán nos deja más debacle que el anterior. Es el cambio climático: un fenómeno del que Fidel Castro ha sido el autor intelectual (y también material). Desde la proa del periódico *Granma* el comandante exagera: «No exagero. […] Con toda franqueza me atrevo a decir que, las fotos y vistas fílmicas de lo que transmitían el domingo por la televisión nacional, me recordaban la desolación que vi cuando visité Hiroshima, que fue víctima del ataque con la primera bomba atómica en agosto de 1945».

Parece poesía apocalíptica, pero es periodismo de datos. Fidel conoce al dedillo de lo que habla. Tal vez sea el único cubano que lo sepa. Tal vez solo él en el mundo aún sueña con este imaginario inimaginable, que en octubre de 1962 él estuvo a solo un botón rojo de consumarlo, cuando le pidió al Gran Hermano soviético que bombardease hiroshimamente desde Cuba a New York.

Viene Ike. Esto es una pandemia, ciclón tras ciclón. Yo me aburro opíparamente en mi cuarto. Se va la luz una semana antes y otra después (son medidas de protección). No se puede leer ni escribir en Cuba (nos alfabetizaron por gusto). Es como estar preso. No. Es estar preso. No. Es estar. Así es vivir en la verdad (a ningún cubano debería exigírsele una tortura de semejante intensidad).

En situaciones de ilegibilidad límite como esta, normalmente me toco. Tocarme me restaura cierto sentido de compañía, pero sin colectivo. Me encanta mi asta prognata, es cómica y descomunal. Se para ante mi cara. Me paro de la cama y traigo del closet mi banderón de nylon (donación de una ONG europea pro-democracia).

Hedonismos habanémicos. Me amortajo en la bandera de todos los cubanos. Poso para mí. Pero soy un poco cada uno de ellos, sin ser ninguno. Y se me ocurre consumir los restos de batería de mi cámara digital. Canon como colofón. Trípode de tres patas, como yo (tal como no existen los sinónimos, tampoco hay frase que sea retruécana ni redundante: todo se ejecuta siempre por primera y única vez, como los orgasmos).

Sin luz, ni riesgo de un cortocircuito que me electrocute (gracias, Gustav). Sin gas de la calle, ni riesgo de suicidarme por la domesticada costumbre de respirar (gracias, Ike). Sin teléfono, ni los tumores que provoca la radiación de la red móvil (gracias, Fidel).

Sin transporte público, ni tampoco privado (esto último es un eufemismo de mal gusto). Las cloacas desbordándose, con toneladas de heces humanas y de hojas caídas por el impacto de un huracán contra la utopía. Olas de albergados cuyas viviendas serán vandalizadas *in absentia* por sus impropios vecinos. Goteras cayendo por todas partes dentro de casa, imposible recogerlas a todas en las cazuelas. Y los radiecitos chinos ya sin pilas, pero aun gagueando los progresivos partes ciclónicos a golpes de dínamo. Porque en el Instituto de Meteorología de Casablanca, en el centro de más hectopascales de la nación bajo ataque climático, allí está ahora Fidel (fallecido en el 2006 y resucitado por temporadas cada vez que haga falta).

«Nadie quedará desamparado», es su slogan de guerra. Y, como de costumbre, el comandante nunca miente: nadie quedará. Ni desamparado, ni nada. Todos se irán yendo de Cuba a la primera o la última hondonada más o menos ilegal. «¡Suerte que tenemos una

232

revolución! Ningún ciudadano quedará abandonado a su suerte» (léase, ninguno se librará de la Revolución).

Y junto a Fidel se yergue el figurín de fígaro del Dr. José Rubiera. Un héroe anti-huracanado. El titiritero que controla los hilos narratológicos de la patria hecha trizas 2008 veces, pero jamás conquistada. El Dr. Rubiera dicta por radio sus pronósticos del «cono de probabilidades»: es una ruleta rusa lo que se nos viene encima a los cubanos. Y enseguida Fidel lo corrige sin conmiseración, con su vocecilla de jesuita sobreviviente a la radioterapia: todavía él es el único autorizado para jugarse el futuro en esa o en cualquier lotería.

Fidel es nuestro disidente supremo: tiene otra opinión de la trayectoria del huracán. Y la historia no solo lo absolverá, sino que le ratificará la razón: por donde él pase sus dedos índices en el mapa digital, por ahí mismitico se irá al carajo el ciclón. En efecto, la meteorología es demasiado importante para dejarla en manos de los meteorólogos.

Me embrutece este Castro. Me aburren sus bromas con aire de familia y su pésima dicción (los implantes dentales le resultaron una catástrofe). De bostezo en bostezo, no ceso con mi toque-toque, en una cadencia pendular que me recuerda rabiosamente quién soy: tengo un cuerpo, todavía no un cadáver (de mí emanan Gustav, Ike y Fidel; y no al revés, como podría suponerse).

Tedio terminal de entreciclones. Bodrio de bestia sucia y suicida (toda bestia es pulcra y vital). Pedestre y peligrosísima politicidad. Pene en ristre, pienso en aquella pistola castrista sobre un buró de la Biblioteca Nacional —archivo de la barbarie—: ese gatillo alegre, apuntándonos desde medio siglo o medio milenio atrás, castró a nuestra clase intelectual justo cuando más lo necesitaban (Ernesto Guevara el Che descubrió que padecíamos del «pecado original de no ser auténticamente revolucionarios»).

Con la adarga al brazo, pienso en el percutor encasquillado del poeta Raúl Hernández Novás. Eran los años noventa y por eso la primera bala no se le disparó. Con porte de perito en la gramática de las armas de fuego, se puso a desarmar y armar el revólver (consecuencia de ciertas asignaturas en nuestras aulas universitarias). No sé si Hernández Novás habrá intentado tocarse, como yo, antes de volver a pegarse un tiro y dejar correr por fin libre la leche de su cerebro. Celectino antes del alba —no a la luz, sino al apagón del alma—, criatura incivilmente ingenua y genuina, en un «laberinto insomne» que «desemboca en un sur de enhiestas lanzas» (matarse es dejar de tocarse).

Me doy luz con un par de velas. Se derriten, tibias. La maldita circunstancia del esperma por todas partes tampoco me deja dormir. Parece que me velan: son dos tibias que escoltan mi calavera, en una capillita ardiente de vientos centrípetas. Son los años cero y ya nadie en Cuba atesora una pistola. Fidel las acaparó con sus monopólicas mañas de manigüiti. Cabroncito Castro.

La luz hace de mi falo un claroscuro con cinco dedos que arpegian y una bandera tricolor (de noche, todas las banderas son grises). Tumbado sobre la cama, ajusto la cámara digital para que me dispare auto-ráfagas: tumba, *selfie* suicida —sexy—, recirculación de la sangre, cuerpo sin órganos y sin orgasmo (glándulas gozosas de ofrecer resistencia).

Clic, clic, clic. Metralleta de píxeles y desenfoques de falo. Clic clic clic. No hay apenas pingas en la poesía cubana. Clicclicclic. No hay apenas ni pinga poesía cubana. Clic clic clic. Tocar cuerpo seguro es garantía de no parar mientras más la paras. Clic, clic, clic.

Faro a ciegas de Lawton entre Gustav, Ike y Fidel, rotando en contra de las manecillas del próximo ciclón. Allá afuera baten las ramas. Aquí adentro quien bate mi carne soy yo. Lawtonomía. Combate cuerpo a cadáver. Me hincho, me hinco. Y me viene entonces a la mente el poeta Ángel Escobar: ¿a dónde me iba a venir ese ángel esquivo sino a la mente?

Antes del *big-splash*, se me anuncia un vértigo que me baja de la base del cráneo hasta la espina dorsal, de las suprarrenales a la pelvis y de la ingle a mi casquete de cosmonauta lustroso como corteza cerebral. Kitsch onanista, onírico. Enarco las patas en arco, abiertas en un ángulo agudo ante mi sediento *set* de fotografía. Fellaticidad.

Pienso en la caída en poema libre de Ángel Escobar. Las voces que oía no lo convencieron de nada. Saltó al vacío asfaltado de La Habana para reafirmarse en tanto heraldo de la hecatombe: «salta, y ve que eso tampoco justifica nada». No se ha matado por gusto, sino por darse en la vena el gusto. No sé si Escobar habrá intentado tocarse, como yo (en la verga del gusto), antes de saltar de un trampolín habanero con las manos en la cabeza: ¿a dónde iba a ponerlas ese ángel esquizo sino en su cabeza? Una cura de caballo, diagnóstico de Esquirol.

Allá vamos otra vez y aquí venimos por fin. Canon, luces, eyaculaciclón. Preparen, apunten, juego. Semen sin semántica contra la bandera bucólica de Bonifacio Byrne, sudario de donación. El evangelio según Nóvas, borbotones de Escubamarga, funeral de Fidel (soñado en las furnias de Miami por Guillermo Rosales, poco antes de bajarse un balazo en su *boarding home*): un velatorio donde Fidel constata que ya está muerto, por lo que «ahora verán que eso tampoco resuelve nada».

Me seco con la bandera —toalla totalitaria tricolor: gris, gris, gris—: la garganta reseca, la glotis agradecida de darse un duchazo indecente. Los músculos van muriendo (como la memoria) y, después de estallar, la madrugada de tormenta intenta hacerse apacible (parece un título del realismo socialista de los setenta), mientras ya amaina el ulular de nuestra taigá desierta —desertada— sobre los techos y tedios de Lawton.

Hasta la ventisca es inverosímil en esta Habana a deshoras. Donde ojalá nunca escampe. Ni nos venga encima mañana por la mañana un obsceno arco iris como epitafio. El desierto para ser potable precisa prescindir de todo tipo de decoración.

LOS DETECTIVES DOMÉSTICOS

Pudo haber sido un título de Roberto Bolaño, el novelista «mexicano» muerto y universal. Un tipo que no encajaría en la XVIII Feria Internacional del Libro de La Habana, dentro de las murallas moralistas y los ex-fosos de fusilamiento de la Fortaleza de San Carlos de La Cabaña, durante el febrerito fósil del 2009 (con Chile como país invitado de honor: esa otra isla, pero continental).

En efecto, nuestros detectives domésticos, no menos salvajes que los de Bolaño, me llaman por teléfono a cada hora para aterrorizar a mi madre septuagenaria y su eterno enfisema. Son voces jóvenes, de varones, y se escudan tras un teléfono público para practicar la sintaxis soez del paredón: «si tu hijo viene el lunes 16 a joder a la Feria, aquí mismo te lo vamos a despingar», le dicen y le cuelgan sin atreverse a esperar una respuesta (ni el llanto desconsolado con que mi madre se pone a rezar).

El primer día, la presidenta chilena Michelle Bachelet dejó inaugurada la Feria. Fue un discurso levo y levemente democrático, atemperado con las curvas recargadas de su vestido azul (muy nerudiana ella). Bachelet habló de una «cultura de la muerte» que devoró a su patria a lo largo-y-estrecho de «17 años de autoritarismo» y, apenas 17 horas después, mi estoico teléfono recibía los anónimos telefónicos de su aliado —el Partido Comunista de Cuba— y mi buzón de gmail desbordaba violencia revolucionaria contra el Enemigo del Pueblo. Léase, yo: el autor de *Boring Home*, libro de cuentos secuestrado de la imprenta por la editorial Letras Cubanas, en el primer caso cubano de censura no por los contenidos, sino porque yo publicaba provocaciones «anticastristas» en mi blog *Lunes de Post-Revolución* (nadie se ha dado cuenta aún de que yo soy el último de los castristas, de que sin un universo castrocéntrico se me haría incomprensible la realidad, de que en consecuencia todo lo que tecleo se convierte en Castro).

Los correos que me enviaron son una joya del *bullying* electrónico, con promesas de convertirse en esquelético: golpizas en ciernes, ganas de escupirme la cara, patadas en el trasero si me atrevía a asistir el lunes 16 de febrero a la Feria del Libro, para presentar de manera alternativa —junto a la bloguera Yoani Sánchez de *Generación Y*— una edición autorial de mi libro censurado *Boring Home*.

La presentación tendría lugar, como lo anunciaba su promoción en JPG, en la explanada exterior de La Cabaña. Sería una suerte de grafiti libertario al otro lado del Muro. Nada de intervención o de interferencia pública, nada de *acting* civil en pleno zoo literárido. Solo un grupo de amigos y una audiencia volante, sentados sobre el césped público del oficialismo, para desde allí robar un poco de tribuna y hablar de escritura y censura y violencia ministerial en Cuba. Con suerte, también para complotar estrategias de dinamización y dinamitación de la modorra cultural del *canon cubensis* de los dos mil o años cero (mi generación ha jugado a llamarse así: Año Cero).

Pero no es tan simple como amenazar con hacerlo en un blog que, todas formas, tiene cero impacto en la Isla de los desconectados. «La Feria no tiene Afuera», podría ser la sentencia parajudicial de algún provinciano derrideano llamado Iroel Sánchez o Fernando Rojas o Miguel Barnet o Nancy Morejón o Abel Prieto. Así que el sábado 14 de febrero, después de tirarme encima a un par de policías que me interrogaron con socarronería en las afueras de su oficina, un vicepresidente del Instituto Cubano del Libro (ICL) vino hasta mí y me habló muy claro (Jacomino era su nombre, demasiado fácil de mutar a Jacobino, así que no lo haré, haciéndolo):

1. Había «gente» iracunda por mi presentación sin permiso en medio de tanta prensa extranjera y disidencia local.

2. Los límites funcionales de La Cabaña llegaban desde el ultramarino pueblo de Casablanca hasta el Túnel de la Bahía, por lo que en kilómetros a la redonda toda provocación sería abortada *a priori* por el Estado (el pobre jerarca no estaba autorizado a confesar: «por la Seguridad del Estado»), con los «métodos y recursos» que fueran necesarios.

3. Por lo tanto, a él ya se le «escapaban de las manos» las consecuencias físicas y judiciales de aquel asunto que empezó como denuncia de censura, pero terminaría como cualquiercosario (para mi mal en persona y para el fin de mi carrera de autor cubano).

4. Yo cumplo con advertírtelo, Orlando Luis (muchas gracias *a posteriori*, Jacomino con B).

El resto del *week-end* en La Habana fue una exquisitez de calmantes y cartopriles para aplacar los nervios y la presión arterial de mi anciana madre. De viernes a domingo fueron 72 horas de invasión telefónica y del *Gmail* como advertencia de que no osara asomarme el lunes entre los puentes levadizos de la fortaleza de América donde más se fusiló (hay oraciones que te quitan el aire).

Mientras poetas chilepuches leían en mapudungun en una sala con aire acondicionado de la feria de La Cabaña, bajo el sol veraniego de nuestro febrero —como en Chile, en Cuba es verano en invierno— yo, en tanto narrador descolocado de Cuba, no podía ni paladear mi prosa en los márgenes de ese bastión colonial. Esto debería constituir suficiente elocuencia. Pero no lo es. Al menos en Cuba no matan a tiros a los periodistas, de suerte que los autores quedamos automáticamente en deuda de por vida con el castrismo por perdonarnos la vida.

Después de un quinquenio *groso* siendo miembro de la Unión de Artistas y Escritores de Cuba (UNEAC), después de cuatro libros de cuentos premiados y publicados en la Isla como Dios y el Estado mandan, después de haber sido jurado de todos los concursos literarios de país y medio, y después de estar incluido en cuanta antología sin ton ni son pulula por nuestros anaqueles, *who's afraid of Orlando Woolf*? ¡Fidelovejuna, señor...!

Estos son los hechos. El resto es una atmósfera de fiesta importada desde la biblio-izquierda chilena. Tricolorines patrios de finales de los 60 en versión chamamé *remix*. Tararear *Michelle Ma Belle* en una discotemba cueca de esta *Brave New Havana* inisecular: utopía tupida a golpes de una unidad impopular.

Estos fueron los hechos. El resto es ese Chile imaginario que, desde las páginas de nuestro *e-zine free-lance* de excritura irregular *The Revolution Evening Post*, los escritores cubanos sin ministerio intuimos como un ejemplo a plagiar (de la dictadura a la contradictadura a la democracia y sin transición). Chile como otra isla, pero continental, cuyo gobierno levógiro en febrero de 2009 no debió de lavarse las manos ante la censura en los tiempos del *Archipiélago Cubag*.

Estos serán los hechos. Por lo demás, del lanzamiento del más bien aburrido caso de mi *Boring Home* —libro que ahora soy yo el que nunca autorizará su publicación en Cuba, con o sin disculpas de nuestro primer gobiernito de concertación—, basta decir que se logró lanzar gracias a la sobresaturación de la prensa foránea en la Feria, cuyos «corresponsables» nos rodearon en un anillo de guardaespaldas digitalosos que, en tiempo real, iban subiendo a una internet privilegiada —porque el acceso del pueblo sigue siendo cero— los videos, fotos y audios de aquella presentación pasada por lunes.

De hecho, no hay hechos. Los intelectuales cubanos vivimos en una biografía prestada, recortería retórica de esta o aquella página de la Revolución. Somos lo que somos porque Fidel nos reclutó para el proceso, incluso como críticos de ese proceso. Por eso, como en este caso no vino la orden desde arriba, nadie en Cuba se atrevió a cronicar este episodio excepcional, excepto aquellos a sueldo de la UNEAC y el ICL, quienes lo llamaron «circo mediático».

Como si la literatura misma no lo fuera. El mayor circo mediático de la historia sin histología de la humanidad.

ESLINDA DE NOVIEMBRE

Hay un mes en el mundo en que siempre veo una película cubana. No hay muchas películas cubanas que se puedan ver. Son tres o cuatro, diez a lo máximo. Y la veo en formato paleolítico, en VHS, el único que aún conserva los grises intermedios del film, sin esos artefactos en alto-contraste de la copia digital. El celuloide original creo que se pudrió, como medio archivo cinematográfico cubano: como medio archivo de cualquier cosa dentro de la islita del salitre, la sandunga y una soberana indolencia (amnesia para evitar toda reminiscencia que comprometa a la nueva retórica de la post-revolución).

Es una peliculita cubana de los años setenta, por supuesto y, como tal, es una peliculita cubana censurada energúmenamente acaso solo unas horas antes de su estreno. De hecho, el propio director la negó hasta sus últimas entrevistas, de manera que el ICAIC nunca tendrá que pedir públicamente perdón, pues en principio se trata de un caso estético —y no político— de duda autorial.

El mes del mundo al que me refiero es obviamente noviembre (tampoco hay muchos meses para elegir, pues el insoportable sopor de Cuba hace que ningún film sea contemplable la mayor parte del año). Y la película es, por supuesto, una de Humberto Solás, el director cubano que debió ser nuestro mejor realizador, siendo el más sensible y sutil, el de más potencial humano y menos ímpetu panfletario —un tic institucional que casi hizo tonto a Titón, hasta que reaccionó en pleno umbral de la muerte—, pero un director abortado tan pronto como el Síndrome de las Megaproducciones históricas sedujo a Solás y lo sentenció. Mala compañía para el cine es la novelística cubana.

Y el título de la peliculita huérfana es *Un día de noviembre*, cuya suavidad al nombrar tuvo que esperar décadas de línea dura desde que el filme estuvo editado acaso otro día de noviembre, pero de mil novecientos setenta y dos.

Cuba, país sin estaciones, igual abrevia sus días en el actual mes once —antes noveno— del almanaque. El sol se pinta amable como nunca en el Caribe y el gris comienza a colorear los tintes chillones y chatos de nuestra realidad. La Isla luce un poquitín más nórdica, menos despótica y más primer parlamento del planeta plantado sobre una falla volcánica: Cubislandia, Habaneikjavík.

A pesar de sus proyecciones póstumas muy de vez en cuando, técnicamente *Un día de noviembre* todavía espera por su premier oficial. Pero su no-estreno es su estatus ideal como arte intolerable, porque la protege del vulgo que vaga por nuestras salas de cine con ínfulas de Ciudadano Onán (con sus pingas de lumpen-proletariado experto en exprimirse el séptimo semen).

Lucía, un nombre que arrastramos desde el síndrome de la vagina dentada de Lezama Lima (acaso porque toda aliteración es libidinosa), rebota en este filme de Solás mucho mejor que en sus tres Lucías de unos años atrás, a mediados de los sensacionales sesenta. Pero esta Lucía es la muchacha más linda del mundo —como le hubiera gustado decir a Reinaldo Arenas—, con musarañas de liberación de género en la cabeza, pero con casi nada que hacer o decir dentro del argumento. Y eso es lo mejor, porque los personajes del cine cubano siempre pecan de incontinencia castrista en sus parlamentos.

Lucía, imitando a la actriz Eslinda Núñez que la encarna, solo sabe reírse en *Un día de noviembre*. Se «supera» como mujer, supura *scent of* mujeridad, es el epítome y la apoteosis de la Hembra Nueva que ni siquiera llegó a considerar el machista-maoísta de Ernesto Guevara (el Che). Lucía es linda. Y Eslinda flota, efímera, fuma, fútil, fornica, fauna, en una escena de sexo sin órganos sexuales que es fabulosa precisamente por haber sido pacata y perversamente picoteada por quién sabe cuál de nuestros Manostijeras censuratográficos.

Para colmo, el actor protagónico tampoco actúa ni protagoniza nada ese día de noviembre de mil novecientos setenta y tanto dolor. De hecho, era un amateur: un hombre bello y sin éxito del que se enamoró el ojo intuitivo de Humberto Solás —todos sus ojos íntimos—, aunque después se arrepintiera con un mea culpa cobarde por los pasillos del ICAIC y el ICRT y acaso el MIN-CULT y el MININT y demás siglas sigilosas.

Para mí, este extra anónimo hace uno de los papelazos más preciosos de la Revolución en 35 milímetros. Se comporta casi como un conductor que cancanea entre actores de verdad, presentándonos a una Cuba pre-proletaria que parece este-europea, mientras él espera su fin. Porque nuestro testigo que ama a Eslinda y al mes de noviembre se muere, por supuesto —toda dramaturgia es funérea—: se hiela, no come nada (slogan de los «muñequitos rusos» que todo niño cubano conoce en la punta con pecas de nuestras naricitas rinocenórdicas).

El clima otoñal fotografiado por Solás desde 1972 no se repite así en Cuba, país estacionario. Vuelan, como bombitas de baño, los recuerdos bucólicos del clandestinaje bélico en contra de la dictadura anterior. Salpican una infancia de arenas, de bicicletas Niágara, de buses Leyland, sobre una banda sonora que mete un ruido risible, pues hay más bulla de barrio que diálogos de la diégesis. Y están los pinos, los pinos perdidos a la primera oportunidad. Alguien tendría que explicar la aversión de la Revolución comunista contra los pinos en tanto emblema de la libertad, aunque ya sabemos que ni siquiera los pinos son pinos en Cuba, sino casuísticamente casuarinas.

Y en cada esquina de La Habana otra vez los ojos de Eslinda Núñez, casi más grandes que su cara: Eslinda *forever*, Eslinda *super-star*. Virgen fría como de neón, delineada, labios a pincel japonés, piel transparente, talle ínfimo —voluptuosidad laxa de bailarina— y un chorrazo de asfalto en caída libre desde su pelo (eros de los combustibles fósiles). Con saya, cuando la saya era toda una declaración de erotismo —en Cuba la liberación sexual no tuvo que ver con los genitales, sino con el trabajo voluntario cada domingo sin dios—, cruzando sus piernas con una personalidad imputecible —imputrescible: es lo único que el moho del celuloide no carcomió—, sentadita como Joan Manuel Serrat manda, en un banco de parque, para ofrecerle al co-protagonista la fosforera adolescente de su corazón.

Veo el mar de La Habana y veo que es el mar de Matanzas. Yo tenía un año de vida en noviembre de 1972. Pero lo recuerdo todo mejor que el cretinismo con que mi cabeza hoy recopila recortes de irrealidad. Oigo los testimonios de cada secuencia del filme, y sé que soy el único que sé que esta es la gran película de la soledad socialista cubana. Y que no bastó con el entusiasmo de ponernos a construir una sociedad superior, porque la tristeza es la meta de las utopías triunfantes.

Mientras más libres, más reprimidos Eslinda y él. Mientras más jóvenes y ligeros, con ropa chea pero bailando al ding-dong de la música anglo —en esa época también prohibida—, más nos parecen dos personajes de una paleo-revolución. Nada nos consuela en noviembre. Todo es triste (como en un verso de Virgilio Piñera) y no es por el gris, sino por la grosería cubana que rodea en cada escena al amor: un amor, por supuesto, que quiere escaparse en el tiempo (decimonónico) y en el espacio (este-europeo).

Y esa tristeza se la perdió del pí al pá el script propagandístico de una Revolución que quiso ser máscara de carnaval, que aspiró a que «nacer aquí es una fiesta innombrable» (como en un verso de Lezama Lima), ignorando las líneas de amargo augurio con que el poeta remató esa misma estrofa de la cita: «un redoble de cortejos y tritones reinando. La mar inmóvil y el aire sin sus aves, dulce horror el nacimiento de la ciudad apenas recordada. Las uvas y el caracol de escritura sombría contemplan desfilar prisioneros en sus paseos de límites siniestros, pintados efebos en su lejano ruido, ángeles mustios tras sus flautas brevemente sonando sus cadenas».

¿Nacer aquí no habrá sido —más realistamente— un fiasco innombrable? Un otoño en cuya oquedad caben diez millones de toneladas de azúcar, como diez millones de sacos cargados con el eco de un horror que ninguna historia interiorizó (el socialismo como superficie; el totalitarismo como tangente tropical; en el filme todos fotografiamos como Lucías locas porque deshabitamos en una larga y estrecha cámara de gas).

Noviembre tras noviembre —mi padre idolatraba a una producción de Hollywood llamada, creo, *Dulce noviembre*— me siento ante el video VHS y rezo para que el casete no tenga hongos o esté muy rígido de polvo, o de pudor de volverme a mostrar a Eslinda semidesnuda ante mí (a él apenas se le ven los hombros y los antebrazos: en la edición, Humberto Solás se reservó esos *rushes* en privado para sí). Le doy play al aparatoso aparato. Casi siempre reveo el filme ya pasada la medianoche, para que al dejar correr esas escenas de un mundo imaginario ninguna canallada de la calle contamine de contemporaneidad mi ilusión.

Cada año resuenan los mismos temas del *soundtrack*, pero todo desvaído, cada mes más analógico, acordes crudos y que ribles, y al mismo tiempo concretos, dodeca-afónicos, caídos de un pentagrama hiperreal. La música, que es de Leo Brouwer, se parece a esas camisitas paupérrimas de los personajes, a sus chistes con ganas de al menos tener ganas de romper a llorar. Como si los revolucionarios de aquella época fueran un tin náufragos. Como si intuyeran que la esperanza era un espejismo efímero, una claqueta de salvación para —a la vuelta de otro siglo y milenio (hoy)— varar la nao de la victoria en un capitalismo seguro, súbito, cínico de por vida y nunca más cinéfilo.

Y no sé por qué, pero cuando Eslinda y Esteban cruzan sus cuerpos sin órganos, yo ya no doy para más. Cuando Lucía y Bello se funden en un primer plano de manos, tras toparse entre las rocas ríspidas de un clima de fiordo, los ojos de Orlando Luis comienzan delicadamente a gotear. Alguien tiene que hacerlo en medio de tanto resabio y tanta resequedad. Alguien tiene que hacer el recontrarridículo de llorar, porque la angustia es hoy la única patria del alma que, siendo compartida, nadie nos la podría colectivizar.

Un día de noviembre no merece un *remake*. O sería un *remake* rodado en el exilio, como la peliculita original y su urbanística desconcertante, acronológicamente acubana. Un *remake* que no repita rostros, sino que los plagie. Y cuyos caracteres ya no tengan que pronunciar los parlamentos de 1972, porque en el 2015 los cubanos no podemos ni mirarnos a la cara, de tanto traicionar al amor más puro del planeta y de tanto irnos de nuestros pobres apartamentos de La Habana para envejecer en cualquier otra imposibilidad de ciudad.

Ningún crítico de cine podría entender de qué demonios estamos hablando. Pero tú sí puedes, ¿verdad? A ti y a mí solo nos queda disparar disparates, con tal de no dispararnos otra cosa más pertinente en la sien.

EL SEXTO O EL RUIDO DEL PUEBLO

Apareció en el 2009, en la barriada habanera de San Agustín: en el principio fue la sucinta sílaba *Rev* pintarrajeada junto al signo *Rewind* de los equipos de reproducción audiovisual. Solo eso.

La policía política tomó cartas en el asunto desde temprano. Hubo requisas y hasta un arresto con interrogatorios a su alrededor. Según él, se «salvó por un pelo» (acaso por eso ahora los tiene largos y enmarañados, aunque a veces se pele al rape), pues el susto mayor lo pagó un colega que imitaba su estilo. Y ese epígono adolescente protegió a nuestro autor, de manera que El Sexto pudo comenzar anónimamente su carrera de grafitero en una isla sin *sprays*.

Pero nuestro novato del año descubrió, gracias a aquella sobrerreacción represiva, la lujuria hechizante de pintar sobre la propiedad colectiva. Lo «enganchó» el éxito instantáneo de tener un público más atento que los esnobistas que bostezan en galerías y museos. Sus lectores serían esa audiencia iletrada de soplones y patrulleros. Paradójicamente, ese primer encontronazo con las autoridades fue «la gasolina para *grafitear* todavía más», me confiesa.

Por supuesto, entonces él ni siquiera sabía que esa «actividad delictiva» en Cuba se llamaba «grafiti». Ni que en el resto del mundo hacía ya rato que se trataba de un lugar común, comercializable por lo demás, sujeto a reglas y manualitos de *know-how*. No por tener talento, nuestro autor dejaba de ser también un improvisado. O tal vez por no dejar de ser un improvisado, es que Danilo Maldonado Machado tenía tanto talento.

El Sexto: así se le ocurrió llamarse entre alcoholes de madrugada. Técnicamente, sería «El Sexto» más una estrellita con cola de cometa sacado de *El Pequeño Príncipe*, tatuaje que lleva en uno de sus brazos de niño grande, de adulto adolescentón con ortografía ortopédica y un lenguaje acelerado, entre esos ataques de risa fácil que contagiosamente le dan. A ratos «indignado» y a ratos indignante por su infantilismo genial que no repara demasiado en lo dicho, como si fuera una seguidilla de rap, donde la melodía te obliga a forzar el significado hasta rebasar la forma que lo contiene. Y ese jueguito de las formas inconformes en Cuba te mete de cabeza en el cubo de la política más pedestre.

Por eso El Sexto nace ya abortado en tanto artista plástico, y sale a la luz pública como artista penalizable desde el punto de vista legal. Nuestro Grafitero en Jefe es una suerte de Gorki Águila de la banda punk *Porno Para Ricardo*, cuyos guitarrazos salpican las paredes privadas de esta o aquella institución o pancarta oficial.

Así, El Sexto en pocas semanas se ganó un *copyright* reconocible en media Habana: un logo que logró teletransportar de rebote en Cienfuegos, Santiago de Cuba, y quién sabe si en Pinar del Río. La capital de nuestro aún cancaneante capitalismo fue ocupada por su pintura de importación (y de donación: porque nadie dude que esto es solo otra maniobra a la sombra de las ONGs archienemigas de la Revolución).

Borrar su firma sigue siendo una verdadera «pesadilla para las autoridades del ornato público», como se queja edípicamente un joven periodista estatal —lo increíble es que un joven emplee el vocablo burocrático «ornato»—, pues El Sexto se empeña en regenerar una a una sus huellas, y no quiere extraviar ninguno de sus trazos delante de la fachada: ese es su hilo de acceso al minotauro, sus virutas de pan para repensar el país, sus *posts* al estilo de un palimp*sexto* sobre la pizarra desconchada que son hoy los muros y murales de La Habana.

¿Y quién es El Sexto? ¿Debo delatar lo que la penumbra de las madrugadas no ha delatado? ¿Debo añadir datos que lo incriminen, después de haber sido encarcelado varias veces sin juicio ni cargos claros?

El Sexto es un *Steppenwolf*. Siempre trabaja solo, en cuerpo y alma: con «alevosía y nocturnidad», podría escribir el joven periodista quejumbroso (y acaso hasta ejercer como testigo en su contra en la Fiscalía). El Sexto es, entre decenas de disparates por el estilo que él mismo se pone, «el Sexto de los 5 Héroes Prisioneros del Imperio» (ay, esa obsesión de reaccionar a las narrativas de un poder que nos paranoiquizó). Pero El Sexto no es precisamente «prisionero del Imperio», sino de nuestra insularidad de los don nadies, por los don nadies y para los don nadies, siendo su don deambular con ese donaire demoniaco y una mochila cargada con dinamita en formato de contracastrocolor).

Enfático o enfadado, me asegura que las firmas de El Sexto por media Cuba «no tuvieron nada que ver con el 6to Congreso del Partido Comunista», el que en abril de 2011 se celebró casi en simultáneo con los primeros performances de El Sexto. Un congreso y un partido que son los únicos legales según la constitución vigente, pero que El Sexto asume como una «burla que no significan nada dentro del pueblo, pues allá arriba siguen siendo los mismos de antes y los mismos que se quedarán después» (suena a algo así como el totalitarismo explicado a los niños: el grafiti es eminentemente un arte escolar).

Y es que mientras más grafitea su firma, El Sexto más pierde foucaultianamente su rostro. Se nos hace un Don Todos a la vuelta de cada madrugada, deviniendo moleculita polícroma que, en sus propias palabras, «va echándola por ahí, como quien apunta sus ideas en un diario sin dueño» (y yo pienso de inmediato en el cortocircuito cubano del *bad-painting* con el *worst-writing*).

Sexto, ¿y la estrellita qué significa?, le pregunto de pronto: ¿te diste tú mismo grados de comandante o qué? «Oh, no, esa estrella está en talla», me dice, «y de una punta sale esa pita de papalote que la une a mi nombre, para que nunca se me olvide que la meta es la libertad» (poesía espontánea de los iletrados: no puedo evitar mi entusiasmo).

Por eso El Sexto ya no puede ni tampoco desea parar. Si continúa a ese ritmo, podría terminar cubriendo con una capa de spray apátrida la decadencia descascarada —y descarada— de medio país. Por eso lanza flyers al aire con mensajes sarcásticos o de solidaridad con la sociedad civil (ese oxímoron). Por eso emplea cartones y periódicos, más baratos que el lienzo, cuya nobleza artística lo hace un rezago burgués (El Sexto es el último ejemplar —por supuesto, en peligro de extinción— de nuestro lumpen-proletariado). Por eso su nombre aparece de refilón en las canciones de Silvito El Libre y de Los Aldeanos, en los decorados del teatro *Variedades Galiano* del grupo El Ciervo Encantado, en los posts de Yoani Sánchez y toda la blogosfera cubana transnacional, así como en algún documental hecho desde la óptica optimista del *underground* norteamericano. Por eso los artistas de élite como Kcho lo desprecian, después de querer captarlo, cooptarlo, coartarlo, cortarlo. Por eso cuando la Seguridad del Estado le ripió sus *T-shirts* grafitados con mártires a manos de la propia Seguridad del Estado, El Sexto se tatuó en pleno pecho y omóplato los rostros de Laura Pollán y Oswaldo Payá (ser un Premio Sajarov del Parlamento Europeo se paga en la Isla con la vida, bajo la *fatwa* fatua del raulismo reformador).

Este graduado de artesanía de nivel medio escolar, este recluta renegado del servicio militar obligatorio, este transeúnte de cursillos y talleres varios, sea contratado en los proyectos de la Asociación Hermanos Saíz (donde no lo dejan firmar sus obras) o sea tratando de ganarse la vida como pintor por cuenta propia para «independizarse económicamente» (sin nunca lograrlo), cargado de *sprays* a pesar de ser el más pertinaz de los asmáticos, pegando calcomanías contrarrevolucionarias en buses de turismo y taxis estatales al por mayor, incapaz de una pausa a la hora de captar el «ruido del pueblo» para incendiarlo con su lupa locuaz, este tipo tan atípico me asegura que solo en el grafiti «he encontrado mi onda de realización espiritual» y que ahora sueña con «pintar gigantografías para poner el dedo en la llaga que más le duela a la Revolución» (la crítica como quiropedia).

Se trata de «romper cosas para ir creando otras», interviniendo en el espacio urbano como en una «galería ambulante» —como su piel ahora lo es— y así «contestar a la violencia de la propaganda política o comercial o ambas», porque «Cuba está cansada de lo mismo y de los mismos que ya no dan para más».

Su corona icónica —irónica— de Rey Basquiat es un volante con cuño burocrático que lo autocanoniza, con sorna socialista, como Grafitero Vanguardia Nacional. La no-obra de El Sexto molesta y constituye, según decenas de acápites legales, un delito común (supongo que cualquier arrebato de color le da pánico a nuestra embotada grisura oficial).

Para colmo de coraje, el primer premio importante que El Sexto ganó fuera de Cuba lo donó íntegramente como ayuda para los cuatro o cinco mil inmigrantes cubanos que Nicaragua reprimió en el otoño del 2015 —¿por órdenes de Managua o de La Habana?— con tropas antimotines y gases lacrimógenos, dejándolos varados en la frontera sur, incluidos enfermos y embarazadas y niños, muchos niños, que no merecen la misma misericordia con que nuestro Estado se ensañó en «salvar» a aquel balserito Elián (para, a la vuelta de 15 años, forjarlo como otro soldadito plúmbeo de la post-patria).

Para colmo de provocación, El Sexto me promete que su obra «será inevitable mientras existan calles en Cuba». Porque incluso «después de un bombardeo», él confía en que al menos queden un buen par de columnas en pie, invitándolo a la «fiesta de los desfachatados que fornican sobre la descolorida fidelidad a Fidel».

Cubansummatum est.

DEL VUELO DEL GATO AL COÑO DE TU MADRE

Hay el Lezama lírico, de vuelo ilegible, ante cuyas volutas hacemos reverencia porque leerlas sería por gusto, por gasto. Y hacemos bien. Leer semejante exceso de literatura literalmente nos limita. Además, la lírica lezamiana tampoco tuvo nunca mucha salida, excepto para citarla y atesorar así cierto prestigio intelectual de lector iniciado. Esa escritura oscura pero nada hermética, sino trunca en sus significados parciales para multiplicar su sentido total, era como un espacio interior, intestinos de un autor que lo regurgitaba todo y por consiguiente competía con la grandilocuencia grosera de Fidel. Saliva solipsista, a ratos una manera bizarra de nuestra eructación sentimental, interjecciones incluidas de un placer patrio de puertas adentro y glugluglús grecolatinos. La escritura menos cubana del mundo, que no quepa duda. Eso fue el gordo glorioso de Trocadero #162, bajos.

Pero hay también el Lezama Lima cacho e´ cabrón. El prosista que tantea lo prosaico, aunque su sobrediscursiva se lo impedía, como una tara de la contracarencia. Fue este el hombre que colmó sus novelas con una especie de homoevangelio para justificar nuestra sed de esfínteres no solo ante el viejo Dios pacato, sino ante el nuevo Estado comunistón (que odiaba todo tipo de asociación ciudadana, fuera viril o venérea). Fue este el tipo que puso a tipos a tirarse a tipos con verbos raros y adjetivos trucados, lo mismo a finales de nuestra apenas Republiquita que a inicios de la demasiada Revolución. Y fue el *magister penis* en cuyos párrafos de puntuación imposible la única palabra que paradójicamente falta para designar a la pinga humana es justo esa: pinga (en una falofobia complicada con complejo de Edipo y miedo al pueblo cubano, que no perdona que le pongan por escrito su propio argot).

Este Lezama Lima del «coño de tu madre» y el «recoño de la tuya» —son citas de su *Oppiano Licario*—; el que maquillaba vulvas con burkas hechas de camisetas cubanas —porque si está la vagina, no sé, Fronesis no puede entrar—; el de la rascabuchadera en cines de pésima muerte y meadera en los zapatos de quien durante la última noche macha te la metió —*Paradiso dixit*—; el de los 20 000 eudoxios salidos de la locura del padre de Foción, un ejército de personajes que la literatura cubana no ha tenido los cojones de elucubrar; el de los tríos incestuosos y tarros y degollinas con los huevos atados, más la sobadera nocturna de testículos parisinos por un árabe árido; el primero de nuestros gays de garganta anti-lírica, por más que insistiera en ciertos glandes de cornalina exhibicionista y tronitonante; el de la etimología de, por ejemplo, el verbo baboso *templar* —«palabra en extremo delicada»—; el que esperó la muerte de su madre para escabullirse hacia un deseo no tanto de piel como de papel; el autor soterrado al que ningún cubano le dijo en vida «te amo» (al menos no después de eyacularlo como un cachalote y ponerlo a dormir la siesta trascendente de los satisfechos de La Tierra).

Lezama Lima merece en su tumba un falotafio del tamaño de la Plaza de la Revolución. Pero nuestro hombre en el barroco poco a poco se fue empantanado en la mierda mítica de la criptocubanía —¡hasta un Ministro de Cultura lezamiano tuvimos: Abel Prieto!— y así dejó escapar su biografía de fauno fornicador. Lástima de límites para su escritura de *techné* tan descomunal, pero nunca descocotada. El sexo fue para él —no sin sorna— la experiencia de una caída. Ingle de Ícaro. Y así no pudo denunciar de frente a los socialistas que lo siquitrillaron, porque el chantaje chamusca a las mil maravillas a quien no se atreve a pronunciar en voz alta —es decir, por escrito— la fuente física de su placer.

Lezama Lima murió en falta. Nos debía un tin más. En sus novelas nibelungas apenas comenzaba a liberarse, mediante un barroco barrueco, del paraguas pacato de su mamá. Es tal vez en sus versos postreros donde intentó soltar los restos de lastre léxico y, con su (in)vocación del vacío como consuelo, inhumó con hidalguía todo el dale pa´trás y dale pa´lante de su sistema poético, no tan órfico como onánico. Ah, que tú escupas…

Así, ningún biógrafo —él no los tiene todavía, por cierto— podría identificar jamás a un cubano que amara al amable Lezama Lima. El padre de nuestro *Paradiso perdido* apenas tuvo amistades mediocres, semen sato a cambio de su salario en un burdel batistiano, espías al por mayor que le mandaban lo mismo anónimos amenazantes que ambulancias (para que no se fuera a morir sin una égloga a la salud cubana gratis que hizo todo lo que estuvo en sus manos para salvarlo).

Y estas *imagos* sí que me desconsuelan en todo su patético *potens*. Lezama Lima en su desahucio de desplazado entre el Ministerio de Cultura y el Ministerio del Interior —dos deidades de identidades indistinguibles—, tratado como una excentricidad de circo etimológico por sus compañeros de burocracia, deshabitando una patria de cuello y corbata excepto a la hora de hipostasiar, ese don de los delirantes que se pierde a la hora de la edición crítica de su *Opus Completus*, porque todo texto es contexto y no hay piedra rosetta para el día después de la Revolución (la literatura cubana tendrá entonces que cometer apoptosis).

Mientras tanto, todo el tiempo los escritores cubanos siguen parodiando su asma dicharachera y su tocatoca de gozador querendón (de hecho, que los epígonos imiten la eufonía de su enfisema es tenido como garantía de autenticidad). Pero yo intuyo que José Lezama Lima murió virgen de vergas, pudiendo ser nuestro primer mártir maricón. Cayó como un sicomoro insingado, un tocororo cuya ternura de infante fue trucidada por los sargentos culturales de nuestros setenta en los tiempos del totalitarismo.

Esos fueron su cruz y su *Vía Cubis*: forcejear dentro de un closet que venía muy del futuro, como un supositorio espacial de este siglo XXI que finalmente nunca llegó (o no nos invitaron a su infame inauguración).

CARTER EN CALZONCILLOS

1. Carter corriendo en calzoncillos, su carota cándida recortada como la de un comemierda en cámara lenta, con gestos de trasnochado o de retrasado no mental sino muy corpóreo. Un mutilado del músculo.

2. Un guerrillero urbano Made In Latinoamérica, pidiendo a gritos «misericordia» mientras unos gorilas lo arrastran entre uniformes y metralletas. Hay tal vez sirenas y chorros de agua. Son tal vez manchas de sangre en su uniforme de ciudadano incivil. O tal vez son solo sus vísceras rociando la acera, el contén, el asfalto, y la uniformada de los milicos de mierda que son multitud contra un único muerto.

3. Una niña vietnamita desnuda hasta el fin de los tiempos —carrera de super modelo tanática—, su boca abierta en un cero rotundo por donde exhala toda la homilía del horror.

4. Himnos y música incidental, de thriller. Musiquita robada de otros documentales con impunidad (también plagiaron las ratas con que Hitler ilustró al judaísmo, pero aplicadas ahora a la escoria migratoria cubana, gente y generaciones que no encajaron en el concepto cardiaco de la Revolución). Tumbadoras y tumbas. Banderas y bandas presidenciales. Ataúdes con flores y multitudes. Soldados yanquis con cascos y granadas, algunos haciendo pininos de pervertidos en sus lanchas y portaviones. Titulares de letronas despampanantes haciendo piruetas con

sus *zooms* y sus travelings analógicos. Doce caballos que emergían triunfales del Mar Caribe (ninguno negro). Gusanos retorciéndose y moscas de laboratorio, en una secuencia antiparalela con el pueblo empingado de fondo, gritándoles a voz en cuello y en culo: «que se vayan». Misiles y miseria al por mayor. Llantos de adolescentes raquíticos. El mundo más feo del universo.

5. Y, en los minutos finales de cada docudrama semanal, el *collage* cabroncitamente editado de una *Cuba, qué linda es Cuba*, incluido «un Fidel que vibra en la montaña» —jovencito y descomunal— entre «un rubí, cinco franjas y una estrella» (la bandera cubana filmada en blanco y negro adquiere un aura de amenaza mitad narco y mitad anarco: del neorrealismo de alto contraste al necrorrealismo del diario desastre).

Y yo con ganas de huir del cine y abrazar por última vez a mis amiguitos de la primaria Nguyen Van Troi (la guía telefónica de La Habana recoge cientos de escuelas, talleres, hospitales y fábricas que se llaman Nguyen Van Troi), antes de que el águila imperialista se los fuera a tragar vivos, con su espantoso ojo telefoteado en los noticieros ICAIC de Santiago Álvarez. Un ojo como la bola del mundo que, en un primerísimo plano contrapicado, ponían e imponían en Cuba antes de cada tanda de la película, incluidas las de dibujos animados para el niño que entonces era yo. Que ahora soy yo.

Nuestro *Cinema Paradiso* tenía censurado los besos en la boca que vinieran del extranjero —como corresponde—, pero no la muerte en vivo y en directo, para que así los nuevos cubanitos recordáramos en un futuro a quién debíamos nuestra sobrevida (solo yo todavía lo recuerdo, Revolución, solo yo porto esa tara en mi pasaporte de paria apencado).

Aquello era —los que nacieron conmigo ya lo han borrado de sus alegrías de adulto— el Noticiero ICAIC Latinoamericano. La guerra por otros medios (y miedos): el proyector de bombillos viejos como una AKM en pantalla grande, más los acordes dodecafónicos de la izquierda latinoamericana en bocinas mono de marca ORWO importadas de la RDA (el xx fue el siglo de las siglas y los sigilos).

Su director, Santiago Álvarez, fue el Narrador de Horrores de mi infancia. Cada vez que mis padres me metían en un cine, volvían a retumbar aquellas imágenes de un corte-y-pega sobrecogedor. El capitalismo atisbable en las películas que íbamos a ver después siempre era de color que invitaba, pero la realidad del noticiero forzoso media hora antes era de un austero descolor, narrado marcialmente con una voz disciplinaria en *off*. Los nervios se te enfermaban (todavía tiemblo). Y fue así como me hice no pequeño sino grandísimo burgués, a pesar de ser el hijo único de dos infraproletarios como mis padres. Devine es probable que hasta aristócrata de la más rancia ralea reaccionaria —adoro cuando osan atacarme con tales elogios (los asumo como églogas para mi ego)—: condenadme, no importa; la propaganda castrista me convirtió.

Santiago Álvarez era parte de la maquinaria censuritorial del ICAIC, pero también era un consumidor cómplice del arte capitalista mejor cotizado. Usaba el letrismo como el mejor, editando sus panfletos semanales como si viviera en un desván hipster de Brooklyn o en alguna academia post-estructuralista de París.

REVOLUCIÓN, por supuesto, un término cónyuge de IMPERIALISMO, un dueto seguido de cerca en popularidad por EFICIENCIA, BOMBARDEO, EMULACIÓN, TORTURA, HEROICO y —no sé bien por qué— SISMO y TEGUCIGALPA. Y no estoy haciendo literatura en este punto: les estoy citando literalmente de tú a tú lo que entonces leí.

Como mismo conservo los gritos desgarrados de un hombre muy flaco de bruces sobre el asfalto, pidiendo «MISERICORDIA» a la ristra de militares que lo rodeaban, más con curiosidad que con criminosidad. Como mismo no se me despinta la pose patética de James Carter, el presidente yanqui más caricaturizado en medio siglo de prensa presa en la Isla, en un video-montaje analógico donde «JIMMY» hacía murumacas de urraca, bailando o jugando fútbol o algo que implicaba ritmo en cámara lenta, con sus pantorrillas ya de anciano a finales de los 7o, ¡y en calzoncillos de patas largas!

Lo peor era que su carota de mongo me daba pavor en aquel contexto, pues ese era el villano al que le bastaba con apretar un botón para dejar «deshecha en menudos pedazos» a nuestra sala de cine pobre, acaso antes del «FIN» de esa saga del Noticiero ICAIC. Paraíso perdido, Cinema descojonado.

Hoy la UNESCO le ha hecho justicia a mis pánicos, declarando a aquellos docutraumas como «Memoria del Mundo». En el cine Erie, en el Luyanó, en el San Francisco, en el Florida, en el Apolo, en el Victoria, en el Atlas, en la frontera fílmica de los 8o: mi memoria del mundo como mierda es inmejorable, a pesar de que hace por lo menos dos décadas que en Cuba no se atreven a noticiar semanalmente nuestra irrealidad (ya no queda nada de lo que convencer a nadie).

Los últimos noticaics que recuerdo, al borde de los suicidas 9o, se suponía que fueran mucho mejores: más críticos y nacionaleros, menos grotescos y anti-norteamericanos, más humildes después del entierro del socialismo concreto. Pero yo ya le había perdido el gusto a esa visualidad de barbarie. Seguramente un gringo viejo como Coppola los consideraría una masterpiece de museo, lo mismo que el filme soviéticubano *Soy Cuba*, entre otros dinosaurios «autóctonos» del cine del mal salvaje en la periferia del «decadente» mundo occidental.

A la postre murió Santiago Álvarez, en 1998, y luego el propio James Carter vino a la Isla para desdecir los rumores de una guerra biológica hecha en los laboratorios del CIGB —donde yo pipeteaba bacterias patógenas—, y para lanzar la primera bola en el Estadio Latinoamericano, y como de pasada para publicitar el Proyecto Varela de Oswaldo Payá, en plena Aula Magna de la Universidad de La Habana, con Fidel Castro incrédulo en primera fila (y sin que nadie se atreviera a comentar sobre aquella secuencia mítica de un *cowboy* Jimmy en calzoncillos *Made In ICAIC*).

Los cubanos seguimos yendo al cine, pero las nuevas generaciones nacen huérfanas de ideología. Creen que las películas no llevan un prólogo despótico. Se piensan que el cine es un espacio al margen del Estado. Y yo no sé si sentir una cosa entrañable o un asco de envidia de entrar al cine junto a ellos, a cuestas con la carga incomprensible de mi paleobiografía.

HABLÁBAMOS CON HORROR DE ESO MISMO

Hablábamos con horror de política. Era el invierno de 1989 y recién empezábamos la universidad. Ninguno cumplía todavía ni veinte años y ya éramos cadáveres de la dieta colectivizada de aquellos años de gloria del comunismo cubano. Queríamos sobrevivir al fin de la historia. Pero afuera se acababa el mundo colorado. Aunque en Cuba lo único que caía era una lluvia colorada, según cuenta el poeta José Kozer. Los titulares de los periódicos eran tétricos. «El que a hierro mata, a hierro muere», por ejemplo. Las pedradas del muro de Berlín comenzaban a caer desde Beijing hasta Panamá. Uno de esos ladrillos se fue de órbita y tumbó al *Sputnik* (selección de selecciones en español de la prensa soviética, que circulaba perestoikamente en La Habana, causando la alarma de la casta proletaria en el poder). Fidel se puso muy serio. Ojeroso, desencajado. Creo recordar que encaneció en muy pocas semanas: una marioneta de María Antonieta. Perdió los dientes y le pusieron implantes. El eje Gorbachov-Ochoa ensombreció a nuestro ogro fidelantrópico. Con la falta de *fuel* del Este de Europa, Fidel fusiló a los héroes herejes de su totalitrópico. Tal vez Fidel fuera entonces el único cubano consciente de que aún tendríamos que sobrevivir treinta años arrastrando las cadenas anticapitalistas de su Revolución. Por el momento, nosotros hacíamos homéricamente el amor —no pocos lo intentábamos con torpeza tardía por primera vez—, mientras Fidel cavaba túneles que solo él sabía para qué o con quiénes se iban a emplear. Todo *holocausto* comienza con una letra muda.

Hablábamos con horror de política. Era el verano de 1994 y recién terminábamos la universidad. Fidel lucía mucho más animado, rejuvenecido. Había hecho un pacto con el diablo o algo así. Pero el resto de la gente se veía flaca y con piel cetrina. Un pueblo con polineuritis y polineurosis. Sexo rentado y ansiolíticos en moneda nacional. En La Habana hubo asaltos espeluznantes y asesinatos en serie de un Hollywood clase Z. Los rumores cogían presión. Los suicidios estaban a la orden del día (algunos provocados por el Ministerio del Interior). A casi nadie lo cogían preso, pero las cárceles continuaban repletas: milagros materialistas de una retórica entre rejas. La moneda de nuestro enemigo a muerte poco a poco cicatrizaba una economía cauterizada por el Estado: Fidel en persona autorizó una dolorosa —y dolosa— dolarización. Los ahogados flotaban en las aguas tórrido-territoriales de la Isla: órganos comidos por los peces, a veces macheteados por otros balseros, encallaban por aquí y por allá sobre los arrecifes. La ciudad entera lo era: un desierto de dienteperros. Vi cubanos corriendo como caballos encabritados por las calles de Centro Habana. Gritaban «pinga». Gritaban «se cayó esto». Gritaban «hambre». Gritaban «libertad». Después, se lanzaban como lemmings al mar (es un mito biológico: el mar mismo es un mito en Cuba). Hubo un exilio intranacional en la base naval yanqui de Guantánamo: decenas de miles de cubanos huían desde Cuba hacia Cuba, ansiosos de ser hechos prisioneros por la marina norteamericana. Otros perdían las piernas en los campos minados con que Cuba dice protegerse de Estados Unidos (en realidad, ese muro de minas es para contener en casa a nuestra población). Por el momento, nosotros hacíamos planes laborales casi épicos —nadábamos en el tiempo solvente del Centro de Ingeniería Genética y Biotecnología (CIGB), adscrito al Consejo de Estado— mientras Fidel firmaba acuerdos migratorios a la cañona con Clinton, quien a su vez firmaba la Ley Helms-Burton para proporcionarle al castrismo el ansiado aislamiento donde incubar su burbuja de impunidad.

Hablábamos con horror de política. Era el invierno de 1998 y el Papa polaco silabeaba y se babeaba en La Habana. Sonreía con la paz de los santos *a priori*. Alzaba su voz más allá del carrillón de sus cuerdas vocales. Se le veía como un viejito entre sabio y escéptico, apenas en pie por la fuerza de su divina voluntad. Un verdadero poscomunista, que sabía que el castrismo intercontinental sería tan eterno como Roma misma (el castrismo encarna ese amor que el capital no puede proporcionarnos; el castrismo es un remedio paternalistísimo contra todas nuestras inciviles carencias de infancia; el castrismo es la mundana trinidad: Fidel, Estado, Revolución). Pensé que el Papa iba a colapsar de alegría en plena Plaza de la Revolución: «sois un pueblo muy entusiasta», nos mintió (somos la apatía hecha pueblo). Pero entre el populacho oímos otra vez los gritos de «Libertad, Libertad». Y todavía resonaban en nuestros oídos las palabras provocadoras del Padre Pedro Meurice en la misa de Santiago de Cuba (lo sobrecogedor fue oírlas por los micrófonos anquilosados de la TV nacional). Cargué un rato a mi novia. Pesaba. Hacía un sol impropio para la estación. El Che de acero y el Cristo de papel se derretían iconoclásticamente. Fidel usaba traje y no sé si corbata. Me dio un descenso premonitorio, un desmayito prodemocrático, pero resistí hasta el final (lo mismo que García Márquez y su cáncer pasado por internet cuando en Cuba aún no había internet). Cuando el avión del Papa despegó, entendí literalmente qué cosa era nuestra soledad secular, cuán solos estábamos como pueblo ante el titán eterno que era Fidel. Qué imposible tedio en el alma sería la vida de los cubanos sin nuestro querido primer dictador (llamar «dictadores» a los anteriores dictadores de la Isla sería una ofensa para quienes nos hemos acostumbrado a nuestro castrismo constitucional).

Hablábamos con horror de política. Era el verano de 2001 y Fidel se moría por primera vez (ya nadie recuerda este deceso). Un «descenso», según improvisó el canciller Pérez Roque en vivo en plena TV. A las pocas horas de su desmayo oficial, el comandante ya resucitaba espectacularmente en una Mesa Redonda espectral. Nuestro hombre en la Plaza hacía chistes sobre su muerte, jovial. Fidel dijo en cámara que su bajón había sido una especie de ensayo general para su velorio. Los locutores por primera vez en décadas lo desmentían. Le decían que no, que él nunca se podría morir. Y Fidel los evaluaba según el grado de abyección en público que demostraban. Nosotros ya no amábamos demasiado a nadie, pero los túneles de Fidel aún seguían allí (La Habana *gruyère*): traqueotomías tumefactas alumbradas con un bombillito ahorrador *Made in Beijing*. Esos alucinantes criaderos de hongos alimenticios y refugios anti-atómicos terminaron convertidos en nicho para las cópulas cubanas rigurosamente *underground*. Para colmo, para entonces ya me habían botado del CIGB, por ser «no idóneo» y tener planes secretos de emigrar (y encima haber escrito un poema contrarrevolucionario sobre la homilía del Papa en la Plaza en contraposición con los histerismos de Fidel allí). Me busqué un medio empleo como promotor cultural. Me vi de bufón amateur que simula alegría, anunciando peñas artísticas y presentaciones de libros y talleres literarios para tarados de la letra. Me sentía muy triste y muy libre. Dejé de leer. Mi mejor amigo murió de enfisema en una fiesta. Intuí que el próximo de mis mejores amigos en morir sería yo. Ya no quería ni salir de Cuba. Quería demostrarle al mundo que el fracaso del mejor de mi generación —yo— sería nuestra venganza colectiva contra el colectivismo de Fidel (co-lectivo: Cuba es un aula-jaula donde todos leemos lo mismo hasta la náusea).

Hablábamos con horror de política. Era la Primavera Negra de 2003 y yo era un periodista apócrifo *in-the-pendiente*. Cobraba derechos de autor clandestinos, en un campo literárido donde vivir del texto puede ser penado como un acto criminal. Por supuesto, también caí en la trama de publicar cuentos y poemas en Cuba: un país que por momentos parece un paraíso editorial y por momentos es una prisión pedagógica (misión Makarenko). A veces, en la misma semana me daba el lujo de alternar heterónimos entre *La Jiribilla* castrista y la anticastrista *Cubanet* (al peor *modus scribendi* de un Pessoa pasado de moda entre el Ministerio de Cultura cubano y la Miracle Mile de Miami). Sospecho que fui el hombre más independiente de mi generación: un Kafka cubanietzsche autotitulado «*der unabhängigste Mann in Amerika*». Meses o años después, Fidel se cayó de cabeza y, todavía con su brazo izquierdo enyesado, sacó a los dólares de circulación. Lloré de pura nostalgia numismática: los pesos nacionales son de un diseño tan represivo que no dan ganas ni de hacerse rico. Además, ya me había acostumbrado a la iconografía de doble moneda de nuestro *Das Kubapital*. Me compré una cámara Canon y me concentré en fotografiar banderitas cubanas al por mayor: *flag*tografías. Pero al tercer día fui preso por retratar una chimenea en ruinas con un Martí ñato en primerísmo plano (me liberó un vecino que es capitán de la policía y conocía por dentro el dominó de la corrupción). No quedó nadie querido que no hubiera emigrado. Tuve que buscar el amor en dos o tres generaciones más jóvenes que yo (hoy todas son menores) y solo entonces entendí que el castrismo es una carambola donde nadie se encuentra nunca con el amor.

Ya no hablábamos ni con horror ni de política. Era el otoño de 2015 y Fidel era la sombra nonagenaria de un fetiche promocional de los piyamas Adidas, tecleando sus reflexiones para un siglo XXI que nunca fue (Fidel nos sigloveintificó la vida a golpe de su carisma o acaso sus cojones finiseculares). Por un resquicio del raulismo, un par de años antes me fui de Cuba con la promesa de no volver a ver la única ciudad en la que es creíble mi corazón (también prometí no publicar nada en Cuba hasta después del 1ro de Enero de 2059, cuando la Revolución sea solo un recuerdo risible). «Habana, ábrete y trágame», dejó escrito el siervo servil Virgilio Piñera antes de abrirse él y tragársela a ella (*quod scripsi is crisis*). Enmudecí, emputecí, envejecí. Olvidé, odié, olvidé. Fuera de la Isla descubrí que el Exilio es anterior a toda noción de nación, que la patria es un equívoco geográfico, que Fidel es efímero a perpetuidad, y que la Revolución existe porque existen las más caras universidades de Norteamérica (*Fideivy League*), donde mi testimonio fue tenido como una curiosidad de circo: «miren, es cubano y es crítico, ¿ya ven, compañeros y compañeras de la academia? ¡Las cosas en Cuba están cambiando!»

LA SALIDA

A las 7 y 7 de la mañana del martes 5 de marzo de 2013 —como quien dice, ayer— salí de las tablas de mi casa de Lawton hacia el aeropuerto internacional José Martí. Me iba. Pensé que por tres semanas o por tres meses. A lo máximo, por tres años. No resistía la idea de alejarme mucho de La Habana, la ciudad más hostil del planeta. Pero ha resultado ser por tres vidas, con sus respectivas muertes y reencarnaciones.

Me fui. Jódete, Habana. Quédate intacta con tus ministerios de las Fuerzas Armadas y del Interior. Cómete con papa a Fidel y Raúl, y a sus respectivas retahílas de hijos y nietos con vocación de herencia insular.

El lunes 4 por la noche se me fue la madrugada entera copiando cosas para unas pocas memorias *flash*. Imposible pensar, imponerle un orden a la locura de los mil y un archivos digitales que eran mi anti-biografía. También estuve borrando evidencias de mi culpabilidad, proyectos y presupuestos clandestinos de mi cada vez más ostensible labor de zapa y contrarrevolución. Ah, qué rico era complotar con las ONGs extranjeras en contra del paleocatrismo. Uno llega a sentirse un arqueólogo del futuro.

Copié básicamente textos, por supuesto, que ocupan poco espacio en las memorias y yo los tenía por miles, míos y de cualquier otro autor (las más de las veces confundidos a propósito). Copié algunas decenas de fotos, que pesan mucho, pero que serían a partir de muy pronto mi única posesión real: un país de píxeles, Revolución en alta resolución.

Copié lo que pude en esos disquitos duros de miniatura, sin saber que esos documentos a medio teclear serían mis Obras Completas desde ese martes hasta el fin de la eternidad. Esos *gigabytes* de juguete eran ahora toda mi desmemoria y mi efimeridad. Patria portátil, utopía USB, *flash*-fidelidad. Cadeneta de migajas de pan digital para tal vez un día volver de ese viaje que no creía y aún no creo que estuviese ocurriendo de verdad. Partí de Cuba en *denial*, pero convencido de mi acubanísima negación. Quién me entiende. Por suerte no tengo que entenderme tampoco yo.

Dejé todo lo que amaba sobre mi cama tendida. Parecía ya un museo, una cripta, una desolación. Ninguno de mis amigos se atreve a visitar mi muerte en ausencia allí. Y mi madre todavía hoy no ha cambiado la «ropita de cama», me cuenta por teléfono a cada rato. Es una sobrecama blancamarillenta, tejida en 1934 por mi abuela paterna, la matrona asturiana que nació a finales del xix, en Cudillero (y se quiso casar con su primo y los dos tuvieron que huir al otro lado del Atlántico ancho y ajeno, y amable).

Dejé la Vaio i7 de donación, una de las laptops más rápidas de la Isla, descontando las del Consejo de Estado y Comité Central (los comunistas las prefieren de último modelo). Dejé la cámara Canon 7D, también llegada de manos generosas y anónimas que resultaron ser de Washington DC, donde meses después yo terminaría viviendo gratis, no lejos del metro de Rosslyn —en realidad, es la primera estación de Virginia—, un recodo de los Estados Unidos que por algún motivo me resulta indistinguible de un edificio curvo de La Habana: el Focsa, ese fósil de la ciudad castrada a costa del carisma de Castro & Co.

Dejé las fotos encriptadas de la miríada de muchachas que amé, algunas de ellas desnudas, ellas todas tan desvalidas, tan expuestas a nuestra mutua desesperación de cubanos en extinción, tan escurridizas de mí, tan abandonándome cuando más hondamente las necesité. Aunque ninguna fuera mujer y, mucho menos, mi mujer, sino solo eso: muchachas que como un muchacho yo amé (y ya sé que nunca sabré ser hombre, mi corazón no colabora conmigo a la hora de crecer).

Dejé libros insidiosamente anotados, los que bajo ningún concepto podrían caer en manos de la Seguridad del Estado. O sería el fin de mi personalidad. En especial, el *Paradiso* de José Lezama Lima, donde conservo casi una novela secundaria, anotada a retazos al margen de la edición de Letras Cubanas con el prólogo menopáusico del erudito sin eros Cintio Vitier.

Esa mañanita de martes sin retorno en el aeropuerto José Martí, los mismos miserables que me tuvieron preso tres veces a lo largo de tres años, me retuvieron más de una hora sin motivo evidente, dejándome aislado en el salón, con el pasaporte cubano secuestrado por un cadete seudodislálico (el cubano que siga usando ese librito de las visas de la infamia es un esclavo).

Por la hora que era, pensé que habían dejado ir mi avión a Miami sin mí, así que salí de la terminal aérea sin pedir permiso. Indocumentado. Libre como la mierda. Usando mi móvil, denuncié con odio aquella escenita obscena por Radio Martí, la única emisora del mundo que le da voz a los cubanos de una Cuba sin Castro (o sea, a nadie, porque los cubanos somos el castrismo en sí). Cuando llegué hasta la acera del aeropuerto, mi madre María lloraba a lágrima muerta sus 77 años con 42 a rastras con su hijo único Landy (desde que comencé a escribir es lo único que su alma noble hace: llorar, y también rezar y rezar por mí, sin resultados rentables).

Silvia se me acercó y me dijo: «entras ahora mismo de nuevo y que te saquen preso de aquí, coño, en camilla acaso, no por tu pies». Silvia sin apellidos. Silvia así. Con furia de personita exhausta de tanto ceder por gusto bajo la bota aburrida de un poder tan provinciano como apabullante. Gracias, Silvia, por poner tus manos para empujarme de vuelta contra la aduana cubana.

Y volví, exultante, saltando barreras de seguridad como orlando por su casa. Recordé en tiempo real una escena eufórica del filme *Basquiat*. *We shall overcome, we shall overgo, we shall overcuba one day...* Hasta que un Negrón mítico con uniforme corrió hacia mí y sacó un bulto compacto de su bolsillo de atrás. Pensé que sería una pistola y juro por Dios que no me importaban las consecuencias. Dispara, putica, anda. Pero era solo —risible o ridículamente— mi pasaporte. Al parecer, el castrodescendiente de verde olivo jugaba al dato escondido conmigo. Y en este punto del guión me pidió disculpas —no me las ofreció, sino que me las pidió, como es típico en nuestro trópico— y comentó que todo no había sido más que un «error en no sé qué base de datos» (el horror siempre lo es: un error).

La cuestión es que habían retrasado mi vuelo casi cinco horas —ay, esos *charters* de compañías mayameras que son 100% propiedad de la policía política del condado de Hialeahabana—, y no me dijeron nada (ni lo anunciaron por la pobre pizarra) hasta que me condujeron medio escoltado al salón de espera, por fin ya junto al resto de la tribu traficante de trapos. Y traumas post-totalitarios.

Media hora después, en el súper-aeropuerto de Miami me sacaron de la cola por los altavoces. Me colaron en una oficina para agilizar mis trámites. Mi nombre tenía por entonces rango de prioridad (ya no, ya no cuentan conmigo los «americanos»; de hecho, ahora soy menos que un americano). Y salí por las escaleras rodantes esperando las cámaras y micrófonos de la mafia maravillosamente mediática de Miami.

Pero el presidente eterno Hugo Chávez se había muerto meses atrás en Cuba, y justo ese 5 de marzo a esa hora de la tarde se les ocurrió dar la noticia vieja desde Venezuela. De (mala) suerte que era Nicolás Maduro quien monopolizaba los lentes de ángulo ancho y las pantallas extraplanas de medio Miami. Paradojas del despotismo.

De todas formas insistí, gracias a un cubanito productor de América TV, y mi noche pronto fue filmada *A Fondo* con Pedro Sevcec, que me lanzó enseguida la misma pregunta que la Seguridad del Estado me había prometido —en una cárcel de La Habana— que me harían apenas aterrizar en Miami: «¿es cierto que orinaste o algo peor sobre a la bandera cubana?». Convergencia por conveniencia. El orlandonanismo como medida de todas las entrevistas. Puaf.

Al día siguiente yo caía en paracaídas en la Gran Manhattan, que es cagaíta a la manzana enana de La Habana (pero New York es su maqueta en gigantografía). Y al tercer día ya le entraba en un burrito Bolt Bus a la capital del capital: DC o Washington D'Castro. Pero esa es la historia de otra salida, la de mi renuncia y resabio contra los Estados Unidos de América, fuga colateral a favor de una aldea boreal llamada Reykjavík, donde pienso y despienso en cómo desaparecer —con dignidad de renegado por partida doble— en el humo póstumo de su bahía.

Lo único que no tolero es que todas las noches vuelvo y devuelvo a soñar la misma náusea con aquella Cuba de un martes de marzo, en aquel aeropuerto pedestre por donde hoy se le cuela la cubanoamericanada a la Isla, a la par que se le filtra e infiltra su cinismo insípido al castrismo.

DÍAS DE REINAS

El bang-bang de los trenes es permanente en la Avenida Roosevelt. Tiembla nuestra casita de Queens, refugio de inmigrantes cubanos, performance patrio de los pasaportes que Raúl Castro nos bendijo con ínfulas de Estado-Dios. Nos fuimos. Nos salvamos en la última tablita. Patria pirey. Fidelismo de corte fasten-your-seatbelts. El naufragio no nos concierne, excepto como narración. Somos los parias del paraíso, ¿y qué? El último que apague El Morro.

Como son trenes eléctricos, como es New York una ciudad eléctrica, cuando pasan —y pasan siempre los trenes—, se va la señal telefónica de la AT&T. De manera que no solo por el estrépito es imposible hablar en casa, sino también porque Queens, como Cuba, es un hueco negro. Así que menos aún es concebible comunicarse con la Isla desde esta manzana cosmopolita, y me cuesta conectarme con las voces de mi anciana madre y de mi último amor. Mejor así. Solo siendo huérfanos es que somos libres para ser paridos y un poco podernos amar.

Nada de esto ocurre en los Estados Unidos, por supuesto. Cuba se reproduce como un cáncer en nuestras cabezas. La misma visa norteamericana, toda vez impresa en tu pasaporte cubano, se parece a uno de esos permisos pésimos del gobierno cubano. El diseño es, por definición, despotismo.

Discúlpenme si despotrico. Pero hace meses que no consigo expresarme bien en inglés, ni en las calles latinejas de una a otra costa de la Unión ex-anglófona, ni en las altas universidades donde le he puesto lo que le he puesto a Fidel (le he dicho desde «alma mía» —y lo es, el muy desalmado— hasta del mal que ya nunca se va a morir).

Me duermo y me despierto en mi exilio súbito. No me doy cuenta de que me fui, de que estoy ido. El decorado sigue siendo Queens y luego Brooklyn y luego Manhattan, pero los Estados Unidos no es eso, sino otra cosa que tú y yo hemos dejado allá atrás: en Cuba, se sobreentiende, en nuestra ilusión de dar un salto mortal tras décadas de sub-socialismo y por fin huir hacia otro tipo de desilusión.

Esta zonita de Queens, donde me hospeda una artista performática cubana, es un barrio de la Latinoamérica más atroz. Precios bajos, gritería nocturna, rudeza en las miradas, chinitos ágrafos, accidentes en las vías férreas, olor a grasa, oscarwaos por doquier, policías que piden licencia de conducción (no lo veía hacer desde Cuba), castillejos enigmáticos del medioevo, teens japonesitas con sus iPads online, libertad al por mayor, gatos (cópulas y broncas de felinos en *off*, qué maravilla), librerías de Corona igualitas que las de La Habana Vieja, frío en las madrugadas de mayo, calor de Nochebuena, tapones en los oídos para evitar el colapso nervioso por el bang-bang de los trenes, esposas tex-mex que hacen los mandados con un joyerío rapero colgándoles encima (burka de la solvencia) y llaveritos que rechinan más que los *subways* aéreos de esta ciudad.

Soy un testigo absoluto, soy feliz, nadie está en mejor posición de verlo todo que yo.

Todavía parece Estados Unidos. Pero apenas es solo eso: se parece más a los Estados Unidos, mientras más se convierte en ese otro país que los cubanos de Cuba no paramos de colonizar. Sin nosotros, la norteamericanidad sería un timo. Sin el sujeto castrista constantemente en estampida —antes y después de Castro—, a los USA les faltaría una sigla (y un siglo de involución).

Los cubanos sin Cuba somos el equilibrio espontáneo de la balanza, el fiel de esta gran nación. Su eje de sentido septentrional. Nuestro plebiscito con los pies es la sangre fresca de la cual se nutren los Vampire States of America.

Me lavo los dientes. Aquí nada sabe a nada. Ni la pasta, ni las manzanas, ni la higiene que deshumaniza a los genitales humanos. Sin embargo, heme aquí, incólume, infame, mientras me lavo los dientes con una fruición primaveral, casi que por primera vez en la vida de mi boca.

En efecto, me ha salido una tercera dentición que no es de hueso ni tampoco de leche: es como una funda sintética que aísla mi saliva de los alimentos y de los líquidos erógenos que en ciertas noches habanémicas salgo a esnifar. La patria es un herpes hermético, un cromosoma que por suerte con ningún cubano tendrá ni un ápice de conmiseración. Aunque soy mucho más célibe que célebre, pues solo desde esta amargada austeridad es superable el castrismo.

Me paso las 24 horas del mundo enganchado al wi-fi público de academias confiadas y vecinos vagos. Recobro la visibilidad del planeta con un simple clic-clic (este es el país de las onomatopeyas, el inglés favorece semejante sonoridad actancial). Revuelco las redes sociales desde mi bunker neoyorkino. Pierdo el tiempo. Digo lo contrario de lo que iba a decir. Pienso en mi futuro inminente de *homeless*. Voy eligiendo desde ahora una escalera tentativa donde roncar a pierna suelta sin que me roben la laptop, que será un cacharro barato, pero allí dentro construyo y escondo mi odio impecable hacia nuestro país portátil, insoportable.

Junto los parrafitos pingueros de la novela cubana que será el fin de las novelas cubanas. En cualquiera de estas esquinas enfangadas de nieve la terminaré sin darme cuenta, en la pobreza absoluta para entonces, un poco enfermo de muerte casi seguro, con mi genio inútil ante el desparpajo de los triunfadores cubanos (esa pandemia pragmática), escupiendo y escupido hasta por el último de mis compatriotas, mirado por encima del hombro por los voceros de dios así en la isla —aquí afuera— como en el exilio —allá en Cuba—, abandonado (como será justísimo que me abandonen por algún comemierda normal) por mi ancestral madre y por mi único amor.

Nunca desayuno, nunca almuerzo. Espero con o más o menos suerte tu invitación a cenar. Trato de ahorrar dinero, sin ganarlo. No gasto nada. Todos los dólares que disimulo como decoración en los lugares más visibles de la casa fueron traídos de Cuba. Patria es paradojidad. Será entretenido ver hasta dónde resistiré.

Comienzan los equívocos y las presiones. Se cortan los hilos del laberinto. Ya todos me quieren de vuelta en Cuba: me interrogan sobre mi status migratorio y se lamentan de no verme de nuevo pateando palabras en Lawton, mientras la policía política me perdonaba la vida, con una paciencia que a la postre me apencó. Pero ya nadie me quiere de vuelta en Cuba, ese país extranjero en el que yo no tendría ni pasaporte ni un quilo prieto partido por la mitad, ni piernas como palabras ni párrafos que perpetrar. No soy el que soy, es cierto, pero al menos no estoy donde estoy. Y esa deslocalización es hermosa. Deslocuralización. Sané, no reparen ridículamente en la geografía de mi psicatriz.

Mientras tecleo al compás del bang-bang del tren 7, yo mismo soy un tren tatuado con aquel «lucky seven» que en mis stadiums de niño le oía repetir a mi papá. Insisto en que ahora es nuestro séptimo inning de la suerte, el beisbol como una cábala contra el castrismo, azar azorado, teoría de la probabilidad (de la probidad). Insisto en que los cubanos solo podremos ser cubanos en Cuba cuando dejemos de ser cubanos de Cuba. Sutilezas mínimas de la sintaxis como resistencia contra las grandilocuentes groserías de la gramática. En, de, the end. O casi. Ocaso.

De columna en calumnia, da la impresión de que sobreviví. No es cierto. Aún me falta caer como un haya ahistórico, como una palma con el corazón de palo hecho trizas por el sol de la medianoche nórdica, con el alma mareada por las constelaciones en vertiginosa rotación durante mis cefaleas de infancia, en aquellas largas noches protopolares de Lawton, La Habana, Cuba, donde mi madre me bautizara Rosa o María o acaso Rosa María mientras yo era un feto sin sexo en su vientre, muchos siglos antes del ultrasonido. Y, como nací varón, tuve que pretender entonces comportarme como un Orlando o un Luis o acaso un Orlando Luis, pero ya nunca dejé de serlo desde el viernes 10 de diciembre de 1971: fui y seré una innacida niña, aterrada de tantos viernes y diez y diciembres antes de volver a desaparecer, en un parpadeo de espanto bajo esta aurora boreal que es el aburrimiento del pueblo cubano: mierda mística de mariposistas marxistas en cuyo miocardio miope crepita la muerte metamorfoseada de la Revolución.

Así he dado vueltas y vueltas como un trompo, como un tramposo, como una tétrica termita interminable en fase terminal. Así he tocado lo intangible con eje fálico de mis frases sin signos de puntuación: síntomas síndromes sinestesias semen somas suicidios. Así zozobro en un vaso de agua, me ahogo en las bahías de nombres donde duele mi vagina abortada. Así me salvé por encima de ti, de tu maleficio miseria morbo mezquindad miedo mediocridad. Así, a pesar de ustedes, he visto cosas que los cubanos jamás creerían. Cosas que amo y lamo en venganza contra tu ignorancia de contemporáneo, tu infamia de isla insulsa hasta lo insultante. Cosas que voy callando por escrito en una lengua límite que ustedes, los cubanos, jamás leerían.

LETANÍA DE LAWTON

fonts y *beales*
nombres raros en realidad
para una esquina cubana
mi madre me obligaba a repetirlos
fonts y *beales*
por si un día me perdía en la ciudad
lo mismo que mi teléfono
98269
el único que se prestaba en muchas cuadras a la redonda
casi cabina pública
que después fue ganando dígitos con el desarrollo
988269
según mi madre envejecía
a expensas de mis resabios
en un tic tac lento pero traumático
6988269
con cada cambio de número
entendíamos que la vida era una cosa
muy distinta de la que esperábamos
76988269
mientras *fonts* y *beales* por suerte
seguían siendo *fonts* y *beales*
raro roce de dos calles ovaladas

que son paralelas primero
y después se cruzan en perpendicular
a la postre se cansan y comparten
una acera en *fonts*
y la acera del frente en *beales*
geometría al margen de cualquier cuadrícula republicana
tangentes saturadas de gente
cartabón cartesiano
nomenclatura sin fechas patrias
ni mártires revolucionarios
fonts
con la t antecediendo la s
nadie nunca atinaba con semejante secreto ortográfico
beales
sin la t de *beatles*
que mis vecinos oían en la clandestinidad pública
de los años setenta en la habana
mi casita de maderas y tejas coloniales
comején en el número 125
de *fonts* esquina a *beales*
un perro siempre en el patio
llamado *kelly* generación tras generación
al lado los santos y los postres del brujo miguel
que me santiguaba
con su sonrisa de dientes dorados
aunque un día le dije que era negro como el betún
el betún era entonces azul
al otro lado un portón
victoria la del cdr
con media familia en fuga cuando el mariel
victorina la de los masarreales y frozens
los garajes de chapistería y refrigeración
todo estatal

todos estatales
también la bodega del chino centenario
que murió hace poco demente
pero todavía reconociendo el nombre de mi mamá
malía
y el de su único hijo
¿olandito tá bien?
abel y tita
los populosos tapias y dixons
la escalinata donde me iba rebajando los dientes de hueso
hasta perder un frontal
a golpes de deslizarnos sobre una lata o un cartón
y por la que se cayó un camión de leche una madrugada
que fue histórica en nuestra mitología de barrio
santiaguito y fernandito
perdieron en esa aventura su yugulí
también cayó un hombre borracho desde un balcón
y no murió enseguida
sino cuando lo olvidaron los meses
la destilería que nos calcinaba las tendederas y los pulmones
la fábrica de pintura que se quemó
en un ulular de sirenas
que yo imaginaba salidas de películas norteamericanas
que por entonces quedaban en el infinito
y por eso mismo eran la libertad
érase una vez la habana
la carnicería de homero
voceando *llegó el huevo* o la novena del pollo
los bultos perclóricos del lavatín
los balones de gas licuado
olores remanentes del capitalismo
tan domésticos que parecían salírsenos por la nariz
margot la flaca y margot la gorda

enemigas entrañables
clara y valladares
maría antonia marín
en cuya casa creí por años
que se habían conocido fidel y el che
manolito
muerto bajo las gomas de un pitén en contra del tráfico
y su madre poniéndole manolito al siguiente bebé
todos buenos y tristes
todos luminosos hasta por su lenguaje
aunque a veces se alzara algún machete venido de otro barrio
otra ciudad
otro país
otra cosmología
panchita y tati sin isauro
tan blanco en su caja
con sus uñas de chofer de antes
a las cinco de una tarde de entresemana
ulises el mudito
la locura literalmente de ofelia
y las criaturas que parió a su suerte en un garaje ocupado
pascual y su carro
primeras palabras que dicen que pronuncié
pupú e cacán
ada madrugando en los rayos x de un hospital pediátrico
la mata de almácigo que me quitó el asma
a cambio de un penacho de pelo
cada viernes con la intercesión de san luis beltrán
criatura de dios
consummatum est
los mangos filipinos
las indistinguibles guanábanas y chirimoyas
las orquídeas en un palo de naranja agria

que florecían en diciembre 10 por mi cumpleaños
mitos de mi madre maría
el joyero
el cristalero
alicia y otros que fueron yéndose sin avisar
yo tampoco avisé
incluida la familia de mi amigo willy
en la escuela primaria nguyen van troi
que dejaron escondidas sus heces
en pomos y cazuelas por toda la casa
como venganza contra el repudio de la revolución
sujayla
que nunca más supe de ti
y fue la primera niña que me entró a su cuarto
para buscar juntos no sé cuál juguete
yo no sabía que podía tenerse un cuarto para uno
y me pareció que con 8 o 9 años ella era mi primera mujer
iturbe el profesor de guitarra
fefa lala puchita
y otras onomatopeyas de envejecer con amor
la quincalla de porvenir
el policlínico de dolores
el bar manzanillo
los trenes en el traspatio
las vacas descuartizadas de pie
en un matadero que devino cuartería de humanos
pero igual matadero
los barcos en la bahía desvelada
la ruta 23
ícono literario desde una novela de cabrera infante
peralta su último chofer
la quinta de los locos de anaís nin
las canchas del conte y del ferroviario

palomas y papalotes
la cafetería del cangrejito
el convento de la camilo
jugando a las bolas
al quimbe y cuarta
al ñate
un cine con aspas llamado erie
combinaciones inconcebibles para quien no sea del barrio
impronunciables palabras de importación
nombres raros a punto de irrealidad
como *fonts*
como *beales*
como los gallegos y polacos
que no eran de galicia y mucho menos de polonia
pero ahora de nuevo ya para siempre lo son
habitantes ausentes del socialismo cubano
en una esquina específica de la habana
que mi madre me obligaba a memorizar
junto a las cifras de nuestro teléfono incesante
98269
por si un día me perdía de la ciudad
988269
por si un día se perdía de la ciudad
6988269
por si un día te perdía de la ciudad
76988269
por si un día me perdías de la ciudad

ÍNDICE

58286151R00174

Made in the USA
Columbia, SC
18 May 2019